[英国] 罗布·艾利夫 著　万兆元 译

牛顿新传

牛津通识读本·

Newton

A Very Short Introduction

译林出版社

图书在版编目（CIP）数据

牛顿新传/（英）艾利夫（Iliffe, R.）著；万兆元译．—南京：译林出版社，2015.9（2020.5重印）

（牛津通识读本）

书名原文：Newton: A Very Short Introduction

ISBN 978-7-5447-3280-2

I.①牛… II.①艾… ②万… III.①牛顿，I.（1642～1727）– 传记 IV.①K835.616.11

中国版本图书馆 CIP 数据核字（2012）第 219859 号

著作权合同登记号 图字：10-2014-197 号

牛顿新传 ［英国］罗布・艾利夫 / 著 万兆元 / 译

责任编辑 於 梅
责任印制 董 虎

原文出版 Oxford University Press, 2007
出版发行 译林出版社
地 址 南京市湖南路 1 号 A 楼
邮 箱 yilin@yilin.com
网 址 www.yilin.com
市场热线 025-86633278
排 版 南京展望文化发展有限公司
印 刷 江苏苏中印刷有限公司
开 本 635 毫米 × 889 毫米 1/16
印 张 19
插 页 4
版 次 2015 年 9 月第 1 版 2020 年 5 月第 6 次印刷
书 号 ISBN 978-7-5447-3280-2
定 价 39.00 元

序言

陆埮

译林出版社的於梅编辑打来电话要我为该社即将出版的《牛顿新传》(英国罗布·艾利夫著,万兆元译)的中文译本写个序,并把书稿寄给了我。对于我们从事物理和天文工作的人来说,牛顿当然是这个领域的先驱人物,出版他的传记自然是一件有意义的事。

四年以前的2005年被联合国规定为国际物理年,也可以叫做爱因斯坦年,标志性的事件是一百年前(1905)爱因斯坦在他二十六岁这一年内,发表了五篇划时代的物理论文,这一年被认为是爱因斯坦的奇迹年。那一年,他创建了狭义相对论、证明了 $E=mc^2$、发表了光电效应(量子论的奠基性论文,诺贝尔奖获奖之作)和布朗运动(皮兰因用实验证明了爱因斯坦的布朗运动理论而获得诺贝尔奖)。谈起爱因斯坦,人们自然会同时提起牛顿,他们两人常常被相提并论。说来也巧,牛顿也有他的奇迹年,那是在他二十三至二十四岁期间(1665—1666),当时他刚从英国剑桥大学三一学院毕业在家躲避瘟疫。这两年,牛顿的科学思想十分活跃,遍及数学、光学和力学,几乎把他一生中大多数重要科学创造的蓝图规划了出来。

牛顿的科学贡献主要在如下三个方面。1)数学方面:他发展了无穷级数理论，证明了二项式定理，求出了任意幂二项式的级数展开式，特别是创立了微积分。2)光学方面：他发现了分光现象，用三棱镜将太阳光进行分解，证明白光是由不同颜色(即不同波长) 的光混合而成，这一发现为光谱分析打下了基础。牛顿还把一个凸透镜的凸面，压在一个十分光洁的平面玻璃上，在白光照射下看到了明暗相间的同心圆圈，人称“牛顿环”。对于光的本性，牛顿还提出了光由微粒组成的学说。此外，他还首次制成了反射式望远镜，这在天文学上也具有里程碑的意义。3)力学方面：这是牛顿最主要的科学贡献。他提出了力学三定律，构成了完整的力学体系。他还发现了人类所知的第一种基本作用力——万有引力定律。无论月亮绕地球运动，还是行星绕太阳运动，万有引力都是支配它们的唯一的一种力，而且与地面上物体所受的重力实属同一种力。万有引力的提出第一次显示了地上的规律和天上的规律实际是统一的，因此，牛顿已经完全奠定了天体力学的基础。人们精确计算行星、卫星的运动，以及人们发射人造卫星，均需要依据这些规律。事实上，他不仅提出了力学定律，而且也提出了包括绝对时间、绝对空间在内的完整的经典力学框架。这是人类提出的第一个完整的科学体系。

科学的发展要有两个前提，一个是能提供正确理论分析的严格的逻辑，一个是能反映客观实际的观察和实验。在牛顿时代，这两个条件已经具备。古希腊的欧几里得几何学已经给出了严格逻辑体系的范例。伽利略、开普勒等已经开创了力学和天体力学的实验和观测工作。牛顿得以在他们的基础上完成了完整的低速度经典力学体系，系统描述了物体的动力学行为。他是第一位集大成的科学家。他所处的时代和环境，必然还处于科学发展的早期，还存在着不少非科学甚或迷信的东西。在这样一种环境和氛围中，在这样一种科学发展的过渡时期，作出这样的科学贡献确实十分不易。20世纪上半叶，人们曾发现了一箱子牛顿没有公开过的手稿，包括了他的大量笔记、手稿和私人信件等资料。事实上，牛顿本人也存在着两面性，他不仅发表了《自然哲学的数学原理》和《光学》等著作，总结了他的科学贡献，也留下了五十多万字的炼金术手稿和一百多万字的神学手稿这些非科学的东西。当然，无论从他本人思想达到的程度，还是从他产生的客观效果来看，发表的与未发表的应当区别看待。

这本《牛顿新传》也收集了他的大量鲜为人知的新材料，可以让人们了解，科学是怎样艰难地一步一步地在非常复杂的社会背景中诞生出来的。

目录

前言

在维多利亚女王时代的英国，每位学童都知道艾萨克·牛顿爵士是一位无与伦比的数学天才和科学天才，而且大部分学童还能基本道出牛顿的主要科学发现。在光学上，牛顿发现白光并不是自然界中的基本元素，而是由几种更基本、更原始的光线混合组成的。物体之所以呈现出一定的颜色，是因为物体具有反射某些色光而吸收其他色光的属性。在数学领域，牛顿发现了二项式定理和微积分的基本定律。二项式定理用于展开两个变量之和的任何次幂，而微积分研究的是任意变量（一条曲线的形状或一个移动物体的速度）的瞬时变化率问题，同时也提供了计算曲线面积和曲面体积的技巧（当然还有其他用途）。牛顿在数学和光学上的成就过了好几十年才完全为他的同代人所接受，这首先是因为他只给少数几个同代人展示过自己的工作成果，其次是因为许多同代人感到他的工作成果难以让人重复，而且太具革新性，不易领会。

牛顿体系的辉煌巅峰在于他 1687 年出版的《数学原理》①。

---

① 其全称是《自然哲学的数学原理》（*The Philosophiæ Naturalis Principia Mathematica*），简称《数学原理》或《原理》。——本书注释均由译者添加，以下不再一一说明。

在《原理》中，牛顿提出了运动三定律以及万有引力这一不可思议的概念。所谓万有引力，是指所有大质量物体都在根据一条数学定律不断地吸引其他一切物体。牛顿使用诸如“质量”与“引力”等全新的概念，以运动定律的形式宣布：(一)除非受到某种外力的作用，否则一切物体都将一直处于运动状态或静止状态；(二)一切物体所处状态的变化与引起此变化的力成比例，且与该外力的方向一致；(三)对于每一个作用力，总有一个大小相等而方向相反的作用力。对牛顿在该领域成果的后续研究形成了18世纪天体力学的基础，一门全新的、堪称正确的关于地球与天体的物理学（狭义相对论与广义相对论效应除外）由此诞生了。由此可见，绝大多数受过良好教育的人将牛顿视为理性之奠基者并不是没有道理的。

除此之外，维多利亚时代的人们也知道艾萨克爵士既是一个痴迷的炼金术士，也是一个激进的异教徒。为了理解牛顿生活与工作的这些匪夷所思的方面，当时的英国精英们可谓绞尽了脑汁。同时，一些证据还无可争议地表明牛顿对待多位同代人的方式应该受到谴责。从那以后，如何解释牛顿的人格以及如何调和牛顿工作的“理性”方面与“非理性”方面便一直挑战着历史学家们。另外，直到20世纪70年代，人们才有机会接触并认真研究牛顿的许多重要论文，这就意味着只有在过去二三十年中我们才有可能勾勒出一幅较为均衡的牛顿的工作图。

虽然人们早就知道牛顿有着这些显然是很古怪的兴趣，而且牛顿本人无疑认为这些研究要比他那些“更令人尊敬”的追求更有意义，但是近期一些流行的牛顿传记却不断地大肆渲染这些不那么正统的成分，就好像头一回描述这些东西似的。可是，这些传记既没有提出什么新的见解，也没有利用前些年才得以上网的、内容惊人的材料。大部分传记还夸张地声称牛顿智力活动的各个领域之间有着这样或那样的联系。为了纠正这些问题，这本对牛顿的介绍一方面吸纳了近期的学术研究成果，另一方面也利用了新近才得以上网的著作副本。这样一来，与近期那些传记中的形象相比，本书中所描绘的牛顿显得要奇怪得多。

第一章
一位爱国者

1727年3月20日(星期一)凌晨1点刚过,艾萨克·牛顿爵士便与世长辞,享年八十四岁。他从前一个星期六傍晚开始,就一直处于昏迷状态。在牛顿弥留期间,其私人医生理查德·米德在身旁负责照料。米德医生后来告诉伟大的法国哲学家伏尔泰,牛顿在临终前承认自己仍是处男之身。照顾牛顿度过临终时光的还有牛顿同母异父妹妹的女儿凯瑟琳及其丈夫约翰·孔杜伊特——后者在牛顿晚年充当过牛顿的私人助手。尽管事务缠身,孔杜伊特还是差不多一个人组织了悼念这位他最终得以认识的伟人的活动,而且我们现今所有关于牛顿私人生活的重要信息,几乎都是在孔杜伊特堪称壮举的监督之下收集起来的。1727年3月底,孔杜伊特操办了在威斯敏斯特教堂举行的牛顿的葬礼,并委托亚历山大·蒲柏撰写了牛顿的墓志铭。其后几年中,孔杜伊特授权当时英国和外国最伟大的艺术家给他心目中的英雄牛顿创作了无数的画像和半身塑像。

有好几年,孔杜伊特都在试图撰写一部翔实可靠的牛顿"全传",但他始终未能完成这一任务。孔杜伊特曾详细记录了自己与牛顿的一些谈话。为了获得更多关于牛顿科学工作的细节,他还请几位相关人士给他寄来他们关于牛顿的回忆录。牛顿去世一周后，孔杜伊特给巴黎皇家科学院的终身秘书伯纳德·德·丰特奈尔去信，提出愿意给这位法国人提供素材，以供其撰写牛顿的《颂词》之用。孔杜伊特认为这是一个可以确立牛顿在法国的声誉的机会——这个国家一直都极不情愿承认他的姻亲牛顿在科学与数学上的卓越造诣。实际上，一直到 18 世纪 30 年代晚期，牛顿的声誉才算在法国牢固地树立起来了。在牛顿刚去世的那段时间内，孔杜伊特特别关注的是：法国学者和其他外国学者应该意识到牛顿在创立微积分上的优先权。在当时，大多数法国学者都把这一荣誉归于博学多才的德国学者戈特弗里德·莱布尼茨。孔杜伊特于 1727 年夏天撰写了一篇牛顿的《传略》，并于 7 月间寄给了丰特奈尔。

孔杜伊特的《传略》追述了牛顿的智力探索与道德生活，其笔调或有溢美之嫌，不过内容基本属实。孔杜伊特形容牛顿“思想纯洁，言行无垢”：为人极为谦逊，心肠非常慈善，性情温顺可爱，常常会为一个伤心的故事而潸然泪下；热爱自由，热爱汉诺威王室乔治一世的政权，对迫害“深恶痛绝”，而善待人与动物更是“他津津乐道的心爱话题”。孔杜伊特还记述了牛顿早期在剑桥的发展历史，并对牛顿和莱布尼茨之间的优先权之争进行了一边倒的描述：莱布尼茨不仅没有最先创立微积分，而且“对微积分从未有过足够透彻的理解，无法将其应用于宇宙体系的研究之上，而艾萨克爵士则将其应用到了这一伟大而光荣的领域”。

1727 年 11 月，丰特奈尔撰写的《颂词》在巴黎皇家科学院宣读。丰特奈尔很好地叙述了牛顿在科学与数学上的发展，承认牛顿所有的重大发明几乎都是他二十刚出头的那几年做出的。虽然丰特奈尔并不认同《原理》中提出的许多原则，尤其是

图 1 孔杜伊特自己设计的牛顿半身像。J.M.雷斯布拉克塑。

“引力”的概念，但是他对《原理》的总体意义仍然赞不绝口。丰特奈尔意识到牛顿并不认同法国伟大的数学家和哲学家勒内·笛卡儿的许多理论，但他指出牛顿和笛卡儿都曾试图将科学建立在数学的基础之上，两人都是各自时代中独特的天才人物。这篇《颂词》被立即译成英文，并且在此后一个多世纪中成了牛顿所有英文传记所依赖的主要材料。

其他有关牛顿的著作也纷纷问世，其中之一就是威廉·惠斯顿的《真实记录集》。该书首次对牛顿“白衣骑士”[①]的光辉形象提出了公开挑战。惠斯顿继牛顿之后担任了剑桥大学的卢卡斯讲座教授，但在 1710 年因信奉宗教异端观点而被剑桥大学开除。实际上，惠斯顿的异端观点与牛顿的很接近。惠斯顿在书中首次披露了牛顿的极端神学观点，并拿牛顿“谨慎的性情和行为”和自己“公开的行为”进行对比，说牛顿“尽管生性非常胆怯、谨慎而多疑”，但终究还是未能隐藏他在神学上的重要发现。

还在读惠斯顿的著作之前，孔杜伊特就对丰特奈尔不偏不倚地比较牛顿和笛卡儿的做法以及丰特奈尔对优先权之争的处理感到恼火。《颂词》发表后，他立即于 1728 年 2 月再次写信给几位牛顿学说的信奉者，发出这样的呼吁：“由于艾萨克·牛顿爵士是一位爱国者，所以我以为人人都应为一部旨在替他伸张正义的著作贡献一份力量。”在孔杜伊特收到的回信中，最有意思的是来自汉弗莱·牛顿（与牛顿没有亲属关系）的两封信。汉弗莱做过牛顿的文书（秘书），对牛顿撰写《原理》期间（1684—1687）的行为有着独到的见解。根据汉弗莱的叙述，牛顿有时会“突然起立，转身，像阿基米得一样，一边喊着‘我找到啦’，一边跑上楼梯，扑到桌子上奋笔疾书，连扯把椅子坐下来都顾不上”。显然，那时的牛顿只会在家里有选择地接待一小部

① 这里应是“卫士”或“救星”的意思。在骑士传奇中，白衣骑士原是一位农夫，后来变成一位骑士来保卫小镇，其主要对头是黑衣骑士。现在，“白衣骑士”常指目标企业为免遭恶意收购而找到的善意收购者。

分学者，其中包括三一学院的化学讲师约翰·弗朗西斯·维加尼。按照凯瑟琳·孔杜伊特的说法，维加尼与牛顿相处甚欢，但自从维加尼“讲了一个关于修女的下流故事”之后，两人便不再友好了。

约翰·孔杜伊特从古物学家威廉·斯蒂克利那里收到了许多极其重要的资料。斯蒂克利是在牛顿去世前不久搬到格兰瑟姆镇去住的。由于牛顿在格兰瑟姆镇上过文法公学①，而且上学期间还在当地药剂师家寄宿过，所以该地是收集有关少年牛顿的信息的理想之处。1800 年，斯蒂克利收集的一些资料结集出版，不过其中并没有多少孔杜伊特的文章。然而，到了 19 世纪早期，新出现的资料深刻地改变了人们对牛顿的看法。1829 年，让－巴蒂斯特·比奥新出的一部牛顿传记被译成英文，书中揭示牛顿在 17 世纪 90 年代早期曾出现过精神崩溃。更具破坏性的是，在 19 世纪 30 年代，人们从首任皇家天文学家约翰·弗拉姆斯蒂德的文件中发现了接二连三的令人伤心的证据，让牛顿的行为在人们心目中黯然失色。此后，维多利亚时代的人开始竞相著书立说，论述牛顿的生平与著作。其中最重要的是戴维·布鲁斯特对自己的《艾萨克·牛顿爵士的生平》(1831)进行大幅修改之后出版的《艾萨克·牛顿爵士的生平、著作与发现实录》(1855)。该书成了此后一个多世纪中牛顿的权威传记。布鲁斯特勇敢地叙述了牛顿对炼金术的投入、牛顿的非正统宗教思想，以及牛顿对朋友和敌人经常表现出的粗俗行为，但他最

① 英国文法公学源于中世纪，旨在教授学童拉丁文法。到牛顿的时代，文法公学的课程内容扩大了，不仅包括希腊语等其他语言，而且还列入了自然科学、数学等科目。在当今英国，文法公学提供中等教育，但不同于免试入学的综合中学，学生需要通过考试选拔才能入学。

终还是不愿充分承认牛顿人格方面的缺憾。

19 世纪 70 年代早期，凯瑟琳·孔杜伊特的一位远亲后代，拥有牛顿论文手稿的第五代朴次茅斯勋爵作出一项慷慨决定：将牛顿的“科学”手稿捐献给国家。剑桥大学成立了一个委员会来评估这批收藏的价值，评估结果在 1888 年通过一份论文目录予以公布。那些包括炼金术内容与神学内容在内的“非科学论文”被普遍认为没有多少分量，所以仍旧留在朴次茅斯家族。1936 年，这批论文在苏富比拍卖行被廉价甩卖，售价仅为少得可笑的九千英镑多一点。一家联合企业从交易商那里逐渐购得了牛顿的大部分神学论文，而这些论文后来又被一位研究闪族文献学的专家及收藏家亚伯拉罕·亚胡达全部买走。亚胡达 1951 年去世以后，他所收藏的数目惊人的牛顿论文在经历了一场持续近十年的官司之后，为耶路撒冷希伯来大学的犹太国家与大学图书馆所拥有——虽然亚胡达本人是一位反犹太复国运动者。

伟大的经济学家约翰·梅纳德·凯恩斯参加了那次苏富比拍卖会的一部分拍卖，并下工夫获取到了牛顿所有的炼金术论文以及约翰·孔杜伊特当初持有的所有“私人”文件。到 1942 年，也就是牛顿诞辰三百周年的时候，凯恩斯已经拥有了牛顿的绝大部分炼金术论文以及一部分神学短文。虽然为第二次世界大战忙得不可开交，凯恩斯还是根据自己拥有的材料做了一次发言，以此作为默默纪念牛顿诞辰三百周年活动的一部分。凯恩斯所描述的牛顿要比之前传记作家笔下的牛顿独特得多：作为“迈蒙尼德派的犹太一神论者”，牛顿既不是一位“理性主义者”，也不是“现代第一位科学家和最伟大的科学家”，而是最后一位术士，最后一位巴比伦人和苏美尔人，最后一位伟大的智者：他的眼光与将近一万年前就开始构建我们文化遗产的那些人的眼光相同，他用这样的眼光来观察着这个可见的、理性的世界。

牛顿认为自然世界与晦涩文献一起组成了一个巨大的谜团。要解开这个谜团，则需要解码“上帝留在世间的一些神秘线索。上帝留下这些线索，是为了让哲学家能够像寻宝那样找到拥有秘传之识的同道会”。凯恩斯认为，牛顿有关炼金术和神学主题的著述“显然经过了认真的钻研，方法精确缜密，陈述极其冷静”，“简直就和《原理》一样**理性**”。

20 世纪晚期最有影响的两部牛顿学术传记都大量利用了手稿材料。弗兰克·曼纽尔 1968 年出版的《艾萨克·牛顿的画像》从心理分析的角度描述了牛顿的个性。曼纽尔的分析主要基于这样一个假设：牛顿的潜意识行为“主要会在爱与恨的情形下”表现出来。在曼纽尔看来，牛顿的心理问题根源于这一事实：他年仅三岁时母亲便再次嫁人。在此之前，牛顿已经失去了亲生父亲——他父亲在他出生前几个月就去世了。这让牛顿对他的继父充满了敌意。于是他便将自己献给了他能真心承认的唯一父亲——上帝。曼纽尔展示了牛顿小时候所遭受的精神创伤是如何被内化的，还有这位才华横溢而身世坎坷的年轻清教徒最后是如何变成 18 世纪早期那位老气横秋的暴君的。

理查德·S.韦斯特福尔 1980 年出版了更为正统的《永不歇息——艾萨克·牛顿的科学传记》。他在书中将牛顿的工作当做牛顿生活的主轴来叙述。韦斯特福尔充分利用了当时可供学者使用的大量牛顿手稿。他的《科学传记》虽然以牛顿的科学生涯“作为中心主题”，但也涉及牛顿兴趣所及的各种智力活动。韦斯特福尔非常出色地展示了牛顿的智力成就，但显而易见，他对牛顿这一方面的钦佩并没有延伸到牛顿的个人操行上。

最后，韦斯特福尔开始憎恶起这个他花了二十多年来研究其著作的人了，而他并不是第一个对这位伟人产生这种感觉的人。

第二章
哲学式玩耍

根据英国当时使用的历法，牛顿出生于 1642 年的圣诞节（在欧洲大陆的大部分地区是 1643 年 1 月 4 日）。在他出生后的头十年里，英国经历了可怕的内战。17 世纪 40 年代，议会军与保皇军之间爆发战争，结果将查理一世于 1649 年 1 月送上了断头台。牛顿的舅舅和继父都是地方教区的教区长。在国会召集教会当局检查宗教“虐待”情况的过程中，他们两人似乎并没受到什么折磨。十多岁的时候，牛顿生活在激进的、信奉新教的共和政体下。到了 1660 年，查理二世复辟，共和政体被取代了。牛顿出身于一个相对殷实的家庭，在一种浓厚的宗教氛围中长大。牛顿的父亲也叫艾萨克，他是一个自耕农，在 1639 年 12 月继承了林肯郡伍尔索普教区的一片土地和一座很气派的庄园。牛顿的母亲汉娜·艾斯库来自下层乡绅家庭，似乎仅仅受过一点基本教育（不过这在那时是比较普遍的）。不过，她弟弟威廉却是 17 世纪 30 年代剑桥大学三一学院的毕业生。后来，在送牛顿去上三一学院的过程中，威廉发挥了很大的作用。

牛顿的父亲（他显然连自己的名字都不会写）死于 1642 年 10 月初，当时离儿子出生还有将近三个月时间。牛顿曾对孔杜伊特讲，他刚生下来时瘦小孱弱，一副病态，人们都认为他活不长久。家里打发两个妇人到当地一位贵妇那里寻求帮助，结果她俩却在半路上坐下来休息，因为她们肯定等自己返回时那个婴儿已经死了。然而，命运多舛的牛顿还是活了下来。母亲把牛顿抚养到三岁的时候，当地一位上了年纪的教区牧师巴纳巴斯·史密斯向她求婚。史密斯牧师很富有，他答应会给汉娜的头生子牛顿遗留一些土地，于是汉娜就在 1646 年 1 月和史密斯结婚了。从那以后，一直到史密斯 1653 年去世，汉娜大部分时间都和后夫生活在一起，而且为他生育了三个孩子（其中一个就是凯瑟琳·孔杜伊特的母亲）。虽然约翰·孔杜伊特用抒情的笔调描写了汉娜的品德，并且很细心地指出汉娜是一位对所有的孩子“都很溺爱的母亲”，但同时强调她最钟爱的还是小艾萨克。无论这话的真实性如何，来自牛顿自己的证据则表明他少年时与母亲的关系非常不好。此外，在长达七年的时间里，汉娜实际上都将牛顿留在伍尔索普由外婆抚养，历史学家一直觉得很难将这一事实与孔杜伊特的描述协调起来。

牛顿先后就读于当地的两所小学，十二岁后进入格兰瑟姆文法公学读书。他寄宿在当地的一位药剂师约瑟夫·克拉克家中。克拉克的药房成了牛顿获取信息的一个大好来源。克拉克的一位后代告诉威廉·斯蒂克利，牛顿对店中大量的药品和化学制品表现出了极大的兴趣。斯蒂克利写道，牛顿曾花了大量时间来收集药草，还很可能向克拉克的学徒了解过这些药草的属性。牛顿当时和克拉克的继子女生活在一起。这些继子女中有一位叫凯瑟琳——也就是后来的文森特夫人，她提供了有关这位神童的大量信息。斯蒂克利遇到的每个人都会向他叙说牛顿制造机器的“天赋和非凡的创造性”。他们这样告诉他：“放学后，牛顿不跟其他男孩一起玩耍，而总是在家里忙个不停，随心所欲地制作各种各样的小玩意儿和木头模型。”文森特夫人称自己就是那位年轻的发明家当年关注、爱慕的对象。根据她的记录，牛顿的同学“并不十分喜欢”牛顿，因为他们知道牛顿要比他们“心灵手巧得多”。小艾萨克“一直”都是“一个严肃、沉默寡言而善于思考的少年”。他从不跟男孩子一起玩耍，但偶尔会做一些玩具小屋中摆放的家具，给女孩子“摆放玩偶和悬挂小饰品”。

牛顿将母亲给他的钱都用来购置锯子、凿子、手斧、锤子之类的工具，并慢慢在格兰瑟姆建起了“一家齐备的工具店”。“他用起这些工具来得心应手，好像生来就是干这一行似的。”文森特夫人描述过的那些机器以及牛顿制作的其他机器，其设计构思大都源自约翰·巴特的《自然与艺术的奥秘》一书。《自然与艺术的奥秘》属于当时极为流行的“数学魔术”一类的书籍，其中包含了无数制作机器的法子和图画。那时的牛顿已不甘于按部就班地利用书中的信息，而总要大大发挥一番才行。由于不满足于按照巴特的描述复制一个简单的风车，牛顿曾专门跑到附近一个村子里观摩制造一架真正风车的过程。他“天天跟工匠们待在一起”，“非常准确地掌握了风车的制作机理，然后自己制作了一个真正的、完美的风车模型”。不仅如此，牛顿还超越了他的风车样板。他改变了风车的机理，竟让一只老鼠来驱动风车的翼板——老鼠为了够着谷物，只得不停地推动一只轮子。虽然给斯蒂克利提供信息的人对风车的准确机理有着不同的说法，但他们都一致说当时人们会从几英里外赶来观看艾萨克的“老鼠磨工”。斯蒂克利敏锐地指出，牛顿往往会专注于“滑稽的”(即“好玩的”)发明。除了老鼠磨工和玩偶家具之外，牛顿还研究过一个简单风筝的结构和尺寸，然后做了一个更好的风筝,拴上一个点燃蜡烛的灯笼放飞。这个风筝曾一度引起当地人的惊恐,给了他们许多饭余酒后的谈资。

牛顿还造了一个木钟，而且就像他制作风车和风筝那样，紧接着又造了一个更好的。改进后的木钟带有一个钟盘,由涓涓细流来驱动,而水是他每天早晨加进去的。这个木钟是牛顿用汉弗莱·巴宾顿送给他的一个箱子改做的。巴宾顿是克拉克夫人的弟弟(克拉克夫人是汉娜·史密斯的好友),他因为拒绝宣誓效忠共和政体而被三一学院开除。在以后的几十年中,巴宾顿将在牛顿的生活中扮演一个重要的角色。此外,牛顿还进一步发挥自己的艺术天分,着手制作复杂的日晷,在克拉克家房子外部的许多地方刻画了各种各样的时钟。根据斯蒂克利的记载,牛顿"画了长长的线条,在上面系上穿有滚球的长线;在墙上插入栓子,以标明小时、半小时以及一刻钟。凡此种种都显示了他思维的深度与广度"。牛顿还用这些线条做了一本"年历","根据线条就能知道是某月的第几日，太阳进入各宫的时间,以及二分点与二至点"。与牛顿的其他发明一样,"艾萨克的日晷"在当地教区也非常出名。这些发明也许是少年牛顿最伟大的成就。斯蒂克利认为它们就是牛顿醉心于天体运动的开端。

牛顿在艺术方面也很出色,比如在素描方面,甚至在作诗方面——虽然他对诗歌的兴趣仅仅持续了一小段时间。牛顿在自己所住阁楼的墙上用木炭画满了动物、人物和植物的素描以及数学图形,还将自己的名字刻画在隔板上。在20世纪中叶,人们在伍尔索普庄园的石雕上发现了蚀刻的几何图画,这无疑也是牛顿的杰作。

在1659年购买的一本笔记本上，牛顿作了一系列有关巴特那本著作的笔记，从中可以看出牛顿当时的艺术倾向。这些笔记显示出牛顿比较关注素描的实用方面，还表明牛顿对如何利用动物、植物和矿物或者通过混合几种现有颜色来制作各种彩色墨水和颜料比较感兴趣。仅仅十多年之后，牛顿就因混合现有颜色生成新的颜色而闻名遐迩。笔记本中摘录的其他一些说明涉及鱼饵制作以及通过迷醉手段捕鸟的种种方法——这些方法并非全都很复杂。巴特的书中还有一些配制万能软膏和药膏的配方，牛顿也记下了好几种。实际上，在剑桥和牛顿做过二十年室友的约翰·威金斯后来回忆起的几件事情之一就是：牛顿经常会拿一种自制的、令人作呕的调和物（“卢卡泰诺香膏”）来作防腐剂。还有一些笔记来自约翰·威金斯的《数学魔术》。这是一本当时流行的著作，其中提供的信息与巴特的书类似。笔记本中的其他笔记提到了产生永动的不同方法，而永动是牛顿以后几十年中都一直极感兴趣的一个题目。

心灵手巧的牛顿沉浸在实用创造的世界中，这不仅预示了他非凡的未来，而且直接造就了他非凡的未来。实际上，对于牛顿早期所痴迷的活动与他后来所取得的成功之间有着怎样的联系，斯蒂克利有过极为出色的描述。他指出，少年牛顿能够娴熟地使用机械工具，加之具有素描与设计的专长，这对他后来拥有出色的实验技能帮助极大，“给他打下了运用自己强大推理能力的坚实基础”。非常罕见的是，牛顿具有成为一位伟大自然哲学家的所有素质，诸如“深邃的洞察力”，“坚定不移、百折不挠的解决问题的精神”，“延伸其推论[与]演绎链的巨大思维力量”，“无与伦比的代数技能以及其他使用符号的方法”。与所有的孩子一样，牛顿也很喜欢模仿他人。但在斯蒂克利看来，“他实际上就是一位天生的哲学家。学习、机遇和勤奋给他的洞

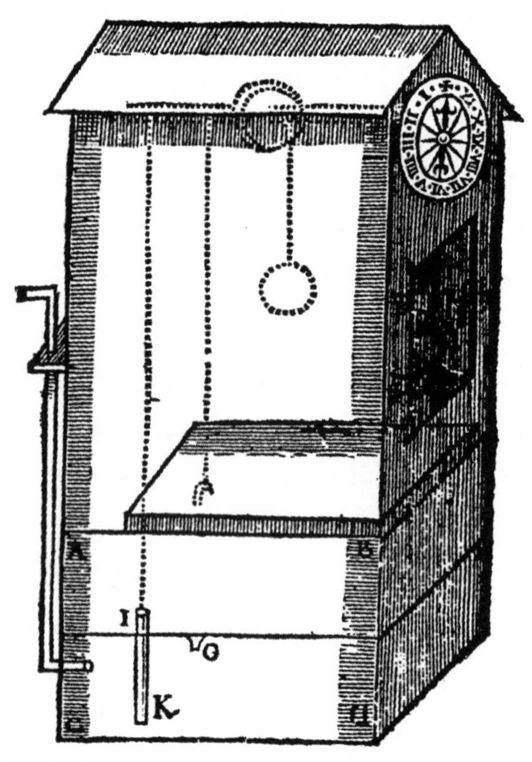

图 2 牛顿借以制造水力钟的原始设计图。摘自约翰·巴特的《自然与艺术的奥秘》。

察之眼指出了一些为数不多的、简单而普遍的真理”。他逐步拓展这些真理，“终于揭示了宏观世界的体系”。

虔诚之子

这位极具天赋的乡下男孩虽然热衷于制造种种器具，但却在郁郁寡欢中度过了青少年时代。1662 年 5 月底，牛顿用速记法记下了他在前十年中犯下的所有罪行；有一小段时间，他还记下了自己在剑桥的所有不端行为。虽然拿“清教教义”这个词来形容牛顿信奉的宗教教义是完全不当的，但如果用与这个词相关的那些激进的新教伦理价值观来形容这些条目所反映的牛顿，则是再恰当不过的。牛顿记下的许多罪行都是他在虔诚的基督徒理应休息的安息日（“主日”）所做的一些事情。在17世纪50年代的许多个星期天，他要么读一本无关紧要的书，要么在小教堂中吃一个苹果，要么做一个滑键、一个钟表、一个捕鼠器或搓一截绳子，在晚间还会做一些馅饼。牛顿承认在上帝之日有过“无聊的谈话”，所以他也会在不经意间听到并记下许多训诫，这是不足为奇的。牛顿还写道他有一次完全错过了礼拜仪式。有时候，他将心思用在学习和钱财上，更喜欢“世俗的东西”，而没有将上帝放在心上。的确，牛顿记下的许多罪行都涉及他没能像一个虔诚的人那样生活的情形。“因为没能按照自己的信仰生活”，而且“疏于祈祷”，所以他远离了上帝。他没做到为了上帝而爱上帝，没有达到“渴望”上帝规诫的程度。

有些小插曲与村里其他孩子的经历也没有什么不同。牛顿曾在另一个男孩的帽子中放大头针“戳”人家，妈妈让他回家时拒绝回家，藏有一把石弓却向妈妈和外婆撒谎说没有。在其他时候，他还会跟仆人“闹翻”。有关食物的罪行也很突出。牛顿从克拉克的继子爱德华·斯托勒那里偷过樱桃棒，从妈妈的食品盒里偷过李子和糖。他还承认在病中暴饮暴食，实际上，在他所列的在剑桥求学时所犯的罪行清单上，头几条就是暴饮暴食。第一张罪行单上的其他评语描绘了牛顿心灵的阴暗面。他用拳打过自己的一个妹妹，殴打过“多人”，还狠揍过爱德华的弟弟阿瑟·斯托勒。牛顿的单子上还有“有过不洁的思想，说过不洁的话，有过不洁的行为，做过不洁的梦”，但其具体含义不详。牛顿还悔恨地写道他曾通过“非法的途径”使自己摆脱“忧伤”，但其具体所指也不清楚。牛顿还记得自己曾“希望死亡降临到一些人身上，诅咒他们死去”。最令人震惊的是，他还隐约记得曾经威胁要将继父和母亲连同他们的房子一起烧掉。这些都表明牛顿怀有强烈的憎恨。牛顿还编了一份常用词名单，依照弗朗西斯·格雷戈里 1651 年的《简明名词词典》的样式按字母进行排序。在“父亲”、“妻子”、“寡妇”等词后，牛顿加了“私通者”、“娼妓”等词——这些词是格雷戈里的书中所没有的，可能表达了他对母亲和继父的看法。

牛顿的愤怒还体现在生活的其他方面。孔杜伊特对牛顿相当熟悉，他认为从学业生涯之初开始，牛顿就在怨恨之心和竞争之念这两大力量的驱使下，一门心思要超过其他所有人。牛顿经常会对孔杜伊特讲一件他进入文法公学不久发生的事情。这个故事可能与他对于狠揍阿瑟·斯托勒的“供认”有关。当时，牛顿是班上垫底的学生。有一天，在上学的路上，一个同学踢了牛顿的肚子。放学后，他就和这个攻击者在教堂墓地打了一架。虽然牛顿“没有对手健壮，但他斗志昂扬，意志坚决，一直打到对手停手求饶为止”。随后，在校长儿子的唆使下，牛顿还强行将对手的脸抵到教堂的侧墙上。从此以后，牛顿开始发奋努力，在学习上赶超对手，终于在成绩名次上排到了对手的前面。而且更绝的是，他还一举成了全校拔尖的学生。

牛顿的课外活动会对他的学习产生消极的影响。但是只要他愿意，他就可以随时捡起功课，一举超越同学。牛顿就有这种本事。斯蒂克利写道：“有时候，一些愚笨的男孩会在排名上超过牛顿，但这往往会激励牛顿加倍努力，反超他们。”校长约翰·斯托克斯好像在早期就发现了牛顿的天赋。他曾经温言劝告牛顿以功课为重，但仍然无法让这个少年放开手中的锤子和锯子。可是，到了 1659 年下半年，牛顿的母亲决定让牛顿辍学，回家料理自家的庄园，并让一位可靠的仆人照看着牛顿。尽管如此，牛顿还是痴迷于制造水车与其他模型，而且一读起书来就会忘掉一切，根本无法胜任料理庄园的任务。他负责照看的牛羊会闯进附近的田地。有记录表明，这年 10 月他还因此被罚过款。牛顿还常常忘记吃饭；用斯蒂克利的话来说，“他整个心思都扑在哲学上了”。

各种传记在写到牛顿此时的发展时，都不再将他描写成一位极具天赋的技工，而会开始将他描绘成一位超脱的学者。后来，有好几样不同的证据表明，到牛顿前去剑桥求学的时候，他已经因自己超脱的行为或“愚钝的”行为而闻名乡里了。作为家务管理者，牛顿的确不可救药。他会贿赂仆人来代替他，而本人则跑到上学时寄宿过的那间阁楼里去寻求学者式的避难，全神贯注地阅读堆放在那里的医学书籍和科学书籍。在其他时候，他干脆就躺到篱笆或树下看书。还有一次，他拉的马挣脱了笼头，而他却一个劲地埋头看书，走了好几英里路都没有觉察。牛顿的母亲“对他的这种书生气怒不可遏”，而仆人们则称他为“一个傻小子”，认为他“永远都不会有什么作为”。

这时，校长斯托克斯向牛顿伸出了援手。斯托克斯告诉汉娜，牛顿极具天赋，不应埋没于“乡村俗务”中。他看到了“这个少年的非凡才能，惊叹于他的惊人发明、心灵手巧以及远远超过他的年龄的奇妙洞察力”。他还告诉汉娜，牛顿“将成为一位非常了不起的人”。斯托克斯还提出愿意免除牛顿的膳食费，这一点可能是促使汉娜同意儿子返回文法公学、预备上大学的关键因素。牛顿于 1660 年秋返校，并接受了拉丁语和希腊语的额外训练。在牛顿毕业离校的那一天，斯托克斯为他举行了一场激动人心的欢送会，据说还让学校的其他学生热泪盈眶。不过，斯蒂克利写道，仆人们可没有感受到这种情感，他们断言牛顿“一无是处，只配上上大学”。

三一学院

到毕业的时候，牛顿将上剑桥三一学院的事情已经定了下来。三一学院是英国当时最有声望的学院。在将牛顿送入三一学院的过程中，威廉·艾斯库和新近恢复了三一学院研究员身份的汉弗莱·巴宾顿的共同努力也许发挥了决定性的作用。1661 年 6 月 5 日，牛顿以“减费生”这一接近仆役的身份进入剑桥。牛顿的低级身份与他母亲拥有的财富显得很不相称，令人奇怪。减费生须负担自己的膳食并参加讲座。他们实际上就是研究员或富有学生的仆人。牛顿可能以减费生的身份服侍过巴宾顿——虽然仅仅是在名义上。此前一年春天，查理二世复辟，剑桥市民和大学师生对此作出了迅速而积极的响应。在学校的高级职位上，保王党的支持者取代了共和政体任命的人员。1662 年，国教学者，极具影响的《信经讲解》(1659)的作者约翰·皮尔逊成为三一学院院长。在他的领导下，三一学院强调更为传统的学术形式，尤其注重神学方面的学习。

牛顿在大学里是如何花钱和打发时间的呢？来自一个小笔记本的证据让人们能对此有所了解。笔记本开头的一些条目表明，牛顿购买了书籍、纸张、钢笔、墨水等基本学习用品以及在 17 世纪的学生住宿条件下所需的一般生活用品，如衣服、鞋子、蜡烛、一把课桌锁、一张屋内地毯，还有一个夜壶。牛顿还买了一块手表、一个棋盘，后来又买了一套棋子(据凯瑟琳·孔杜伊特说，牛顿玩起棋盘游戏来得心应手)，并付了七个便士作为使用网球场的年费。笔记本中还有“去舞会和游艇”的条目，并且在后面重复出现，表明牛顿在剑桥的第一年并没有将每时每刻都花在学习上。的确，牛顿还另列了一个“琐碎”而“浪费”的开销单子，上面有购买樱桃、啤酒、柑橘酱、奶油饼、蛋糕、牛奶、黄油和干酪的记录。后来，他还买过苹果、梨和炖梅脯。

很快，牛顿就开始给他的宿舍清洁员和同学放债——从现存的学生记录来看，这在当时的大学生中是非常罕见的。向牛顿借钱的同学有许多都是“自费生”，他们在大学中的社会地位要略高于牛顿。绝大多数得到牛顿慷慨借款的人都偿还了借款，这一点可从牛顿在相关记录上所划的叉号看出。大约是在1663 年的某个时间，牛顿认识了另一个自费生约翰·威金斯（他儿子尼古拉斯写道，他父亲当时发现牛顿“孤独而沮丧”），随后两人决定合住一室。威金斯还会时不时地充当牛顿的誊写员。两人一直合住到 1683 年，是年威金斯离开剑桥，到教会担任了一个职位。约翰·威金斯曾告诉儿子尼古拉斯·威金斯，牛顿工作起来常会忘记吃饭，而且在早晨起床时“精神饱满，为发现了某个命题而心满意足；似乎一点也不在乎晚上的睡眠，或者晚上根本不需要睡觉似的”。如果牛顿的回忆准确的话，他应该就是在遇到威金斯的那一年迷上“决疑占星学”[①]的，而且还买了一本关于占星术的书。所谓决疑占星学，就是通过研究恒星和行星的位置来评估个人前途未来的学问。可是，牛顿对占星术并不满意，于是在次年转而研究欧几里得的数学，但不久又丢开了，因为他觉得欧氏数学无足轻重、过于浅显。

① 主要用于中世纪和文艺复兴初期，与当时主要用于医疗诊断和气象预测的自然占星学（natural astrology）相对。不过这一区别现在已不复存在。

牛顿可能听过艾萨克·巴罗于1664年3月首次开讲的卢卡斯数学讲座。巴罗是首任卢卡斯数学讲座教授,他也许曾注意到自己的听众中有一位特别专心的学生。巴罗开始数学讲座一个月后,三一学院举行了一次定期进行的奖学金竞赛。牛顿参加了这次竞赛。根据牛顿后来的叙述,他的考官就是巴罗;由于他对欧几里得的数学缺乏了解,所以巴罗对他很失望。巴罗当时绝对想象不到,这个年轻学生竟然已经钻研过笛卡儿那令人生畏的《几何学》了。牛顿当时显然很谦虚,并没有道出自己的这一成就。不过,牛顿最后还是获得了奖学金,从而拥有了好几样特权。第二年早些时候,大约就在证明广义二项式定理的同一时间,牛顿为了获得文学学士学位,不得不参加一场耗时较长的、更为标准的知识考试。后来也有一种说法,称牛顿这次考试差一点没能及格。不过,这一说法可能将这次考试和前一年的奖学金考试混为一谈了。

1665年年中,一场瘟疫席卷了英国的许多地方。牛顿和绝大多数学生一样,也在7月底或8月初回家了。1666年3月,牛顿返回剑桥,继续给许多以前向他借过钱的同学放债。然而,刚到夏天,那场瘟疫又死灰复燃,牛顿便又回到林肯郡躲避瘟疫。正是在林肯郡,而且很可能就是在巴宾顿位于布斯比帕戈内尔的家里,牛顿完成了自己绝大部分的创造性工作。1667年3月20日,牛顿从母亲那里收到十英镑。次月,牛顿返回剑桥时,母亲又给了他十英镑。在随后的一年中,牛顿将这笔钱的大部分以及他的债务人所还的大部分钱用于如下用途:购买了一些磨制工具以及进行实验的设备,买了三双鞋,打牌输钱(两次),在酒馆喝酒(两次),买了几卷早期的《哲学会报》以及托马斯·斯普拉特新出版的《皇家学会史》,给他妹妹买了一些橙子。

9 月，牛顿又参加了一次竞赛，这次是为了角逐大学研究员的职位。不知是由于得到了巴宾顿或巴罗的支持，还是因为牛顿的才华和对学问的执著在为期四天的口试中大放异彩，他最后被选为了副研究员。

显然，这次当选也意味着牛顿精通院长皮尔逊要求的那种神学学问。当选之后，牛顿按要求宣誓要将神学作为他研究的中心，还宣誓将来要领圣命，否则就得辞职。此后不久，牛顿就搬到一间新屋居住，并根据个人的品味装修了屋子。1668 年 7 月，牛顿被授予文学硕士学位，这样他就可以向学院正研究员的职位靠近了。牛顿在自己的衣袍布料上花了好多钱，还购买了一顶昂贵的帽子、一套衣服、几张皮地毯、一把睡椅（与威金斯合买），并买了一些填充一张新羽绒床的材料。他还买了三个棱镜，每个一先令；还买了一些“玻璃杯”——大概是用来进行化学实验的。那年夏天晚些时候，牛顿第一次去了伦敦。不久之后，他便声名鹊起。

第三章
神奇岁月

在 17 世纪的头几十年里,人类对地球与天体的认识大大加深了,这一进程通常被称为“科学革命”。大学过去非常倚重亚里士多德的哲学,这种倚重此时正在迅速减弱,虽然就整个欧洲而言,亚里士多德的自然哲学与伦理学作为本科生阶段的课程,一直要按部就班地讲授到 17 世纪末。在亚里士多德的自然哲学体系中, 物体的运动是 “按照因果关系” 用物体所拥有的四元素(土、水、气、火)的多少来解释的:物体因为自身特定元素的重量优势或升或降,向着各自的“自然”位置运动。人们会习惯性地将自然哲学与数学或光学、流体静力学和和声学等“混合数学性”科目进行对比。在这些科目中,可用数字来测量外部量,如长度和持续时间等。不过,这一切都是在这样一个宇宙观中进行的:地球位于中心,周围则环绕着太阳和行星。

第一次认识上的巨变发生在天文学上。哥白尼的日心体系尽管遭到天主教会和许多新教派别的正式反对,但还是获得了新的皈依者。在 1596 到 1610 年之间,约翰尼斯·开普勒和伽利略·伽利雷[1]的著作引发了一场天文学革命。开普勒在其 1596

① 伽利略姓伽利雷,全名为伽利略·伽利雷(Galileo Galilei),但现已通行用他的名来称呼他,而不用他的姓。

年发表的《宇宙的秘密》中假定了一个以太阳为中心的宇宙体系。在这个体系中,行星之间的距离可以通过在正立体中内切行星的轨道而求得。1609 年,开普勒出版了巨著《新天文学》,提出了一个引人入胜的关于行星运动的理论,其中就含有后来以“开普勒三定律”而闻名的行星运动定律的头两条(行星沿椭圆轨道运行,而太阳则位于其轨道的一个焦点上;所有的行星围绕着太阳在相等时间内扫过同等的面积)。

1609 年,伽利略将多个镜头组合在一起,发明了一台能够放大物体的仪器。他将这台“望远镜”转向太空,发现木星周围有一系列卫星绕行,就像行星绕着太阳运行一样。1610 年,伽利略出版了《星际使者》。在这本小书中,伽利略还宣布月球上有山峦和峡谷,而银河是由成千上万颗恒星组成的。1613 年,伽利略证明太阳也有黑点,而当时的人们普遍认为,天是“永不腐败的”。1619 年,开普勒出版《宇宙谐和论》,提出自己的第三定律,指出对任何行星的轨道而言,行星到太阳的平均半径的三次方跟行星公转周期的二次方的比值不变。伽利略的一系列发现彻底推翻了人们认为天完美无缺的看法,而开普勒定律将在牛顿论证《原理》的关键命题中发挥至关重要的作用。

伽利略对 17 世纪科学的贡献并不限于他在天文学上的工作。1632 年,伽利略勇敢地出版了《关于两大世界体系的对话》,该书试图证明哥白尼的世界体系。就是因为这本书,他被软禁在家,直到 1642 年去世。不过,就在软禁期间,他还是设法于 1638 年出版了光辉著作《关于两门新科学的谈话和数学证明》。亚里士多德认为,抛出的物体首先会经历“剧烈”的运动,然后便被“自然”运动所取代,而自然运动会促使抛射体中的土粒子向下运动,回到它们的自然位置。亚里士多德还认为,物体下降的速度和物体的重量成正比。然而，伽利略却在《谈话》中宣布抛射体的运动轨迹是抛物线，并且接近地球表面的物体所受的垂直分力可以用一条定律来表示。根据这一定律，任何重量或“体积”的物体垂直降落的总距离与降落时间的平方成正比。伽利略还清楚地指出，重力的物理起因并不重要，而且要揭示出来的确极其困难，这又一次和亚里士多德的整个学说体系相反。伽利略揭示了地球上的好些现象都是可以用数学来描述的，从而为力学这门现代科学奠定了基础。牛顿在其同名巨著《数学原理》中展示了他的辉煌成就，旨在表明“数学原理”也是更多自然现象的基础所在。

现代科学的另一个重要方面则是由弗朗西斯·培根勾勒出来的。在伽利略和开普勒发展天文学和力学的同时，培根也在提倡这样一种思想：理解自然的正确方法是直接研究自然，而不应通过亚里士多德的著述(或其他任何文献)来进行。培根认为自然哲学上的进步只能通过协作项目来实现，并由此提到了新近发现美洲和太平洋的壮举，赞扬了艺术与贸易所取得的进步。对迥然不同的事实进行观察，会增加人们对这个可见世界的认识，而设计精良的实验能将自然世界分解为各个组成部分，从而得出有关大自然真正秘密的信息。培根甚至还赞扬了炼金术士用以分析自然的方法，不过他同时对炼金术士们的封闭生活方式和模糊的行话感到悲哀。

并非所有的反亚里士多德主义者都认同伽利略的方案就是发现科学真理的正确方法。勒内·笛卡儿提出了一种复杂的解释，用以描述这个物理世界背后的各种微结构。笛卡儿认为，我们周围的世界中存在的那些机械现象也在不可见的层面上运作着。在他的机械哲学中，一个不可见的微观世界配有许多钩子和螺丝，将各种元素凝聚在一起。根据笛卡儿的解释，一种巨大的太阳“涡旋”通过运动压出各种物质，对地球上的现象产生重大影响，从而产生了诸如磁、热、重力和电等大规模现象。笛卡儿认同伽利略的反亚里士多德学说（同时还秘密地认同伽利略和开普勒信奉的哥白尼学说），但他又指责这个意大利人的“建构缺乏基础”，声称科学解释需要采用自然界的微观机械建构模块。我们将会看到，这就是青年牛顿从事的最有影响的工作，虽然它很快就成了对手的批评对象。

数学新手

最初，牛顿接受的是剑桥大学本科生所受的标准教育。他得阅读大量规定的神学文献和亚里士多德的著作。他对严肃数学的兴趣，则很可能是巴罗于 1664 年春的卢卡斯数学讲座激发的。根据牛顿后来的记述，大约就在巴罗开讲的那会儿，他学习了威廉·奥特雷德的《数学之钥》和笛卡儿的《几何学》。在 1664 到 1665 年的冬天，牛顿认真研究了笛卡儿的分析数学（以及荷兰数学家弗兰斯·范·斯库藤在其编译的笛卡儿的《几何学》中所加的评注）、弗朗索瓦·韦达的代数学著作，以及约翰·沃利斯的“不可分割法”。牛顿利用我们所说的笛卡儿坐标几何学，掌握了定义各种圆锥曲线（圆、抛物线、椭圆和双曲线）的方程。尽管牛顿最初低估了欧几里得在《几何原本》中的成就，但他后来非常钦佩欧几里得和阿波罗尼奥斯的伟大成就，视他们的方法为从事数学工作的模板。

到 1664 年年底，牛顿找到了求曲线任意点上的“曲度”或斜率的方法。这就是所谓的切线问题。詹姆斯·格雷果里和勒内·弗朗索瓦·德·斯卢斯等数学家当时正致力于研究这一问

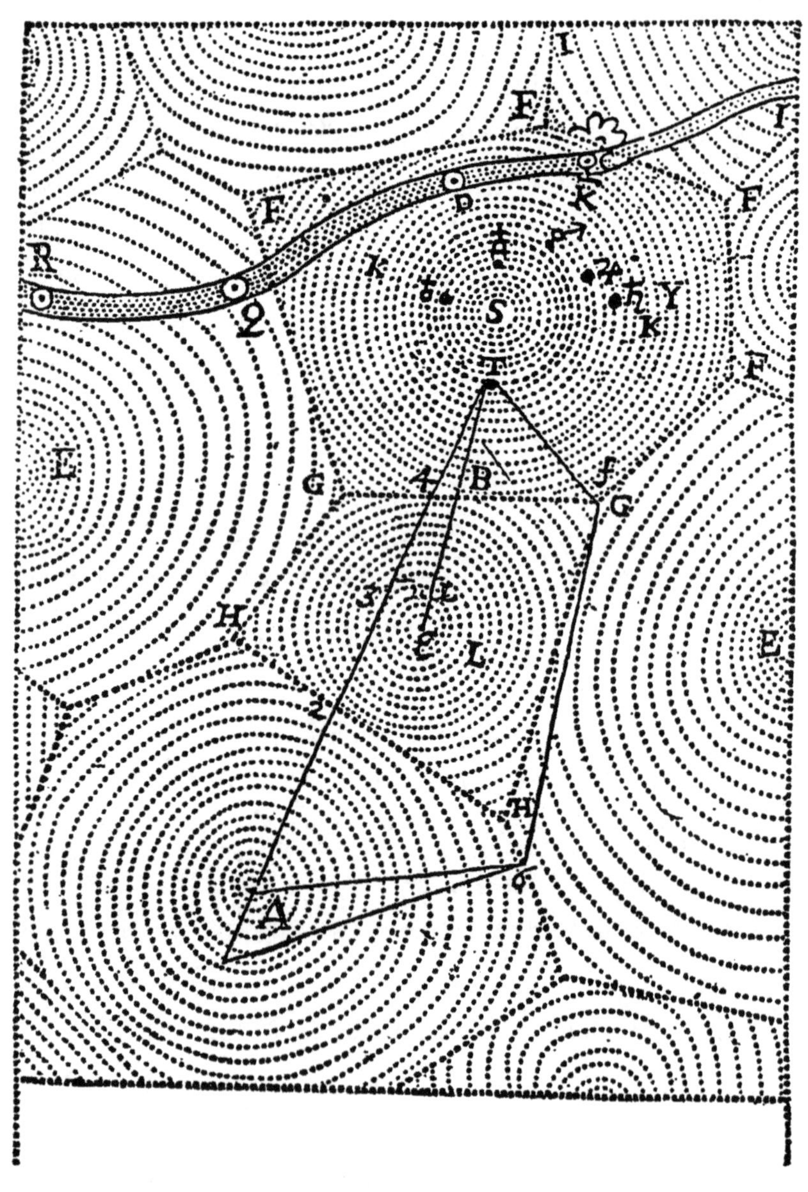

图 3 笛卡儿的涡旋：围绕着太阳 S 的太阳系，以 FFFFGG 为界。其他星系也以恒星为中心。

题。笛卡儿发明了一种通过找出一个大圆在接触曲线的点上的曲率半径来确定曲线“法线”(即垂直于切线的直线)的方法。不久,牛顿便改进了这一方法。他利用近距离两点之间的法线,让这两点之间的距离变得任意小,由此便能求出“表达”任意圆锥曲线的方程中任意点的切线,还可求出相关方程的最大值和最小值。牛顿将这个过程加以推广,用来表述我们现在称为微分法的基本要素。根据微分法,切线的斜率代表着曲线在任何一点的变化率。

早在 1663 到 1664 年的冬天,牛顿已开始研究沃利斯有关曲线截面下面积求法的分析。沃利斯的方法是将曲线下的区域分割为无穷小的截面来计算。到沃利斯 1655 年出版《无穷算术》的时候,人们已经知道对于基本方程式 $x = y^n$,其曲线下 0 到 a 之间的面积是 $a^{n+1}/n+1$。这就是有名的“求面积法”或“求积法”,也就是我们现在称为“积分法”的雏形。但对于更复杂的方程式来说,则需要使用不同的技巧,例如利用无穷级数。在无穷级数中,随着一系列项达到极限,就能够接近一个终值。沃利斯发展了这一思想,他对抛物线和双曲线求积,发现了一系列接近 π 值的项。

在 1664 到 1665 年的冬天,牛顿认真研究了沃利斯的著作,并提出了能够取得同样结果的另一种方法。不久,牛顿对沃利斯的方法加以提炼,开始考虑利用分数幂(涉及平方根、立方根和其他根)来求曲线面积的方法。牛顿还超越了沃利斯,发现了求与圆面积相等的正方形面积的正确级数。他进而拓展了从这一成功中得到的洞察力,最终证明了广义二项式定理(既适用于整数幂也适用于分数幂),可以用来展开任何$(a + x)^{n/m}$形式的方程式。在 1676 年致莱布尼茨的一封信中,牛顿首次公开宣布了这一发现。

1665年初，牛顿基本上弄清了切线法与求积法是互逆的运算，也就是说，那时的牛顿已经掌握了微积分的基本定理。到1665年末的时候——很可能是出于对巴罗的模仿，牛顿依然照常将曲线视为在特定条件下的点在一个虚拟空间中划出的线条，并谈到了点在特定时刻经历的“速率”。这就是牛顿所说的“流数”法——曲线上各点的值从一点“流向”下一点。至此，曲线下面积不仅可以被视为无限小部分的总和，而且可以被视为“运动学上”的面积——一个运动的点与其正下方x轴上相应的值的连线所扫过的区域。在1666年10月的一篇杰出论文中，牛顿系统地阐述了他在这方面的大部分杰出成就。那篇论文标志着他已经成了当时世界上顶尖的数学家了。

苹果落地

一个苹果掉下来，让牛顿想到将促使苹果落地的力量和促使月球保持在其轨道上的力量进行比较。这个故事可以说是科学史上最有名的一个传说了。不管其真实性如何，牛顿在数学上取得一系列发现的同时，还在力学上进行了一系列了不起的研究，这些研究使他成为将支配地上运动的力量与支配天上运动的力量统一起来的第一人。按照牛顿自己的说法，他首先发现了将旋转物体保持在其轨道内的定律，由此获得了他在力学上的新颖洞见。很快，牛顿就写下了一系列运动定律。他在二十年后撰写《原理》时，将会想起（并发展）其中的许多定律。在一本名为“废料簿”的笔记本上，牛顿在1665年初写下了一百多个运动公理，这些公理已含有了惯性的基本概念。牛顿断言撞击的效果与撞击的起因必然相等——这是后来《原理》中第三运动定律的雏形，不过他却援引一个形而上的理由来解释这一断言。牛顿精巧的分析考虑到了物体的体积和速度，最后得出了这样一个定律：撞击之前与之后的动量（mv）守恒。

接着，牛顿又非常灵巧地研究了一个物体在封闭的正方形中受各边碰撞之后的运行途径，并设想正方形各边对物体的四次撞击之和与保持一个物体围绕一个中心沿轨道运行的力量是类似的、相等的。牛顿假设施加撞击作用的边数可以无限大（这样多边形就会成为一个圆），由此推出维持一个物体沿圆圈运动一周所需的总力量“与物体的运动力量之比相当于所有的边[即圆的周长]与圆的半径之比”。如果“物体的运动力量”为mv，那么物体旋转一周所受的总力量应是$2\pi mv$。如果旋转一周所需的时间为$2\pi r/v$，那么总力量除以时间，其结果mv^2/r表示的就是**在特定时刻作用于旋转物体上的力量**。这一力学发展上的开创性成果是克里斯琴·惠更斯在1673年发表的，但早在几年之前，牛顿就已经利用这一发现走到了惠更斯的前面。

现在，牛顿发觉自己可以解决一个最早由伽利略提出的问题，即将一个物体保留于地球上的力量（重力）与该物体所受“离心力”之间的比率。离心力就是地球的自转将物体甩向太空的趋势。就重力来说，牛顿独立算出了重力加速度g。就离心力而言，牛顿测定地球自转一周，离心力会使物体移动$2\pi^2 r$的距离。他将地球的大小作为其中的一个值，得出重力大概要比离心力大350倍（在一秒钟之内，重力会使一个物体下降16英尺，而离心力只会使一个物体移动半英寸多一点）。

也许因为看到苹果落地而受到了启发，牛顿在17世纪60年代末将月球离开地球的趋势与地球表面的重力进行了比较。这个问题也是伽利略提出的。牛顿用一个数字来表示地球的大小；根据这个数字，月球就有 60 个地球半径（从地球中心到赤道的距离）那么远。在此基础上，他推导出一个物体离开地球赤道的趋势（其离心力）是月球离开地球的趋势的 12.5 倍。如果月球轨道的规律要求月球的离心力能够平衡地球施加的向心引力，那么月球的离心力就应等于地球表面重力所施拉力的 350 × 12.5（= 4325）倍。

在进行这些计算的同一份手稿中，牛顿还将自己关于旋转物体的受力定律插入开普勒的第三定律，从而得出施加于一个旋转物体的力与距离的平方成反比（$1/r^2$）这一定律。牛顿后来回忆道，他算出的将月球维持在轨道中的力的数值（即 4325）"非常接近"根据平方反比定律将月球到地球的距离的平方（$60^2 = 3600$）纳入计算之后得出的数据。那时，他将两个计算结果之间的差异归于一种地球涡旋的影响。后来，他意识到这一差异实际上是由对地球大小的不当计算造成的。他还会将这一了不起的工作视做他优先发现万有引力定律的证据。不过，不管这一成就有多么了不起，它尚缺乏他那伟大理论——万有引力定律的许多要素。

哲学问题

牛顿的这些兴趣并未影响他在科学上的多产。在另一本笔记本中，牛顿对亚里士多德的著作以及相关评注作了一系列笔记。这些笔记涵盖了当时任何一个欧洲大学生所必修的普通课程科目，例如伦理学、逻辑学、修辞学和自然哲学等。大概是在 1664 年末的某个时间，牛顿便不再在这本笔记本上摘录亚里士多德的著作，而是写下一个"某些哲学问题"的标题，在下面记了一系列哲学笔记和哲学疑问。在这个标题上方，他写了一句众所周知的格言:“柏拉图是我的朋友,亚里士多德是我的朋友,但真理是我更伟大的朋友。”

“哲学问题”笔记本开头的一些条目配有小标题,这些小标题涉及物质的本质、一些微小物体“凝结”成大物体的原因、冷与热的本质,以及有的物体下降而有的物体上升的原因。他还有力地批评了传统的观点。实际上,他评论过的这些普遍主题将是他一辈子感兴趣的焦点所在。最先的这些条目带有一种形而上的味道,这与他不久以后采用的更具实验性的方法截然不同。例如,关于物质的本质,他认同亨利·莫尔在其《灵魂的不朽》(1659)一书中的看法,指出物质世界的基本建构模块非原子莫属。物质与“数学上的点”不同,无法进行无穷分解,因为一个由无穷小的部分——无论它们有多小——组成的集合,是无法构成一个有限物体的。对于凝结现象,牛顿利用笛卡儿的假设来解释。笛卡儿假设,一种太阳“涡旋”会喷出一种稀薄的物质,这种物质产生了大气,而大气反过来又“向下压迫”地球,使“世上的一切物质紧紧簇拥在一起”。

一直到17世纪80年代初,牛顿都信奉笛卡儿的涡旋说。起初,他将涡旋最精纯的部分称为“轻纯物质”,不过,为了将这种遍布一切而又不可觉察的介质与更为粗糙的“空气”区别开来,他后来改用了“以太”一词。牛顿怀疑涡旋的搅动是否会使物体升温,还想知道热究竟是由光驱动空气引起的,还是由光本身直接引起的。他还提出了这个问题:在波义耳的真空泵(该气泵可抽取或压缩玻璃箱中的空气)中排除水的热量,能否让水结冰?牛顿认为,那种通过自身向下运动生成重力的物质必然会以另一种形态上升,这是因为:(1)如果不上升,就会导致地球地下洞穴的膨胀;(2)如果不以另一种形态上升,上升的物质就会抵消下降的物质，重力也就无从产生。牛顿还认为，上升的物质一定要比下降的物质“粗重”，否则上升的物质会撞击大物体更多的(即内在的)“部分”，从而产生一种比下降力更大的上升力。牛顿对这种循环宇宙论的兴趣从来没有减弱过，而这一兴趣的意义在他后来的炼金术实验和科学工作中都有体现。

甚至天体现象也可通过实验来研究。牛顿就笛卡儿《哲学原理》中对彗星本质的论述作了笔记，并紧接着在后面记下了他自己在1664年12月对彗星的观测结果。根据牛顿后来的回忆，那次彗星观测耗费了他许多时间和精力，甚至让他“身心紊乱”。牛顿记录道，彗星“沿涡旋流逆向”向北移动，并提出了一些非常特别的实验，以测验月球涡旋可能产生的作用。是月球的作用引起了潮汐吗？一开始，牛顿指出不是这么回事，因为如果是这样的话，潮汐应该在新月出现的时候最小，但事实并非如此。不过，这可以通过一试管水或水银来检验，看看管内液体的高度是否会受到月球方方面面的影响。

在每一点上，牛顿都会提出解决主要哲学问题的实验。这在当时的大学生中是绝无仅有的。牛顿提出了一系列实验，来测定不同元素的具体重力，确定将物体加热或冷却是否会影响其重量，还有将物体移到不同地方或不同高度是否会影响其重量。令人惊叹的是，牛顿不仅建立了重力理论，而且还提出了这样的问题：重力的“射线”能否像光线那样被反射和折射？若能使重力射线击打一个上面按特定角度安置了板条的水平轮子，从而让轮子像风车一样转动，或者设法让重力射线仅仅作用于一个竖轮的某一半，从而让轮子旋转起来，那么永动也并非不可能。在笔记本的其他地方，牛顿还提出了一系列类似的疑问，以期利用磁力射线产生永动。磁铁通过发射磁力射线，也许能让一块炽热的、状如风车翼板的铁块旋转起来？可能就是为了检验这些想法，牛顿在1667年买了一块高质量的磁铁，并于不久之后用磁铁的锉屑做了一系列非常独特的实验。

在阅读笛卡儿的《哲学原理》的过程中，牛顿再次对空气与水的本质产生了疑问。他花了大量精力来思考笛卡儿关于软硬物体的微观结构的描述。像在别处一样，牛顿在这里又提出利用波义耳的真空泵来验证深奥的理论猜想——这些猜想大都是关于以太的。例如，光在一个抽空的气泵中照样可以发生折射，所以折射必定是由“空气和真空中的同一种稀薄物质”引起的。不过，在不同种类的玻璃中，折射的幅度是否都一样呢？波义耳没有考虑过这个问题，但牛顿考虑到了——他当时可以利用基督学院的一个真空泵。

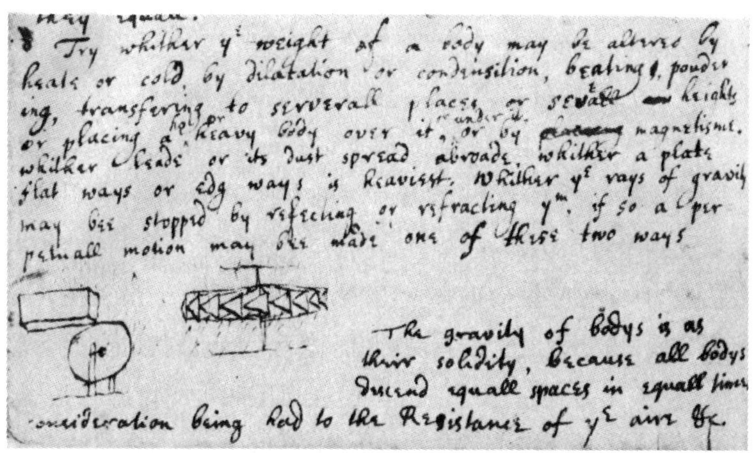
may equall.
Try whither y^e weight of a body may be altered by heate or cold, by dilatation or condensation, beating, poudering, transfering to severall places or severall heights or placing a hot or heavy body over it, or under it, or by magnetisme. whither leade or its dust spread abroade, whither a plate flat ways or edg ways is heaviest. Whither ye rays of gravity may bee stopped by reflecting or refracting y^m, if so a perpetuall motion may bee made one of these two ways

The gravity of bodys is as their solidity, because all bodys descend equall spaces in equall times consideration being had to the Resistance of ye aire &c.

图4 两个关于利用重力波来制造永动机的想法。摘自牛顿在剑桥三一学院的“哲学问题”笔记本。

精神与身体

“哲学问题”笔记本中的许多条目都涉及灵魂的本质与确切所在，以及内在的、主观的精神与外在的身体在人的体验中各自发挥的作用。从一开始，牛顿就对我们所说的“精神—身体”问题非常着迷，也对不同的人对同一起因会产生不同的反应这一事实非常着迷。在“关于同情与反感”这个标题下，牛顿写道：

> 一个人尝来是甜的东西，另一个人会觉得是苦的。同一样东西，一个人闻来非常美妙，另一个人则会感到不快……看到同样的东西，有些人无动于衷，有些人则会如痴如醉。乐曲带来的快乐也因人而异。触觉也是一样。

在题为“关于感觉”的另一节（夹在摘自莫尔《灵魂的不朽》的笔记中），牛顿写道，“对他们来说爪哇胡椒并不辣”。

在这些笔记条目中，牛顿还谈及了被哲学家们援引为灵魂处所的大脑的各个部位。他记录了各种不同的现象，表明就算大脑受到严重损伤，人的感觉也可以不受影响。一只青蛙如果大脑被“刺穿”，它就会丧失一切“感觉和行动”。但是人在大脑被刺穿后，只要大血管没有受刺，仍能运用自己的感觉。显而易见，一个人无法通过环钻（或锥子）在自己头上所打的孔张望，但是“假如给一个接受环钻术的人的脑髓加一丁点重量也会使他完全丧失感觉和行动能力”。

牛顿早期研究内容的一个关键要素涉及自由意志的本质

问题，以及与此相关的灵魂如何与身体的其余部分产生联系的问题。一些身体运动是无意识的。在“关于运动”的大标题下，牛顿写道，人的许多动作都是纯机械的：音乐家可以不假思索地奏乐，歌手唱歌时“无须留心也不会漏掉一个音符”，人走路时并不需要意识到自己应该如何行走。将一根鲸须伸入人的喉咙会让人呕吐，这又是一个纯机械动作的例子，也明显地证明了动物的行动是“机械的、独立于灵魂的”。

不过，牛顿在描述灵魂的过程中，有力地驳斥了一切对灵魂的纯机械式的解释。跟大多同代人一样，牛顿不想像笛卡儿和托马斯·霍布斯等机械哲学家一样，沾上无神论者的恶名。因为灵魂的官能与人的个性有关，所以记忆就提供了关乎人的动作缘由的重要证据。人的头部如果受到重击，有可能会使人完全丧失记忆；但是很久之后，在遇到类似事情的时候，记忆又可能被重新激活。在题为“关于灵魂”的一个条目中，牛顿认为记忆不仅仅是一种“变更后的大脑物质”的行动，我们体内肯定有一种什么“原则”，这一原则能使我们在最初的动作停止之后还能想起相关的事物来。这一见解后来成了牛顿自然哲学的关键点之一。

在另一篇不同寻常的短文《论创造》中，牛顿还讨论了动物的“灵魂”。在那个时代，绝大多数哲学家都认为动物灵魂与人类灵魂的本质截然不同。不过，牛顿却暗示，有那么一种原始的“非理性灵魂”，当其与不同动物的身体结合时，就产生了现存的所有那些野兽。牛顿用速记法（因为他的论点太过大胆了）暗示道，说上帝最初为不同的物种创造了不同的灵魂，就相当于说上帝做了一些不必要的工作。不同物种之间的差异源自其本能，而本能依赖于物种身体的构造组织。更为激进的是，牛顿还主张,人的灵魂本质上都是类似的,人与人之间的差异仅仅来源于身体构造的不同。在单列出的另一个关于上帝的短小条目中,牛顿指出不论人还是动物都不会是“原子偶然混杂”的产物。如果是这样,人或动物定会长有许多无用的部分,“不是这儿多一团肉,就是那儿多一个器官,有的兽类可能只有一只眼,而有的却可能有好几只”。

牛顿曾试图区分灵魂的行动与身体的行动,其最惊人的尝试始于他所记的一系列关于“想象力”(或“幻想力”)和创造力的笔记。牛顿认为,想象力是灵魂的一种能力,能够产生睡梦和记忆中出现的那种图像。他指出,“一种脚跟朝上的适当姿势”以及“新鲜空气、禁食与适量饮酒”都有助于想象力的培养。不过,“醉酒、暴食、过度学习(过度学习与偏颇的激情都会导致疯狂)、情绪的混乱骚动”则会摧毁想象力。牛顿警告说,“沉思冥想”会让有的人大脑发热、“注意力分散”,会让其他人产生“一种疼痛或眩晕感”。训练想象力来做一些新的事情,这是可能的。从约瑟夫·格兰维尔的《武断宣称的自负》(1661)中,牛顿摘录了一个很有名的故事:一位牛津大学的学者从吉卜赛人那里学会了如何“通过加强自己的幻想力和想象力”来对他人进行精神控制。

录下牛津学者的这个故事之后,牛顿过了一段时间便紧接着该条目记载了他自己进行的关于想象力与视觉的一系列实验。在1665年的某个时间,他对自己的视力做了一系列危险的实验,其中就有长时间直视太阳的行为。牛顿虽将这些系列实验称做主观体验,但他对它们的详尽描述则表明他带有一种客观的超脱态度。牛顿写道,用一只眼睛直视太阳一段时间后,所有浅色的东西看起来都成了红色,深色的东西都变成了蓝色。

用这只受损的眼睛来看，白纸乍看起来是红色的，但是“如果我通过一个很小的孔来看，只让很少的光线进入我的眼睛”，同样的白纸看起来就成绿色了。

牛顿的视觉实验并未就此打住。当他眼中“精灵”的运动（他是这么认为的）渐渐消失之后，他闭上眼睛却还可以再现出太阳的映像。眼中先会出现一个蓝点，蓝点中央渐渐变淡，周围逐渐出现一个个红色、黄色、绿色、蓝色和紫色的同心环。牛顿在不同的条件下进行这个实验，发现那个蓝点有时候会成为红色。他将眼睛睁开之后，看不同颜色的感觉与刚开始直视太阳之后的感觉一模一样。于是，他得出这样的结论：太阳与他的想象力作用于他的视觉神经与大脑中精灵的方式是完全一样的。牛顿还到外面凝望白云，结果看到了红色，这跟注视白纸后得到的效果相同（“只是大部分都要深一些”）。他看上一会儿云（云明亮得让他的眼睛都会湿润），就能让一个点“在朦胧的红色中闪亮”。

这些实验实际上只是牛顿类似系列实验中的一部分。牛顿对工作的投入和痴迷由此可见一斑。牛顿让眼睛休息了一会儿，然后在黄昏前一小时**又重复了上述整个实验**。这之后，当他用好的那只眼睛看白纸或白云等白色物体时，照样能在纸或云的背景下看到太阳的形象，周围簇拥着“朦胧的红色或黑色”。这时牛顿发现，除非他把心思花到别的工作上，否则他的眼睛几乎不可能看不到太阳的形象。等到每只眼睛都能承受太阳形象的时候，他就可以在太阳原来的位置上想象出好几个形状来，“由此也许可以得出，对太阳最令人痛苦的注视能够显示出对可见事物最清楚的幻觉”。牛顿继续写道，“从中我们可以得出一些关于疯狂或梦的本质的认识”。这些艰苦实验的后遗症非常持久，牛顿在1691年向约翰·洛克详细描述过这些实验，在1726年又向约翰·孔杜伊特详细描述过这些实验，说如果他有心思的话，仍可以在眼中唤起一个太阳的映像。

光与色的新理论

牛顿早先在笔记本上写过一个关于颜色的条目。一段时间以后，他又翻开新的一页，写下同样的标题，在下面记录了一系列用棱镜进行的实验。通过这些实验，牛顿不仅驳斥了亚里士多德关于光与色的观点，而且对笛卡儿、波义耳和胡克在其新作中对颜色的论述提出了挑战。牛顿是在什么时候开始这些研究的，其确切日期我们不得而知。不过，牛顿后来说他之所以开始研究颜色，最初是为了重复笛卡儿在其《屈光学》中报告的用棱镜进行的颜色实验。在《屈光学》中，笛卡儿称光经过棱镜的传播，会在距棱镜约五十厘米之外的墙上产生各种颜色，并说这一现象能够解释彩虹的形成过程。为了重复这一"著名的颜色现象"，牛顿在某个时候搞到了一个棱镜，不过"哲学问题"笔记本中记录的最早的实验条目提到的工具却是两个。

在这部分关于颜色的笔记中，第一条评论提出要检验这一问题：通过棱镜产生的红色和蓝色混合在一起能否构成白色？在此之前，牛顿已经批评了更早的一些理论，这些理论或认为颜色由黑色与白色组合而成，或假设颜色源于阴影与光线的混合。在笔记本的其他地方，牛顿还批评了光是由压力引起的观点。这一观点肯定站不住脚，因为如果真是这样的话，涡旋施与我们身上的压力会让我们一直看到亮光，而在黑暗中，一个人只有跑动起来才能看到事物。最后，牛顿抨击了光的波动说，其理由是光是按直线行进的，而波或"脉冲"通过以太介质时并不会按直线行进。早些时候，牛顿非常认同光是由微粒或小球组成的猜想。这一猜想与罗伯特·胡克在其新作《显微术》中所描述的"脉冲观"截然对立。

笔记上所记的一系列观测记录中的第三个条目描述了牛顿的一个关键性实验：通过棱镜观察一根一半染成蓝色、一半染成红色的线。牛顿注意到，线的一半"显得比另一半高，且两个半截并未出现在同一条直线上，其原因是这两种不同颜色的折射度不同"。牛顿通过光"球"的潜在速度来解释这一现象，认为移动较慢的光束和移动较快的光束的折射幅度不同，而蓝色和紫色应该属于速度较慢的光束。牛顿推断，每当较慢的光束为物体吸收时，物体就呈现出红色或黄色，而每当较快的光束不被物体反射时，物体就会呈现出蓝色、绿色和紫色。以此为基础，牛顿后来提出了更为复杂的解释，称自然物体根据自身的属性能够"展示"特定的光束，从而显示出不同的颜色。由运动或快或慢的小球组成的有色光束是普通光的固定特征，因为普通光就是有色光的混合物。单束色光**不是**由棱镜**产生**的，而是由棱镜**折射**出的。当时人们普遍认为通过棱镜产生的颜色是由折射造成的"改变"引起的。牛顿的观点与此相反，既质疑了亚里士多德的观点，也挑战了当时流行的对光与色的机械式解释。

牛顿相信眼睛在光的体验中以特定的方式发挥着作用，而他此时的工作并没有与这一理解相脱节。他接着进行了一系列与眼睛相关的实验，这些实验对眼睛的损害程度丝毫不亚于当初直视太阳的实验。他从侧面用力压迫一只眼球，使之变形，让眼中浮现出一些"幻影"。牛顿还写道，他将"一个黄铜板置于眼睛与接近视网膜中央的骨头中间——我的指头放不进那里"，由此看到了一个“非常鲜明的印象”。牛顿还在黑暗中或者在不同的压力下将这个实验重复了好几次。毋庸赘言，那个时代没有第二个人做过这类事情。

测算折射率

在一本所谓的“化学”笔记本中，牛顿继续进行他的视力实验。他在这本笔记中写了另一篇文章——《论颜色》，记述了截然不同的研究努力。文章开头叙述了一个通过棱镜观察一根双色线的实验，接下来则列出了一系列非常新颖的关于反射和折射的实验。当时，牛顿的同代人（他们尚不知道颜色具有不同的折射率）最多只是将光束折射后投射到约一米之外的地方，牛顿则将折射光束投射到大约七米（22 英尺 4 英寸）外的一堵墙上，表明不同颜色的光束具有不同的折射指数。在一间黑屋子里，牛顿让阳光从窗帘上的一个小洞中射进来。他发现经过一个三棱镜的折射后，光束会在对面墙上形成一个长方形的形状，而不是圆的形状。与他以前观察到的一样，蓝色光束折射得比红色光束厉害。不过牛顿也很谨慎地指出，红色和蓝色并不是光的固有属性，而只是眼睛对具体光束的体验。牛顿还以非同寻常的精确程度测出，通过棱镜折射出的不同颜色的光束有着各自不同的折射率。在那之前，还没有任何人注意到这一点。

在后面记录的系列实验中，牛顿还描述了一个更加复杂的实验：让从第一个棱镜折射出的光束经过第二个棱镜被再次折射。这一次，蓝色光束与红色光束的折射程度仍和它们穿过第一个棱镜时的折射程度一样。牛顿还注意到单束有色光经第二个棱镜折射后，并不会进一步变更为其他颜色。牛顿又增加了一个棱镜，将三个棱镜平行放置，让透过三个棱镜的光束互相重合。这时牛顿写道:“在几个棱镜折射出的红色、黄色、绿色、蓝色和紫色混合的地方出现了白色。”做过这些实验之后,牛顿已经掌握了他后来关于光与色的成熟理论的基本要素。他抛开自己的粒子说,认为白光并不是一种经过变更能够产生颜色的基本实体。相反,他认为白光是由多种(牛顿并未说明究竟是几种)不同的原色光合成的,而**每一种原色光都有自己不变的折射指数**。

牛顿还对有色薄膜进行了分析研究,这是他另一项重要的观测实验。有色薄膜现象是胡克最先观察到的。把一个透镜尽可能紧地压到一块平面玻璃上,然后通过透镜观察玻璃,就可以看到一些不同颜色的同心圆。通过计算透镜的曲率半径,牛顿竟然测出了同心圆与玻璃之间的空气薄膜的厚度,而且精确到了十万分之一英寸。牛顿的这个分析大约是在 1670 年或 1671 年进行的,其结果首次出现在他于 1675 年底发给皇家学会的《观测论文》中,后来又收录在他 1704 年出版的《光学》中。牛顿的主要发现是:任一点上薄膜的厚度与每个圆圈的直径的平方成正比。此外,牛顿和其他一些人在试图将两块玻璃完全压合起来时遇到了困难,这一困难后来成了短程斥力存在的主要证据。

这第二篇论文《论颜色》明确表明,眼睛实验仍然是牛顿颜色研究的一个主要部分。牛顿发觉用铜板来做实验工具不是很好,于是就找来一根“粗针”——一种用来在织物上钻洞的缝纫工具,将粗针戳进眼后的隐窝,“而且尽可能接近我眼球的后面”。这时他眼前像以前一样又浮现出了几个圆圈。牛顿写道,“当我持续用针头摩擦眼球时”,这些圆圈“最为明显”;“但当我将眼球和针头都停止不动,就算我持续用针压迫眼球”,圆圈还

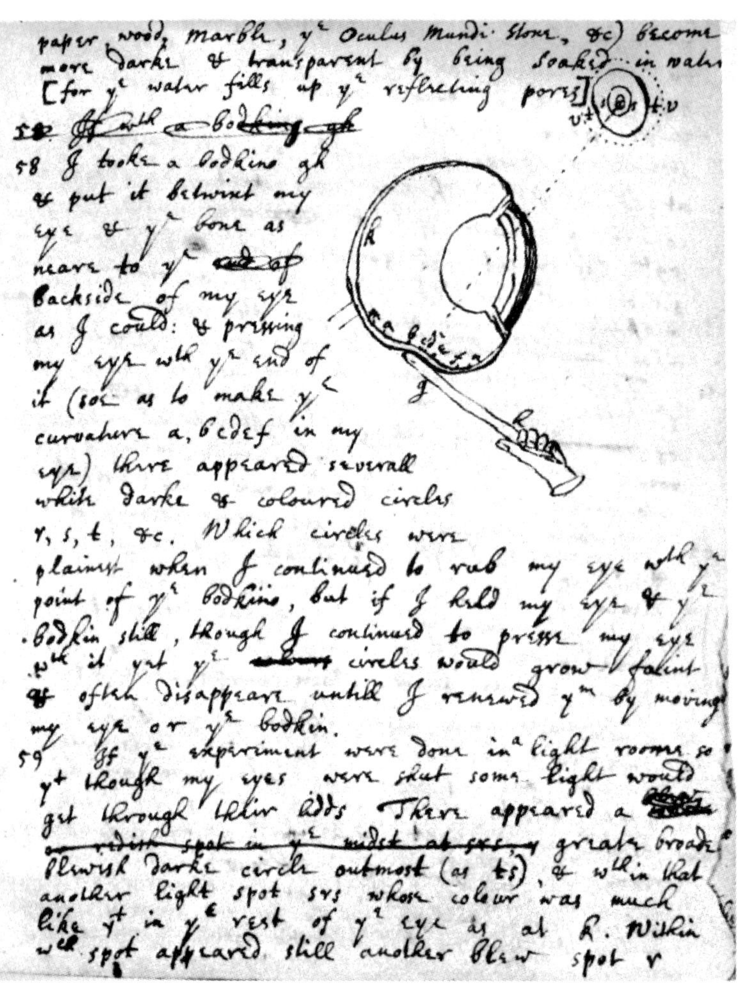
paper, wood, marble, ye Oculus Mundi Stone, &c) become
more darke & transparent by being soaked in water
[for ye water fills up ye reflecting pores]
~~58 If wth a bodking gh~~
58 I tooke a bodkine gh
& put it betwixt my
eye & ye bone as
neare to ye ~~end of~~
backside of my eye
as I could: & pressing
my eye wth ye end of
it (soe as to make ye
curvature a, bcdef in my
eye) there appeared severall
white darke & coloured circles
r, s, t, &c. Which circles were
plainest when I continued to rub my eye wth ye
point of ye bodkine, but if I held my eye & ye
bodkin still, though I continued to presse my eye
wth it yet ye ~~[illegible]~~ circles would grow faint
& often disappeare untill I renewed ym by moving
my eye or ye bodkin.
59 If ye experiment were done in a light roome so
yt though my eyes were shut some light would
get through their lidds There appeared a ~~[illegible]~~
~~[illegible]~~ greate broad
blewish darke circle outmost (as ts), & wthin that
another light spot srs whose colour was much
like yt in ye rest of ye eye as at k. Within
wch spot appeared still another blew spot r

图 5 牛顿所画的实验示意图：用一根粗针压迫自己的眼球并使之变形。

是会“渐渐变暗，经常消失，直到我再次转动眼球或者移动粗针时才会再现”。

牛顿后来说自从他发现了色差现象之后，他就停止了改进折射望远镜镜片研磨技术的努力。笛卡儿曾提出，一个磨成任一圆锥截面(双曲线或椭圆)的透镜会形成球面透镜所无法形成的清晰图像(其原因在于折射的正弦定律)。牛顿曾花了好多个钟头,亲自尝试用圆锥截面透镜形成清晰的图像,并在其“废料簿”中记录了实验结果。然而,色差使得所有的尝试都无果而终,由于不同的颜色折射幅度不同,透镜无法将它们聚拢在一起形成清晰的图像。如果制造清晰的折射望远镜是不可能的(尽管牛顿并没有完全放弃这个想法),那么是否可以利用平面镜来制造一架望远镜呢?同代人最多只在理论上探讨过建造这样一种望远镜的可行性,而牛顿却领先一步,实实在在制造了一架很成功的平面镜望远镜,而且望远镜的各个部件都是由他亲手制作的。虽然这架望远镜的金属片容易失去光泽,所形成的图像也没有色彩,但是它却解决了色差的问题,而且放大程度跟一架高性能反射望远镜不相上下。这是一个了不起的成就,牛顿因此名满剑桥,就像他当年通过自己的发明闻名格兰瑟姆一样。

第四章

挑剔的大众

1668 年，牛顿成为了三一学院的正研究员。由此开始，他的人生道路发生了重大转折，而这一转折在很大程度上是由艾萨克·巴罗促成的。那时候，巴罗已经发现了牛顿的巨大潜力。他曾感谢牛顿（尽管没有点名）帮助他修订 1669 年光学现象方面的一本著作——《十八讲》，而牛顿也几乎肯定参加过巴罗在 1667 与 1668 年所作的卢卡斯几何光学讲座。那时巴罗大概还不知晓牛顿在光学领域所做的颠覆性工作。在巴罗的支持下，牛顿于 1669 年 9 月被选为巴罗的继任者，担任卢卡斯讲座教授。

1669 年初，巴罗给牛顿看了一本上年年末出版的书——尼古拉斯·墨卡托的《对数术》。墨卡托发现了一种使用无穷级数来求对数的方法。牛顿后来说他初读《对数术》的时候，还（错误地）以为墨卡托发现了可用来展开分数幂多项式的广义二项式定理。不管怎样，看了墨卡托的书之后，牛顿意识到墨卡托已经开始通过"平方"项来生成无穷级数。这促使牛顿撰写了一篇才华横溢的数学论文，即我们现在称为《无穷级数分析法》（或《分析法》）的那篇论文。这篇论文内涵十分丰富，虽然没有详细阐明二项式定理，但却展示了几个接近 sin x 与 cos x 的值的无穷级数。牛顿还提出了求摆线积分与割圆曲线积分的种种技巧。他宣布正切法与求积法是互逆的技巧,并利用1666年10月的那篇论文为他的流数法提供了有力的基础。此外,在1676年写给莱布尼茨的两封重要数学信件中,牛顿还将特别倚重《分析法》一文。

1669年7月底,巴罗将这篇论文寄给身居伦敦的数学家约翰·柯林斯,并于一个月后向柯林斯透露了牛顿的作者身份。无穷级数是当时人们探讨的热点。通过柯林斯,牛顿的那篇论文以及他的数学成就开始引起了其他数学家的注意。实际上,牛顿还于11月在伦敦与柯林斯见了一面，两人一起讨论了牛顿的反射望远镜、级数的扩展、和声的比率等问题,还谈到了牛顿亲自研磨镜片的事实。不过,柯林斯注意到牛顿并不愿透露自己工作背后的基本方法。就在此时,巴罗让牛顿评论一下柯林斯不久前才翻译过来的杰勒德·金克于森的《代数》一书。牛顿写了一篇详尽的评论,不过这篇评论从未公开发表。让柯林斯深感奇怪的是,牛顿无论如何都不愿自己的名字出现在那篇评论中。牛顿在1671年9月向柯林斯清楚地指出,如果他的评论一定要公诸于众的话，他希望能以匿名的形式出现在人们面前。“无论公众中有谁想将我草草写就的东西予以出版”,他都不想“获得此人的敬重”。此后三十年中,这一态度一直都支配着牛顿与其著作的潜在读者之间的关系。

作为卢卡斯讲座教授,牛顿讲授的几何光学与他的前任巴罗所讲授的截然不同。他接二连三地采用实验、棱镜和透镜来证实自己的白光异质性理论,非常重视他在工作中一贯追求的数学精确性与确定性。他坚持认为自然哲学家应该成为几何学者,应该停止探讨那些仅仅是“可能”的知识。在此,牛顿首次公开宣布自然哲学能够达到一种绝对确定的程度,并且自然哲学应该建立在数学原理的基础之上。

此时,如果牛顿愿意发表自己的研究成果的话,他必将被视为当时世界上最多产的科学家之一,而且无疑是世界前所未见的最有才华的数学家。有一段时间,柯林斯一直督促牛顿发表《分析法》一文以及他的光学讲义。牛顿也花了许多精力来修改这两部作品。1671 年初,他将《分析法》加以拓展,写成一篇新的关于级数法和流数法的论文;1671 年下半年,他重写了自己的光学讲义。与原来的讲义有所不同,新讲义提出在讨论颜色的本质之前,应该先测算光的折射度与反射度。1672 年 4 月,柯林斯再次督促牛顿发表其著作。不料牛顿却告知柯林斯,他原想将光学著作与数学著作合在一起出版发行,但后来却放弃了这一想法,“因为从我那非常有限的发表作品的经历中,我已经发现除非与出版事务划清界限,我将不会获得以前享有的安宁与自由”。可是,那会儿牛顿的名字确实曾作为编者出现在伯纳德·瓦伦纽斯编著的一本关于地理的书上。不过牛顿后来也承认,他对该书没有多少贡献。

牛顿对发表成果的失望源自他首次与国际读者接触的经历。牛顿早就向柯林斯说过他制作了一架反射望远镜。1671 年年末,巴罗将牛顿制造的一架新的反射望远镜送给皇家学会,让反射望远镜的话题又一次“热”了起来。皇家学会的秘书亨利·奥登伯格告诉牛顿,他的望远镜深受会员们的好评,“一些光学科学与实践领域的顶级专家”也对其进行了较为细致的审查。奥登伯格还告诉牛顿,他已将一份关于望远镜构造与性能的描述寄给了巴黎的克里斯琴·惠更斯,“以防那些可能在这里或者在您所在的剑桥见过望远镜的陌生人篡夺这一发明”。

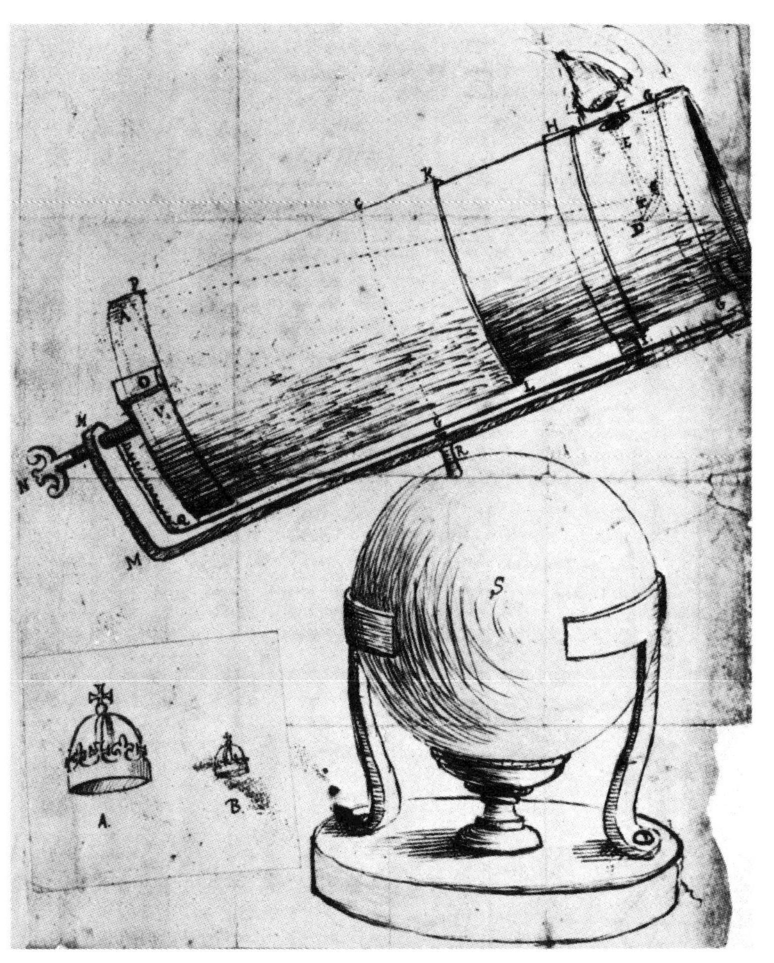

图 6 皇家学会的一位会员所画的牛顿反射望远镜草图。这架望远镜是牛顿于 1671 年末呈送给皇家学会的。

在回信中，牛顿对自己的发明表现出了一贯的超然态度。他告诉奥登伯格，那架望远镜已在剑桥静静地放了好几年了，在此期间他并未进行过任何鼓吹宣传。他还就如何生成用来制作镜面的合金提供了建议，并感谢皇家学会选他为会员。接着，牛顿仍以谦虚的姿态接受了学会给他提供的一笔资助，并表示为了对会员们的活动有所裨益，他愿意向他们传递他经过“贫乏而孤独的努力”所获得的一切成果。不过，牛顿在致奥登伯格的另一封信中披露，促使他制作反射望远镜的那个发现在他看来称得上“迄今为止对自然运作最奇特的发现，如果不是最重大的发现的话”。1672 年 2 月初，奥登伯格适时收到了牛顿论述这一发现的那篇划时代的论文。

牛顿在皇家学会

皇家学会成立于 1660 年。在其成立后的几年中，学会就对进行实验和描述实验的最佳方法形成了一种观点——实际上就是学会的官方观点。在很大程度上，这种观点是以罗伯特·波义耳采用的方法为基础的。波义耳在其著作中建议，作者应该采取一种“历史叙事”的风格。这就要求作者尽可能详细地描述他们在具体场合所进行的实际活动。但凡有可能，作者都应避免提到任何无法通过实验进行验证的假设，而且不应过于草率地提出普遍性声明，宣称自然在所有类似情况下都会如何如何运作。作者应对他们的声称持有谦虚的态度，而且对自己的观点持有的确信不应超出证据能够支持的程度。任何命题的真伪，都会为时间所证实，都会为其他许多人多次就同一现象进行的重复实验所证实。波义耳认为一些倾向于利用数学方法的自然哲学家对应用数学技巧来研究自然世界过于自信，容易就自己的工作提出无根据的、过于确信的主张。

在 2 月提交的那篇论文中，牛顿开头以历史叙事的方式叙述道，在尝试研磨非球面透镜的中途，他于 1666 年买了一个棱镜，在一间黑屋子里让一束阳光通过棱镜，投射到 22 英尺之外的墙上，以此来测验“颜色现象”。他原想根据折射定律，会在墙上看到一个圆形的映像，但却“惊奇地”发现看到的映像是“长方形的”。根据牛顿的叙述，他逐渐排除了有关“光谱”被拉长的各种解释——包括玻璃的厚薄或者均匀程度，并对实验结果进行了精确的测量。光线进入棱镜的角度（31'）与光线离开棱镜的角度（2°49'）相差太大，难以用传统的折射定律来解释。

“最后”，牛顿写道，他便进行了他所说的 experimentum crucis（“关键性实验”，该术语源自培根的 instantia crucis①）。关键性实验就是他在那篇关于颜色的最成熟的论文中描述过的双棱镜实验的改进版，不过描述得有些含糊不清。在关键性实验中，牛顿拿了两块板，板上各有一个很小的洞。他把一块板放置在窗前（第一个棱镜就放置在那里），将另一块板放置在离窗12 英尺远的地方。他将第一个棱镜绕轴转动，让不同颜色的光线通过第二块板上的洞，射到放在板后的第二个棱镜上。牛顿想通过这个实验显示（这一点在后来有更清楚的体现），虽然不同颜色的光线都以相同的入射角进入第二个棱镜，但是每种色光从第二个棱镜射出时发生的折射幅度，与其原先从第一个棱镜射出时的折射幅度一样大。每种色光的折射率并没有为第二个棱镜所修改，所以**每种色光都具有一种内在的“发生特定幅度折射的……趋势”**。牛顿评论说，由此产生的色差限制了折射望远镜成像的精确度。

论文写到一半的时候，牛顿便放弃了历史叙事的写法，声明如果继续那样写下去，就会使他的文章变得“乏味而混乱”。他写道，自然哲学家会惊奇地发现，颜色理论是一门基于数学

① 意为“关键性实验”。培根用这一术语来指能够证明一假设正确而另一假设错误的某一实验。

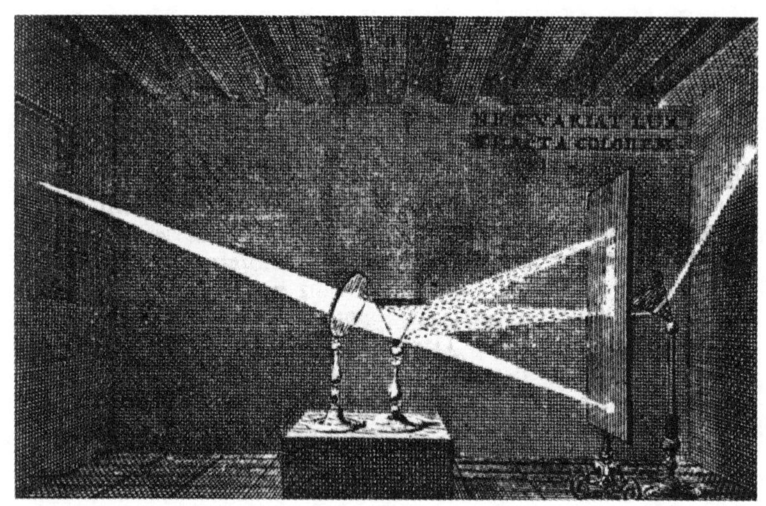

图 7 关键性实验。翻印自牛顿的法文版《光学》(第二版)。

原则之上的“科学”;颜色理论具有无可争议的实验基础,因此不是假设的,而是绝对确定的。在论文的剩余部分,牛顿列出了自己颜色理论的“原则”,并增加了一两个实验予以说明。一束特定颜色的光线连续通过几个棱镜时会“顽固地保持其颜色”,“不管我怎样努力,都无法改变其颜色”。最奇妙的是,牛顿欣喜地写道,他发现白光是由所有原色光混合而成的。牛顿称他的理论可以解释一切自然物体的颜色:我们之所以看到物体呈现出某种颜色,是因为它们倾向于反射某些色光而不反射其他色光的缘故。在论文结尾,牛顿提出了一个将给他带来无数麻烦的宣称:光是物质的(即由物体组成的)这一事实**也许**再也不容否认了。但他接着写道,要确定光究竟为何物,或者要确定光究竟如何被折射或者“以何种模式和动作在我们的大脑中产生颜色的幻觉”,这要比确定白光的组成困难多了。不过,牛顿也指出,他最后关于光的本质的声称对他论文的论点并不是至关重要的，而他不会将“确信与臆测混为一谈”。

这篇论文不仅是现代史上对普遍接受的光学观点提出的最大挑战，而且还清楚地表明牛顿眼中调查与证明科学宣称的正当方法应该是什么。奥登伯格在回信中告诉牛顿，学会的会员们“专心致志地”考察了该篇论文，并对它“发出了难得的喝彩”。他要求牛顿同意将此文发表在《哲学会报》上。奥登伯格还提到，学会决定让一些会员尝试重复论文中描述的实验以及其他一些相关实验。牛顿回信说他之所以将论文寄给皇家学会，是因为他认为学会会员们是“哲学事务最公正、最能干的鉴定人”。牛顿还说他“并没有将论文披露给有偏见的、好挑剔的大众（许多真理就是因为被披露给了大众而受到阻隔以致消失了）”，所以他现在可以“自由地”将注意力“转向一群明智而公平的人士”，并为此“深感荣幸”。

假设的麻烦

反射望远镜的结构说明以及关于光与色的论文一并发表了，这让牛顿声名鹊起。几位同时代的哲学家，包括有名如克里斯琴·惠更斯者，都对牛顿的发明赞许有加。然而，论文发表后不到一周时间，皇家学会的明星会员罗伯特·胡克就写信给奥登伯格，称自己对牛顿的理论持有重大保留意见。虽然胡克同意牛顿的实验现象是真实的，但他不相信光的不同折射度只能由牛顿的白光异质性理论来解释，他也不同意牛顿的实验表明光是物质的。胡克宣布他早就发现了类似的现象，认为牛顿关于白光的理论并不像牛顿自己在论文中展示的那么确定。

胡克自己的假设是：光是通过匀质的、无形的介质传播的一种脉冲或运动，而颜色就是由光经过折射而产生的改变引起的。胡克宣称这一假设是在成百上千个实验的基础上得出的。如果牛顿真有一个非常有说服力的关键性实验来证明自己的论点,那胡克定会欣然同意牛顿的理论。可是,他还可以想出无数其他的假设来解释牛顿实验中发生的现象。为什么组成颜色的所有的运动在撞击棱镜**之前**应该聚拢在白光中?这完全没有什么必然性。这就像说在风琴的管子发出声音之前,所有的声音都"在"风箱中一样毫无必然性。牛顿的理论充其量是一种假设——不过是"一种非常精妙而灵巧的假设",完全不像一个数学证明那么确定。

1672 年 6 月,牛顿从自己的实验记录本以及光学讲义中选取大量数据,撰长文答复了胡克。这份答复本身构成了光学领域的一份重要文献。在答复开头,牛顿先以高傲的姿态谴责了胡克的行为。胡克本该"施惠"于他,给他写一份私人信件的。胡克归之于他的那个"假设"并不是他在论文中所表达的那个假设,因为他在论文中并没有坚持光是否为一种物体。他鄙视"假设",在论文中没有理睬"假设",在谈到光时只是"用笼统的术语将光抽象地视为由发光体向各个方向沿直线发送的某种东西,而并未指明这种东西究竟为何物"。

接着,牛顿利用他早在学生时代就得出的论据,对胡克的光的波动说进行了直接攻击。牛顿说,也许有人会承认胡克的波动说能够解释他所描述的实验现象,但胡克的这个假设面临着一系列问题。液体的波动与振动并不沿直线运行,但光却似乎是按直线传播的。更糟的是,由于不同的物体必然会渗出"不同"的脉冲,那么普通光肯定是由这些不同的脉冲构成的混合物,或者是"不同光束聚集而成的一种集合体",而这恰恰是牛顿所主张的光的异质性。牛顿继续大力攻击胡克:胡克的假设不仅不够充分,而且难以理喻。胡克如果是一位稍有廉耻之心的实验者,就该发现他所说的是真实的。"从总体上"来考虑光,基本颜色应该不止两种,而胡克的声称与此相悖。牛顿称他的关键性实验的确名至实归。

胡克当然不会感受不到牛顿信中的语气。在致皇家学会一位资深会员的信中,胡克写道自己后来又按照牛顿的提示,拿棱镜和有色环做了进一步的实验,但依然无法相信牛顿的理论。不过,他又说如果他的信冒犯了牛顿的话,他对此表示抱歉,因为那封信原本就没有打算让牛顿过目。胡克强调指出,他对自己的观点确实有很好的证据。的确,胡克做过一些折射实验,表明在特定条件下,光的确会扫射到"阴影"区域。胡克说如果他的假设让人难以理解,他对此感到抱歉。不过,胡克也不无讽刺地指出,他并"不怀疑"牛顿能够解释原色光在折射后如何保持自己固定的折射度,之后又如何被聚在一起而"合为一体,然后又彼此分离,不受干扰地沿直线运行,好像从未相遇一样"。牛顿也许能够理解其中的奥妙,但是胡克理解不了,他也无法理解此时的牛顿何以害怕说明光线**究竟是**什么东西。

胡克在回应中固执地认为,哲学解释必须为解释对象提出可以理解的物理原因,这就给自然哲学家理解牛顿的理论定下了一个模式。次年年初,克里斯琴·惠更斯再次提到了胡克曾经提出的观点,大意是说其他所有颜色都由基本颜色生成,而基本颜色的数目是有限的。惠更斯还指出,牛顿并没有遵守机械哲学的基本原则,也就是说,牛顿应该提出一个物理假设,来解释光通过棱镜后何以会展示出不同的颜色。惠更斯说,如果牛顿做不到这一点,那么"他没有告诉我们颜色的本质与差异,他教给我们的就只有不同颜色具有不同折射度这样一个偶然事件了(当然这一现象本身也是非常值得考虑的)”。

惠更斯的批评似乎超出了牛顿忍受的极限。牛顿提笔给奥登伯格写信,说他想退出皇家学会,因为他与伦敦之间的“距离”使得他无法给学会带来裨益。同时,牛顿还告诉柯林斯,他受到了学会一些成员的“无礼对待”。牛顿的这一意见被反馈到皇家学会的秘书奥登伯格那里。奥登伯格在给牛顿的信中提到胡克时说,每个团体中都会有一个麻烦制造者,但“就整体而言,学会成员都很尊敬和爱戴您”。

不过,牛顿还是给惠更斯去了一封措辞激烈的复信。牛顿说要由黄色与蓝色合成光经棱镜折射后产生各种颜色是不可能的,而光的基本现象仅是由两种光线引起的,这一解释也让人难以信服。虽然牛顿在最初的论文中就提到过简单光与复合光可能看上去一样,只有通过实验才能分开,但惠更斯的评论迫使他再次指出这一点。如果白光**能够**仅仅由两种色光组成,那就意味着色光本身就是复合的,而不是原始的。好像嫌自己的语气还不够粗鲁一样,牛顿斥责道:这一点是如此明显,“以至于我觉得认识到这一点不该有丝毫的迟疑,对那些懂得如何检验一种颜色是简单的还是复合的以及一种颜色是由什么颜色构成的人来说更应如此”。

虽然奥登伯格曾跟惠更斯说过牛顿是一个非常率直的人,但惠更斯还是被牛顿的这种态度激怒了。他说如果牛顿这么激烈地为自己的理论辩护,他就不想再跟牛顿有什么争论了。不过,惠更斯还是非常大方地给牛顿寄送了一本他撰写的、非常出色的书——《摆钟》。牛顿感谢惠更斯赠书,说该书充满了“非常敏锐而有用的推论”(譬如离心力方程),但对于惠更斯对他信中语气的批评,牛顿回应说向他提出他已经回答过的异议,似乎有点“不近情义”。在写给奥登伯格的一封含有对惠更斯的回应的信中，牛顿重申了他“不再热衷于哲学事务”的打算。

此后，牛顿仍间歇性地与柯林斯以及其他一些数学家通信，讨论协助建立对数表、平方表、平方根表与立方根表的捷径与技巧。不过，这时候牛顿的生活中发生了其他一些事情。1674年年末，牛顿面临着这样一件事：若要保住他在三一学院的研究员身份，他就得接受神职，从而确认他对圣三位一体教义的信仰。由于下一章将会解释的那些原因，牛顿已不可能再接受神职。次年 1 月，牛顿曾向奥登伯格暗示，他很快就要失去自己在三一学院的职位了。不过，牛顿于次年 2 月底去了一趟伦敦，会晤了政府的一些高层官员。之后，他便得到特许，允许他在1675 年春不领圣命而继续担任研究员。巴罗(时任三一学院院长)的支持很可能是牛顿成功获得特许的关键因素。

阴暗的日子，糟糕的棱镜

就在牛顿认为自己摆脱了公开争论之时，一连串新的轻率的通信又将他拖回到公开争论之中。列日耶稣会会士弗朗西斯·利努斯写了一篇批评文章，由此掀起了对牛顿理论的新一轮攻击。利努斯 1675 年去世以后，他的同事们代表他继续攻击牛顿的理论。他们批评说，牛顿在论文中所给的各种指示操作起来很困难，而且重复实验也很难取得牛顿所说的实验结果。在一定程度上，牛顿原先已经预见到了这些问题。他采用的数学方法必然会带来这些问题，因为数学方法处理的是一两个抽象的、理想化的实验情形，而不会是许多相关实验的一些详细描述。起初，皇家学会的会员就牛顿关于光与色的理论写下了一些疑问，当奥登伯格将这些疑问寄给牛顿后，牛顿也承认他论文中的说明有些晦涩，并说如果当初就想着要发表的话，他就会描述得更详细一些，还会加入更多的图解。

牛顿与利努斯的同事约翰·加斯科因和安东尼·卢卡斯之间的通信进一步扩大了牛顿原先与利努斯之间的争执。英国的多位自然哲学家在重复牛顿的大多数实验时似乎并没有遇到多少麻烦，但牛顿与耶稣会会士之间的通信表明，即使是一些很有造诣的哲学家，在重复牛顿的实验时也会遇到重重困难，甚至要理解这些实验的要点也非常困难。从耶稣会会士一方来看，他们认为自己是在奉行皇家学会的基本原则，相信只有通过一些不同的实验来了解一个理论的不同方面，才能逐渐积累起科学知识。他们说由于牛顿的理论过于新颖，所以就得由牛顿自己来证明这个理论。但在牛顿看来，耶稣会会士是在明目张胆地攻击他的真诚和能力。他坚持认为自己的关键性实验就足以证明他的理论是站得住脚的。他批评耶稣会会士没有按照他的指示做实验，批评他们没有能力按照要求的精度去测量折射角度（要精确到分，而不仅仅是度），批评他们使用的棱镜不够格，而且依赖早已作古的实验者。

1677 年的某个时候，牛顿再次决定出版自己的光学著作（可能要与他关于无穷级数的著作一起发表），包括他的光学讲义和已经发表的通信。那年 3 月，牛顿让一位叫戴维·洛根的艺术家给他刻了一幅画像，准备作为这部著作的卷首插图，但后来事情并没有按计划进行。1678 年 2 月，牛顿向卢卡斯索要一份卢卡斯早期（1676 年 10 月）来信的副本，因为他在一场火灾中失去了这封信的原件。那场火灾应该发生在不久之前，毁坏了牛顿的许多论文，而且让原来计划的出版工作泡了汤。碰巧，卢卡斯在两个月前就已征得牛顿的首肯，将这封信发表在《哲学会报》上了。于是，这封信就经由罗伯特·胡克转到了牛顿的手上。胡克是奥登伯格刚刚去世之后皇家学会的几位新任秘书之一。可是不知怎的，牛顿发现卢卡斯发给胡克要求发表在《哲学会报》上的那封信跟原件稍有不同。1678 年 3 月，牛顿在写给卢卡斯的最后一封信中，对卢卡斯早期信件所体现的低下的科学质量破口大骂。处于崩溃边缘的牛顿称卢卡斯及其耶稣会会士“友人”策划了一个针对他的阴谋。他们将他“逼”入他深恶痛绝的公开辩论之中。牛顿告诉卢卡斯，他认为卢卡斯的大多数观点都太“无力”，无法予以承认，而牛顿不愿与卢卡斯“争论”还有“其他谨慎的原因”。如果和耶稣会会士的公开争论让他大倒胃口，他大可以将时间花在其他有意思的事情上。

第五章
真正的炼金术哲学家

17 世纪中叶，炼金术的名声可谓毁誉参半。许多人看不起炼金术，认为变贱金属为金子不过是一种毫无希望的追求。其他的人却认为炼金术有着悠久而可敬的传统，其中的秘密隐藏在晦涩难懂的文字和比喻之中，因而显得格外“高贵”而意义重大。罗伯特·波义耳等自然哲学家虽然看不起一些所谓的炼金法术，但同时相信如能进行正确的解读，一些炼金术文献实际上对自然界中最有价值的运作提出了自己的解释。就此而论，炼金术应属于一种被称为“化学”的范围更大的实践活动。化学还包括普通的或“庸俗的”化学操作，而这些操作应是每一位化学家全部技能的一部分。不过，炼金术传统则相信整个自然界都是活生生的。这一传统似乎有望解答关于发酵、发热、腐烂以及动植物与矿物生长的问题。人们认为炼金术士应该掌握了仿效发酵、发热、腐烂、生长等非凡进程的技能，运用这些技能他们就可以将各种元素进行相互转换。大多数炼金术士相信炼金术有其根本的宗教成分或灵性成分，但牛顿的炼金术论文中则显然缺少支持这一信念的证据。

17 世纪 50 年代，以美洲人乔治·斯塔基为中心在伦敦兴起了一个炼金术士的圈子。乔治·斯塔基撰写了一些著作，发展了

J. B.范·海尔蒙特的生机理论。斯塔基还分析了促使某些基本元素发酵或生长的方法。受此吸引,牛顿于 17 世纪 60 年代末开始阅读斯塔基的著作。在这段时期所记的笔记中,牛顿用从波义耳的著作中找到的术语编了一本化学词典,并记下了从事普通化学这一行业所必需的所有化学制品、操作程序和许多仪器。当时,发酵、嬗变、生命、繁殖以及精神与身体的关系等至为重大的主题深深困扰着牛顿和他的同代人。为了解答涉及这些主题的种种问题,牛顿还是转向了炼金术传统。牛顿是从什么时候开始投身炼金术研究的,其确切时间无从得知。不过,就在 1669 年,牛顿给他的朋友弗朗西斯·阿斯顿写了一封涉及炼金术的信,购买了两个熔炉,还一口气买进了拉扎勒斯·泽兹纳的六卷本《化学剧场》。这一切表明,他同年荣任的卢卡斯讲座教授一职可能多少影响了他对炼金术的研究兴趣。

然而,牛顿并没有忽略"普通"化学所能提供的东西。大约就在那个时候,牛顿在他的"化学"笔记本中从罗伯特·波义耳的《关于寒冷的新实验与新观察》中抄录了许多页笔记,中间加有他自己的疑问,偶尔还会提出自己的实验。《关于寒冷的新实验与新观察》出版于 1665 年,与波义耳在 17 世纪六七十年代发表的其他著作一道,形成了一座可供牛顿挖掘的再好不过的信息宝藏,提供了关于自然界的详尽而权威的信息。例如,波义耳注意到,虽然亚洲要比欧洲冷得多,但中国人并不像欧洲人那样感到寒冷,这是因为亚洲的"地下呼气"中含有"发热流"的缘故。从摘自波义耳著作的其他笔记以及牛顿对它们的思考中,我们可以看出牛顿始终感兴趣的一些自然哲学主题:热、光、嬗变以及自然的"原理"等。

在笔记本的另一处,牛顿记有一节关于"形状"嬗变的笔记，其中有这样的记录（摘自波义耳 1666 年发表的《形状与性质的起源》）：珊瑚、螃蟹和龙虾等生物体如从水中捞出，终会变成石头；在苏门答腊岛附近生长着一种枝条，其根却是“虫子”；而在巴西，一种类似蝗虫的动物变成了一种植物。波义耳还提供了一个关键的信息：雨水蒸馏后，会留下一种白色的土质残渣。牛顿以赞许的口吻提到范·海尔蒙特，说范·海尔蒙特认为水是万物之本，因为万物“通过连续的运作”终会“还原”为水。

提及范·海尔蒙特之后，牛顿又从乔治·斯塔基的《宣称的焰火制造术》中摘抄了一些内容。这表明牛顿当时的阅读重点已发生了变化。大约就在同一时间，牛顿也阅读了迈克尔·迈尔的《十二国炼金术士成就谈》一书。牛顿在 1669 年 5 月致阿斯顿的那封信就是以此书和一份关于旅游者忠告的手稿为基础写成的。在那封信的开头，牛顿夸夸其谈地提了一些如何对付外国人的建议。不过，牛顿也要求阿斯顿（阿斯顿即将去欧洲大陆旅行）留心一种金属嬗变为另一种金属的实例，因为这些实例“也是哲学中最有启发性且收益非凡的实验，非常值得足下的注意”。笔记本中的具体指示来自他所阅读的迈尔的著作，但与他从波义耳的著作中撷取的信息也有关联。不久以后，牛顿就开始贪婪地大量阅读炼金术著作——既有手稿也有印刷品。牛顿从许多炼金术手稿文献中摘抄了笔记，这一点非常重要，因为它表明牛顿与基于剑桥——或者更可能是伦敦的炼金术士圈子相识。不幸的是，牛顿所结交的这些炼金术士，其身份大都模糊不清。

金属的生长

如同对待“哲学问题”一样，牛顿很快就开始进行新颖的炼金术实验。不过，给不同的炼金术著作与术语编纂索引并比较这些著作与术语依然是他研究策略中关键的一环。购买《化学剧场》后不久，牛顿利用这部合集中引用过的文献，编了一个简短的“命题”清单。牛顿在清单中提到了一种活跃的“挥发之灵”，叫做“磁体”，说它是遍布世界万物的“独一无二的生机媒介”。这就是所谓的“哲学之汞”，即一切金属的原始形状。一旦经过炼金术士的复原，“哲学之汞”就可发挥不同反响的转变效果。“哲学之汞”通过温热发挥作用，可用来将元素复原（或“腐烂”）为它们最基本的状态，然后将它们“再生”（或“生成”）为新的形状。牛顿借用一个炼金术传统的基本比喻说，这一精元的“运作方式”因其运行领域——不论在金属上、人体中还是炼金术士的实验室里——而各有不同。“哲学之汞”能从“金属精子”中生成金子，从人的精子中生成人。

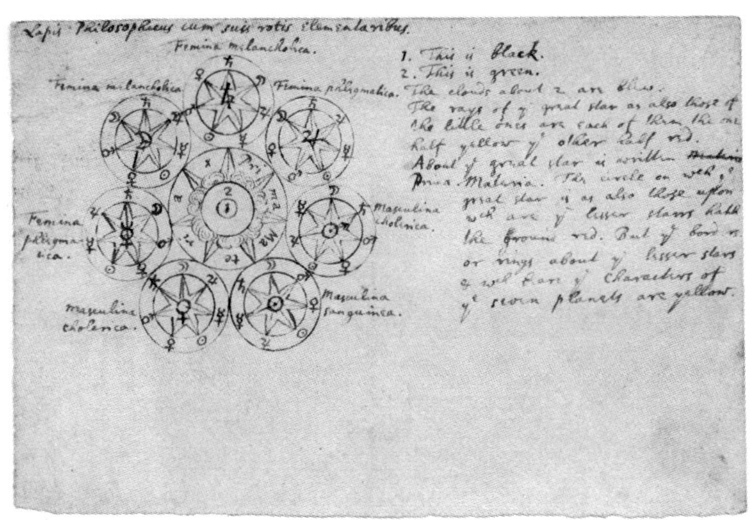

图8 牛顿所画的哲学家之石。这种物质可以帮助将贱金属转变为金子或者使人返老还童、获得永生。

大约在17世纪70年代早期,牛顿写了一篇非常出色的论文,详尽讨论了一些类似的主题。这篇论文以其首行文字——“关于大自然体现于生长中的明显法则与进程”——而为人所知,是牛顿所有论文中最重要的少数几篇之一。这篇文章讨论了嬗变、凝固以及自然乃一位永远“进行循环工作的工人”等许多主题,这些主题将在他不同领域的工作中再三出现。在像论文提纲那样进行了标号的标题之下,牛顿写道支配植物生长的那些法则同样支配着金属的发育。利用炼金术就可以将金属之中的“潜在之灵”发动起来,从而使金属开始生长。如同艺术一样,大自然只能培育自然物的各种“原型”或形式,但并不能创造它们——创造乃上帝的杰作。

牛顿认为,虽然动物界与金属界彼此有别,但它们之间也有好几个“一致”的领域。正如我们所看到的,对牛顿而言,在实验条件下培育金属的情形类似于大自然从事自己工作的方式。的确,正因为金属是活生生的东西,所以它们拥有影响动物的巨大能力——不论是裨益还是损害。这一点可从以下几方面看出:春天具有复苏万物的力量,空气中金属粒子数量及类型的变化会带来“健康或多病的年月”,还有人们注意到覆盖矿藏的土地常常是不毛之地。矿物可与动物的身体结合,成为动物身体的一部分。“如果矿物中没有一种生长素的话,它们是无法做到这一点的。”

牛顿声称,与所谓的“庸俗”化学中的变化一样,大自然的行动要么是“生长性的”(或“繁殖性的”),要么是纯“机械性的”。有时候,物体结构的变化是由其组成粒子的“机械结合或分离”引起的;但更多的时候,结构的变化是“潜在生长物质”通过更高贵的方式达成的。大自然有其“微妙、秘密而高贵的运作方式”，远远胜过我们在普通化学中发现的运作方式，而炼金术士努力模仿的正是大自然的这种运作方式。大自然繁衍行为的基础与“媒介”是位于物质核心的“种子或精子管”（其周围有一层湿润的覆盖物）。牛顿将这些“种子”称做大自然的“火”、“灵魂”与“生命”。它们只占物质“很小的一部分，而且小得令人难以想象”。但如果没有它们的激活作用，物质充其量只是一团“死土与淡水的混合物”。虽然由粗大物质组成的物体在极热条件下经常都不会受到什么影响，但是其种子的“效力”却会为超过其临界值的一点点温度升降所终止或破坏。种子发挥“效力”的核心在于生长：“成熟的”种子会作用于另一种物质不大成熟的部分，使其变得跟自身一样成熟。在这份手稿的另一部分，牛顿将物质的这种微妙成分称为“生长之灵”。万物都拥有同样的生长之灵，只不过在不同物体中，生长之灵的成熟程度或“被消化”的程度不同罢了。当成熟程度不同的生长之灵混合后，它们就会“开始发挥作用”，腐化，“深度混合，不停运作，直至达到一种次消化状态”。

这篇论文还讨论了炼金术士该如何通过仿效自然，利用生长机制来产生一些非同寻常的现象。炼金术士要做到这一点，首先必须将物质还原为一种“腐烂的混沌状态”，并且“所有腐烂的物质自身都可以生出一些东西”。虽然彻底的腐烂只会产生“一种黑色的、恶臭的腐败之物”，但适度的腐烂却能从物质中“分离”出一些东西，因而是生殖与获取营养的必要条件。如同在大自然中一样，腐烂的发生要在“温”热条件下在潮湿的物质中进行，而寒冷或过热的温度则可能阻止腐烂的发生。炼金术可以助长自然对任何东西的作用，由此得到的产物不见得就不如自然单独产生的一样“自然”。“难道身体不适的母亲生下的孩子不算自然？难道在花园中栽种和浇灌的树木不如野外独自生长的自然？”人工技术可使百年橡树进行繁殖，而将矿物“进行适当的安排，使其具有一定的湿度”，就能使矿物“腐烂变质”。

矿物宇宙

牛顿认为，金属转变为“稀薄而不稳定的烟气”后，能够渗透水（或其他液体）并“将其充满”。在冷水中，这些烟气会丧失其生长力，从而冻结为一种“稳定的”盐的状态。这时再要将它们复原成金属，那将是极其困难的事情。例如，海盐就是由各种各样的金属烟气凝结在一起而产生的一种混合物，而且其中的“盐簇”还能够结合形成长长的水晶管。烟气或蒸气的这种凝结趋势可从雨水经过蒸馏分离为不同组成成分的过程中看到，也可从水容易与矿物质结合形成岩上生长物的趋势中观察到。

将各种烟气的“不可见蒸气”混合，就可产生最“亲密”的凝结效果，从而得到“构造”更“松散而稀薄”的凝固物——比如“硝石”。牛顿将硝石称为一种“活力”，认为这种元素是“火与血……以及一切植物的酵素”。在这些蒸气稠化的过程中，能够产生硝石的湿润部分也会产生盐，但由于冰冷的海水会抑制这些更稀薄的蒸气，所以在海水中永远找不到硝石。在更稀薄的亚硝状态下，盐也会发酵腐败，但纯盐本身则是“死的”。不过，通过自然或人工的方式，可“用处于活性生长状态的其他物质”来“促使”盐的生长。碱盐可用来保存肉，这是通过盐的粗粒子实现的。但在特定的条件下，盐的“潜在素”会被引发，进而对其他元素产生“有力的”影响。处于这一状态的硝石一般被认为是火药的来源，是空气最纯部分的来源，也是最能肥沃土壤的矿物。牛顿提出，如果能让盐腐败变质，盐就会成为一种了不起的药物。

牛顿回顾了他早期的理论，描述了一个大宇宙循环体系。在这个体系中，地球向上呼出各种水汽和矿物烟气。随着空气的上升，以太被迫不断下降进入地球，"并在那里逐渐浓缩，跟遇到的物体结合，促进这些物体的活动——因为以太是一种柔嫩的酵素"。由于以太富有粘性和弹性，所以以太在下降过程中会将更重的物体带下去；而且由于以太要比空气精纯，所以以太向下带动物体的速度要比空气上升的速度快得多。这样，地球就像一个巨大的动物或"了无生气的植物"，每天吸进以太来恢复自己的活力。牛顿继续写道，地球上的元素是由以太和一种更活跃的灵混合而成的。这种灵是"大自然的普遍媒介，大自然的秘密之火，一切生长的酵素和要素"。这种灵是"一切物质的物质灵魂"，能够为温热所激活，在本质上也许是由与光同质的东西构成的。这种灵与光都具有"不可思议的活性要素"，两者都是"不断工作的工人"。所有的东西在受热后都会发出光。同阳光一样，热也是生长所不可或缺的，"没有什么物质能像光那样公平地、微妙地、迅速地渗透万物，也没有哪种灵能像这植物灵那样微妙地、尖锐地、快速地侵入物体"。这是一种非凡而丰富的宇宙哲学，其目的恰恰在于揭示生命乃至整个宇宙的活性元素。牛顿后来还会不断地以不同方式提到这些主题。

压碎蝌蚪

牛顿的这种具有明显炼金术色彩的宇宙哲学也以不同的形式出现在了他 1675 年末撰写的《假说》中。虽然这部写于 1675 年的作品在他有生之年并未印行出版，但其中所讨论的所有重要主题，都在18世纪早期以“疑问”的形式重新出现在不同版本的《光学》中。牛顿从事的炼金术工作显然旨在揭示普通物质中的活性元素，但他在《假说》中所描述的工作却在一定程度上涉及了针对以太的实验：用罗伯特·波义耳研究空气的那种实验式探究方法来研究以太。实际上，牛顿在1675年初在伦敦见到波义耳的时候，波义耳还就牛顿诱捕“普遍以太”的打算开过玩笑，这一点是很明显的。在同一时间，牛顿也曾就反射与折射跟胡克有过长篇累牍的讨论。牛顿认为，光的反射与折射是由光穿行其中的以太介质的边缘所起的作用引起的。他重提自己十年前的建议，告诉胡克在真空泵中做一个实验就可以证明这一点：在一个抽空了的气泵中，光的反射与折射现象将不会发生改变，从而证明造成反射与折射的是以太，而不是空气。

1675年12月初，牛顿寄给奥登伯格两篇论文。一篇是早先提过的、与有色环有关的《观测论文》。另一篇是一篇简短的论文，牛顿谦虚地称为“另一篇涂鸦小作”。从12月9日开始，这篇论文在皇家学会的每周例会上宣读，当时题为《一个解释我在几篇论文中谈及的光的性质的假说》。牛顿原先从未打算发表这类文章，但他这时却说（无疑是在影射胡克）：“我注意到一些大师们的头脑非常在意假说，就好像我的论文[缺少]一个解释它们的假说似的。”牛顿说他乐观地希望这篇文章将会终止有关他论文的种种争论。

这篇论文提出，地球上的多种现象都是由以太而非空气引起的。以太比空气更稀薄，更细微，更有“弹性”。正如空气是由空气的主体成分[与]各种“蒸气或呼气”组成的一样，以太“部分是由以太富有粘性的主体成分，部分是由其他各种‘以太精’” 组成的混合物。以太能够产生像电与磁等相差甚远的现象，这足以证明以太的混合本质。牛顿推测，或许整个“大自然”都是由各种混合物构成的，而这些混合物就是由以太精或以太蒸气经沉淀浓缩而成的。大自然中的各种形状最初由上帝之手直接创造，以后则一直由自然本身的力量来控制。牛顿接着（借用他炼金术论文中的语言）写道，大自然通过“增加、繁殖”的命令，使自己“成了一位彻底仿造那位原型为她创设的东西的模仿者”。

牛顿描述了一个简单的实验，明确显示了电的本质，并再次援引了凝结的概念。在这个实验中，先用力摩擦一块圆形的、上面覆有黄铜的玻璃，不一会儿玻璃下的碎纸屑就会开始跳跃，“灵活地来回移动”。即使在摩擦停止之后，纸屑还会继续“跳跃”，朝各个方向奔腾跳蹿，有的还会在玻璃的底面短暂停留。牛顿写道，显而易见，玻璃中的某种“微妙的物质”被稀释并从玻璃中释放出来，形成了一股以太风。后来，这种物质就会凝固并返回到玻璃中去，由此产生了电引力，将纸屑吸附到玻璃的底面。

十年之前，牛顿就曾对重力的起因有过粗略的思考。现在，《假说》让他有机会公开自己对重力的可能起因的思考。重力可能是由某种非常精纯的精元持续凝固引起的。这种精元是“粘性的、胶着的、有弹性的”，类似于空气中维持生命的那部分成分。这种精元可能会在发酵或燃烧的物体中凝固，然后以重力射线的形式降入地球的空穴中，从而形成“一种娇嫩的物质，这种物质有可能就是地球的营养液汁或者原始物质，从中会长出可生育之物”。然后，地球会向上释放出一股呼气流，这股呼气流会一直上升到大气的平流层，在那里再次“稀释为其最初的

[以太]要素”。牛顿又一次使用炼金术文献中的术语，说这样自然就像一位“不断进行循环工作的工人”，将液体转变为固体，将精纯的物质转变为“粗大”的物质，实际上是将一切东西转变为它们的对立面，然后又变回来。在一个更宏大的层面上，太阳也许在完全一样的现象中扮演着一个核心角色，不断吸收以太“来保证自身的照耀”，从而不让行星逃离出去。

对牛顿而言，以太能够解释地球上的大多数现象：是以太赋予发酵、腐烂、融化、反射和折射等活动以能量。更有猜测意味的是，牛顿认为以太也许还能解释“那个令人费解的问题”，即人何以能够移动自己的身体。人可以浓缩或扩展遍布于肌肉之中的以太，肌肉也就随之进行收缩和扩展。无疑，牛顿前一年春天与波义耳进行的关于诱捕以太的讨论就是以这一理论为基础的。在那次讨论中，牛顿曾建议波义耳在真空泵中进一步进行肌肉实验。虽然水是无法压缩的，但波义耳之前还是设法对一只蝌蚪进行了一定程度的挤压，由此表明蝌蚪的“动物液”和毛孔中大概带有的稀薄的以太能够被压缩（或扩展）。波义耳认为空气具有“弹性”或弹力，牛顿还对这个概念进行了修改，假定在通常的情形下，物体里面必须要有一定量的有弹力的或“有弹性的”以太，这样物体才能“承受或平衡外部以太施加的压力”。

在17世纪70年代末的某个时间，或者更可能是在17世纪80年代初的某个时候，牛顿写了一篇非常出色的论文（《论流体的重力与平衡》，现在一般称为《论重力》）。在这篇论文中，牛顿强烈批驳了笛卡儿的这一观念：物体的运动只能参照周围的物体来衡量。对我们来说，这篇文章的不同凡响之处在于牛顿认为空虚的空间实际上充满着各种**潜在的**形状，这些形状能够“容纳”同样大小的有形物体(但与笛卡儿所说的不同，这些形状并不等同于有形物体)。一切空间都是上帝的杰作,但并不等同于上帝。上帝能够使某些空间不可渗透或以某种方式反射光线，从而创造出可感知的物体——“神圣意志的产物是在一定量的空间中实现的”。牛顿认为这一切仅仅通过神圣思想与意愿的作用就可实现。这有点类似于我们随意移动身体的方式。牛顿总结说,如果我们能知道自己是如何随意移动身体的,“经过同样的思考我们应该也能知道上帝是如何移动物体的”。虽然上帝与人相差悬殊,但人毕竟是按照上帝的形象创造的。我们将会看到,这一理论还会出现在牛顿 18 世纪的主要著作中,只不过规模更为宏大而已。

挤压蝌蚪的实验有助于揭示动物是如何控制自身肌肉的，因此也许还有助于人们理解精神与身体的关系。灵魂操控肌肉运动中流体的相对密度的方式微妙而复杂,不过牛顿还是勇敢地提出了几个假设,其观点的核心是这一理论:动物体液中含有以太式的“动物灵”,但这种“动物灵”并不会从大脑、神经和肌肉外层的毛孔逃逸出去。至于其中的原因,牛顿认为动物身体的某些部分的构造或多或少倾向于收容这种灵,因为有一种“秘密的法则”,能让不同物质之间的以太具有“交际性”或“不交际性”。这一法则会让动物灵待在身体的某些部分中,而不待在其他的部分。这一理论还可解释太阳涡旋与行星涡旋保持分离状态的原因。牛顿提出,就空气粒子而言,我们可以引入某种第三元素,使得原先“不交际”的物质变得彼此交际起来。那么，难道灵魂就不能以同样的方法与以太发生互动吗?灵魂也可以引入一种不同的以太,使肌肉中的动物灵与它们的包裹层彼此交际或者停止交际。

站在胡克的肩上

牛顿在《假说》中称光既不是以太本身,也不是以太的振动性运动,而是从透明体中流出的"某种东西",但他没明说这种东西究竟是什么。这一观点与胡克在其《显微术》中描述的理论直接对立。牛顿认为在最开始,某种"运动法则"让光加速运行,从而脱离了透明体。不过,他还是不愿说明这是由"机械"原因引起的,还是通过某种其他途径——也许是某种类似于上帝植入动物体内的那种自动法则——而实现的。

牛顿接着说,光与以太能够互相作用,以太会折射光,而光会作用于以太,进而产生热。光也能使以太产生振动,让振动从一个更大的物体中倾泻而过,就像击打一对鼓能使空气产生振动一样。振动空气可以产生声音,以此类比,人对各种颜色的体验也可能是由视觉神经的**毛细纤维**中产生的振动引起的。最强的振动会产生最强烈的颜色。牛顿甚至提议,可以按照将声音"定成"不同音调的方法来分析光。就是在这篇论文中,牛顿(在一位朋友所画线条的基础上)再次使用了八度音的类比,首次公开提出可将光谱分为七种颜色。最后,牛顿试图解释同心环纹何以出现在薄膜中,还有衍射是如何出现的。衍射的问题在1675年春皇家学会的一次会议上引起了争论。在那次会议上,胡克提出了衍射的话题,牛顿宣称衍射只不过是一种折射,而胡克则断言如果衍射是一种折射的话,那它肯定是一种非常新颖的折射。但在《假说》一文中,牛顿则指出他在阅读中发现,早在胡克之前,格里马尔迪就曾做过衍射实验。

提交《假说》一周之后,牛顿给皇家学会去了一封信,在信中又描述了一些可以用玻璃与纸屑来做的有关电的实验。这触发了一股试图重复这些实验的热潮;在此后四十年中,这些对电现象的即席观测实验都长盛不衰,由此可见牛顿影响的深远和创意的新颖。不过,牛顿当时更为关注的是他与胡克愈演愈烈的关于光学现象的争论。12 月 16 日,在皇家学会宣读《假说》第二部分的时候,胡克站起来说牛顿的大部分假说在他的《显微术》中都可以找到,牛顿只不过"在某些具体方面"将其深化了而已。牛顿听说此事后,立马向这位格雷欣学院[①]的教授连本带息地回敬了两大赞语——缺乏创意,涉嫌剽窃。牛顿称胡克在《显微术》中有关以太引起光学现象的解释与笛卡儿"和其他人"著作中的解释没有什么两样;胡克从人家那里"借用了"许多学说,只不过他将借来的理论应用于薄膜现象和有色体的研究,稍稍拓展了一下罢了。

牛顿继续说,除了在以太振动这一大体概念上一致之外,他与胡克没有多少共同之处。胡克假定光等同于振动的以太,而他并不这样认为。他对折射和反射的解释、对自然物何以产生各种颜色的解释都和胡克的解释相差甚远。实际上,他的薄膜实验"摧毁了胡克关于光与色的一切论述"。牛顿的这封信在12 月 30 日举行的皇家学会会议上宣读了。毋庸置疑,胡克对牛顿和奥登伯格感到非常恼火。两天后,胡克便成立了一个"哲学俱乐部"(其中包括克里斯托弗·雷恩等他的支持者)。在这个俱乐部中,他再次指控牛顿,称牛顿实际上从他的《显微术》中拿走了大批的材料和理论。

1676 年 1 月 20 日,皇家学会宣读了牛顿的另一封来信。随

① 一所独特的高等学府。该院既不招收学生,也不授予学位。自从 1567 年根据托马斯·格雷欣的遗嘱成立以来,格雷欣学院就一直致力于为大众提供免费的公开讲座。

后，胡克匆忙给牛顿写了一封和解信，在信中指责奥登伯格在他俩之间挑唆。胡克知道牛顿想听什么，所以在信中辩称他非常讨厌通过印刷物来进行辩论和争斗，并郑重说明他非常看重牛顿“卓越的专题论文”。胡克声称他很高兴看到牛顿“支持并改进”那些他很早就想到但由于缺乏时间而未能完成的想法。这一说法像信中的其他评论一样，也是一把双刃剑。不过，虽然胡克在信中还说了一些类似的评论，但他对牛顿的能力的确赞誉有加，说牛顿的能力远胜于他。在信的结尾，胡克说他很愿意和牛顿进行私人通信，如果可以的话，他愿通过个人信件来提出他的一些异议。

正是在此背景下，牛顿写了他那封著名的回信，在信中说如果他曾看得远一些，那是因为他站在巨人肩上的缘故。他告诉胡克，私人通信更像磋商，他非常欢迎，因为“在众目睽睽下所做的事情除了探询真理之外，很少有不带别的考虑的”。牛顿抛开他致奥登伯格的信函中强调的重点，转而称赞胡克的工作超越了笛卡儿，说胡克可能做过一些他本人尚未做过的实验。信的最后一句话可以有两种解读。他们两人交流中所用的许多措辞都有这个特点。如果说牛顿和胡克此后多少有了一些和解的话，这种和解也仅仅持续了四年的时间。

与胡克的这个尴尬事件结束后几个月，牛顿写信给奥登伯格，谈论波义耳新近匿名发表的一封关于“炼金术之汞”的信。该信说将汞与金混合在一起，汞就能加热并溶化金。牛顿怀疑这种汞有可能通过“粗大”的金属粒子对金子产生了作用，因而在医学操作或炼金术操作中可能毫无用处。牛顿还说，波义耳不再就该主题发表文章，实乃明智之举。的确，“如果炼金术士的著作中真有什么真理的话，如果我们想避免对世界产生大的损害的话，不进行传达”也许“能将人们领向某种更高贵的东西”。波义耳应该采纳“一位真正的炼金术哲学家”的忠告，因为一位真正的炼金术哲学家的判断要比任何人的都珍贵——“（如果那些大骗子所言不虚的话，）除了他们声称只有他们才掌握的金属嬗变之外，还有其他的东西”。后来，牛顿还批评波义耳过于公开，“沽名钓誉”。这一评论无疑在一定程度上与上述事件有关。

炼金术式的天体演化学

1679 年 2 月，牛顿给波义耳去信，谈及他俩早些时候关于“物理性质”概念的讨论。那次讨论很可能就是在他 1675 年春前去拜访波义耳时进行的。这封信无疑取材于他的炼金术研究，虽然也涉及他在 1675 年的《假说》中表达过的更传统的哲学观点（而且在许多地方都是对这些观点的总结）。牛顿告诉波义耳整个大气中都弥漫着一种有弹性的以太，并重复他在《假说》中的评论，说这种以太可以解释许多普遍的现象。他再次援引自己的“交际性”理论来解释为什么有的金属需要经过一种“合适媒介”的处理，才能与水或其他金属进行混合。信的其他部分则来自他的炼金术研究。牛顿告诉波义耳，想想地球的内部如何通过持续发酵产生了空气物质，那么认为大气中最持久的部分是金属的想法也就不那么荒唐了。最恒久的那部分大气是“真正的空气”，因为包含较重的金属粒子，所以它刚好处于地面之上、更轻的蒸气之下。不过，它并不是空气中能够赐予生命的那部分，“如果没有漂浮其中的那部分更柔嫩的蒸发物和精气，它就不能给生物提供任何养分”。在信的最后一段，牛顿援引他的以太理论，洋洋洒洒地对重力进行了解释。

在其职业生涯的大部分时间，牛顿都执著于他的以太假说和炼金术活动，只不过大都是在私下进行的。在17世纪70年代末和17世纪80年代初，牛顿孜孜不倦地进行了一系列炼金术实验。1687年春，他一完成《原理》的编撰工作，就立马又投入到炼金术研究上来。他在这方面的工作大都是组织和评估不同的文献，不过在17世纪90年代早期，牛顿又突如其来地进行了一系列密集的实验活动，其时他的朋友法蒂奥·德·杜伊连尔担任他和伦敦一些炼金术士之间的联系人。17世纪90年代后期，牛顿移居伦敦，之后他活跃的实验活动似乎逐渐消失了，但他依然致力于研究炼金术传统中的一些核心主题，而且依然坚持炼金术的基本见解——大自然中充斥着一种微妙而强大的活动。

偶尔，牛顿也会将他的炼金术活动向别人透露一点儿。1680年末，牛顿正在进行一系列长时间的炼金术实验，这时剑桥大学基督学院的托马斯·伯内特前去拜会牛顿这位剑桥最出色的自然哲学家，向牛顿请教上帝有可能是怎样通过自然途径创造地球的。伯内特1681年出版了《关于地球的神圣理论》。到17世纪90年代，此书开始流行起来，成为第一本流行开来的物理神学类著作，不过那时该书的基础已改为牛顿《数学原理》中的哲学了。

牛顿告诉伯内特，山岳与海洋的创造最初可能是由太阳的热量引起的，或者是由地球涡旋与月球涡旋压迫原始水域而导致的。地球会朝赤道方向蜷缩，使赤道地区“更加凹陷”，从而使海洋的水聚集到那里。此外，创始的头几天持续的时间应该要比现代时期长得多，这样才能给予创始的进程以足够的时间，使其变得接近世界今天的样子。为了理解原始的混沌状态是如何分化为山岭与空穴的，牛顿又转向他那篇关于“金属的生长”的论文中所作的分析。在那篇论文中，牛顿指出固体常常是在溶解中生成的。例如，硝酸钠会溶解于水，进而结晶为长长的盐条。除此之外，地上混沌的其他部分在太阳的热量下会干涸收缩，从而形成一些隧道，让水下降到地下，也让像间歇泉和矿井中的“烟气”那样的“地下蒸气”从地下深处升出来。

在一篇关于《圣经》诠释的重要文章中，牛顿也批评了伯内特关于应该如何理解摩西的创世描述的论述。摩西说上帝在第四天创造了两个光体(即太阳和月球)和星星，但我们不应认为这一描述暗示这些天体实际上就是在那一天被创造的，而且摩西描述的也不是这些天体的物理实在，“它们中有一些要比这个地球大得多，而且也许是可居住的世界，说它们是光体仅仅因为它们是这个地球的光源而已”。摩西说光是第一天被创造的，牛顿对此也采用了类似的诠释办法。虽然摩西为了适应无知大众的感知能力而“调整了”自己的语言，但并不能因此就说他的描述是假的。牛顿说摩西关于创始的叙述不是“哲学上的或伪造的”，而是**真真确确的**——“摩西的任务并非是纠正哲学事务中的世俗观念”，而是“尽可能优雅地提出一种适应世俗之人的感觉与能力的创世描述”。

除了在致伯内特的信中有所暗示外，牛顿还在 1693 年初致理查德·本特利的一封信中指出，其他世界的存在并不是不合情理的。牛顿的“哲学问题”笔记本也显示，早在学生时代，牛顿已经有了大火灾之后会出现“一系列连续世界”的极端想法。在 1694 年，牛顿告诉戴维·格雷戈里，彗星具有一种神圣的功能，而木星的卫星是造世主留下以备新的创世之用的。

在生命快走到终点的时候，牛顿跟约翰·孔杜伊特有过一次非常特别的谈话。牛顿告诉孔杜伊特，太阳发出的光与其他物质曾经结合形成一颗卫星，这颗卫星通过吸收其他物质进一步形成了一颗行星。最后，这颗行星成了一颗彗星，而这颗彗星为了获得补给，到时将会重新落入太阳。他还说这颗彗星有可能就是 1680 年出现的那颗大彗星。这颗大彗星在不算太久的将来会撞入太阳。一旦发生此事，这颗彗星将会急剧增加太阳的热量，甚至会将“这个地球烧焦，地球上将没有动物能够存活”。这似乎能够解释 1572 年和 1604 年出现的超行星现象。这一切可能将在接受上帝指导的更高级的“智能存在”的监督下进行。牛顿继续说人类在这个星球上的存在是有限的，并暗示神圣力量可能会向这个星球“重新赋予人类”。听了这话之后，孔杜伊特指着《原理》中牛顿提到彗星补给恒星的一段话，问牛顿为什么没有明确说明这对我们的太阳系有着怎样的含义。显而易见，世界末日的话题在那时显得很有趣，所以牛顿以少有的诙谐语调说，那个话题“与我们关系更大，并笑着补充说他已经说得够多了，人们应该能够知道他的意思”。

第六章

少数蒙选者之一

牛顿进入三一学院的时候，学院体制异常重视对神父著作的学习，当然还有对《圣经》的研习。大概是在 17 世纪 70 年代早期的某个时间，牛顿成了一个激进的反三位一体教义者。他认为传统的圣三位一体教义是一种莫名其妙、恶魔一般的腐败产物，是基督后第四个世纪中由那些曲解经文者引入的。牛顿逐渐相信，正统基督教派的创建者亚大纳西与许多僧侣、教士以及东西罗马帝国的皇帝们一道，将一些新词引进了基督教，从而败坏了基督教的教义；这些人还将捏造的经文插入《圣经》和教会教父的著作，将他们那些堕落的支持者塞满教会理事会。在牛顿看来，他们计划的核心就是这一骇人听闻的观点：基督在身体上也等同于上帝。牛顿相信上帝选择了自己来发现基督教衰落的真相，并且坚信这项工作是他将从事的最最重要的工作。

1674 年末，牛顿需要得到不领圣命的特许，这表明那时他已牢固确立了异教思想。虽然像其他本科生一样，牛顿在“了解你的敌人”的原则之下，得以阅读当时反三位一体教义的著作，了解其中类似的观点。不过，若说有人鼓励牛顿接受这些信条，那几乎是根本不可能的。不过，正统基督徒视反三位一体教义的观点为可怕的异端思想，法令汇编中对那些贬低基督本性的人也有严厉的惩罚规定。终其一生，牛顿一直都在掩盖自己的宗教思想，只向两三个知名的支持者透露过。

牛顿早期的许多笔记都流露出一些反天主教的痕迹，而这对当时的剑桥学生来说是理所当然的。反对天主教教义是可以接受的，但牛顿视基督低上帝一等的思想却是不可接受的。在早期，牛顿逐渐相信经文中的大量证据表明，基督并不等同于圣父，而要低圣父一等。那些支持三位一体的经文要么是插入《圣经》中的腐败言辞，要么是对经文“牵强附会”的误读。在《圣经》的很多地方，基督——被创造的圣言或道——承认自己是低上帝一等的存在。如果基督拥有神的力量——牛顿认为基督的确拥有这些力量，那也是上帝授意的结果。上帝允许他的儿子自我贬抑，牺牲在十字架上。正是这一点使得基督值得受人崇拜，而不是作为上帝而受到崇拜。道在圣女之腹中变成肉身，基督遂成为圣子。在十字架上殉道的正是这一神圣存在，而非一个人的灵魂与神圣之道的混合体。最后，基督的复活也是借由上帝的旨意而实现的。

巴比伦淫妇只有一个

对牛顿而言，三位一体教义不仅难以理解，而且根本就是假的。正统基督教用晦涩难懂的形而上的论据维护三位一体教义，通过武力直接或者用异教习俗将其淡化后强加于异教徒。牛顿非常重视基督教基本教义的简明性，强调只需相信有关基督的很少的几个信条，就可获得得救的信心。这几个信条就是保罗所说的给婴儿的奶，包括：耶稣是《旧约》预言的弥赛亚；耶稣是上帝之子，在圣父面前降尊牺牲在十字架上，然后又为上帝所复活；耶稣终有一天将再临，届时会审判“活人和复活的死人”。不过，《圣经》中也有更深的真理或“给成人的肉”，以供那些经过洗礼、被纳入教会的“成年人”获知。这些知识需要经过长期的研习才能获得，但并不是基督教信仰所必需的，而且基督徒们不应参与关于这些知识的争执，以免导致教派分裂。

研习经文最重要的对象是预言，尤其是《新约》最后一本书《启示录》中的预言。在理解《启示录》所需的主要方法上，牛顿与 17 世纪那些最主要的新教《圣经》注释学者意见一致。像那些注释家一样，牛顿相信《启示录》中的那些比喻指的是 4 世纪末开始的善恶之间的一场大战。其中的关键象征和描述指的是真正的教会受到迫害的具体时期和真理的敌人横行无忌或者被正义之士征服的具体时期。的确，一些解读方法——比如牛顿在剑桥的先驱约瑟夫·梅德所做的工作——非常通行，以致牛顿认为自己所做的不过是在解经先驱们的根本“发现”上添砖加瓦。显然，牛顿至少与一个同代人（亨利·莫尔）讨论过一些解读预言的技术性问题，但并没有透露这些问题对基督教的历史有什么意义。这完全符合他一贯的谨慎做法。

几乎可以肯定的是，在 1675 到 1685 年间，牛顿写了一部阐释《启示录》的洋洋大作，提供了“诸多证据”来证明自己的见解，就像他在《原理》中用许多证据来证明自己的观点一样。一开始，牛顿就宣称自己“通过神恩”获得了理解预言式著作的知识，现在则到了透露他的证据的时候了。他有责任、有义务传授这些证据的含义，以启迪教会。这里的教会并不包括所有的基督徒，而只涉及

一部分残存者，即上帝拣选的少数人。他们散居在各地，不

盲从自己的喜好、所受的教育或人世的权威，能够真心诚意地寻求真理。

现在，研究经文是“这一至伟时刻的责任”。基督徒如果不能正确地辨别基督复临的征象，他们必将受到责难，这责难与当初犹太人因未能认识到耶稣就是他们的弥赛亚而受到的责难一样严厉。只有心灵纯洁的人才能明辨基督复临的征象，但做好此准备的人为数不多。牛顿称，真正的忠信者也会貌似卑劣，并会因此而被识别出来，而“世人的谴责”则是真正教会的特征。

要对《圣经》进行解读，关键是要按照一系列规则将其中的预言“条理化”。这许多规则已成了新教经文注释学的权威基础。例如，除非有特殊原因，给经文中的某一特定地名一般只应赋予一个意思。最初，这唯一的意思可能只是“字面”意思，但偶尔也可以允许一种“神秘”含义。要解读“神秘”含义，必须遵循古代解释者所遵循的解读预言式的“比喻语言”的传统。如果在缺乏这样一个基础的情况下对一段话进行神秘意义上的解读，只能导致错觉。正是这种对经文的肆意解释导致了牛顿所能想到的各种异端邪说。解释必须“自然”，必须将经文还原为最为“简明”的状态。最重要的是，预言式的异象和形象必须能够根据这些规则彼此协调一致，然后才可与历史事件相联系。《启示录》理解起来虽然比较困难，但经过正确的译解，就会对真正的教会产生举足轻重的意义。真正的宗教并不能像欧几里得几何那样为确凿的证据所证实，而且只能使少数一些人信服，但事情就应该这样。牛顿总结说，真正的宗教“能获得那些蒙选者的认同”，而这就足够了。

根据自己的计划，牛顿利用好几种不同资料列出了一个关于预言的“定义”清单。在预言“文体”中，太阳指一位国王，月球指国王手下之第一人，而星星则指王国中的伟人们。地球指地上的列国或者一国的普通大众，而海洋也指列国或一个民族。地球与海洋在一起时则指两个不同的民族。有时候，一个词会指一个以上的事物，所以一座山根据上下文可以指一座城市，也可以指一座庙宇。

列出这些定义之后，牛顿进而展示了不同的异象是怎样彼此相连的。《启示录》中的一些象征是“连续的”，即它们指的是或前或后发生的事件；其他的象征则需被视为“同步的”，即它们指的是同一时期的不同方面。不过，如前所述，要先将这些象征之间的联系展示出来，然后才可以把它们与具体事件联系起来。牛顿总结说，几乎所有的解释者都认为《启示录》中在预言开始的时候，展示给约翰看的七印指的是连续的时间。头六个印指的是大叛教发生之前的一段时期。例如，在第五个印里，有一位临盆的女人和一只等着吞噬婴儿的红色大戾龙（撒旦）。这些描述刻画了真正的教会（那位女人）未来的命运以及她的后代（那位“男孩”）将会面临的巨大危险。

第七个印揭开不久，就从大地出来一只兽。《启示录》中说这兽有两只角，可是说话像条龙。这兽迫使所有的人在他们的额头上打下一个代表兽的数字（666）的名号。《启示录》中将那些敬神者描述为十四万四千位蒙选者，他们得到了上帝的印记，被一位天使密封起来。在另一个幻象中，羔羊（基督）站在锡安山上，身边是那些蒙选者，他们额上都有上帝的名字。那条戾龙从口里喷出一股洪水（牛顿推测，这股洪水指的是腐败堕落的群众，因为经文中经常用海来表示这类人），那位受到迫害的女人（真正的教会）则试图逃到荒野，并在此过程中得到了“大地”（也就是那些敬神之人）的帮助。经过一小段时间后，大多数释经者都会转向用“吹奏七个号角”的象征来解释不久之后发生的事情。号声之后，从海里上来一只十角兽（一种比大戾龙更为可怕的新家伙），兴起了一种显赫的十角兽宗教。接着，两角兽借助假奇迹，诱使大众崇拜十角兽，由此在地球上建立了一种新的宗教。大多数新教教徒认为这里指的显然是罗马天主教的兴起。

后来，七碗上帝的震怒被倾倒在盲目拜兽的信徒身上。大多数新教释经者都认为这一描写象征着后来的新教改革运动。但是牛顿却让每一个“相应”的碗与每一个号角“同步”，接着又将这些与那七声响雷的象征协调一致。牛顿认为，之所以要加上那七声响雷，为的是让七碗、七号角与七雷声之间的“间隔”得以描绘与代表兽的数字的名号一样的秘密（666）。这样，每个在数字次序上对应的碗和号角实际上描述的是同一个时期的两个不同方面，彼此丰富了对方描画的景象。在这里，牛顿并没有将碗专门留出来当做对新教所受磨难的具体描述，这说明牛顿明确暗示，宗教改革运动几乎没有对那个兽性帝国的权力膨胀产生一丁点抑制作用。

第五个号角吹响之时，那兽的力量急剧加强，并向那位女人后裔中的“剩余者”开战。大多数新教注释家——牛顿也不例外——都认为，这里所预言的时刻实际上宣告了一段漫长时期的开始。《启示录》中那些再鲜活不过的形象就是用来描述这一时期的。这就是罪人或反对基督者统治的时期。《启示录》将反对基督者描述为假先知或两角兽，而假先知或两角兽后来便蜕变为巴比伦的淫妇。牛顿这样解释两角兽：“两角兽是一个信奉

图 9 巴比伦的淫妇。阿尔布雷希特·丢勒绘于 1498 年。

异教的基督教会国家;以此而言,两角兽就是一个十足的淫妇。我们没有理由认为《启示录》中所说的淫妇不止一个。”这段时期直到第六个印的末尾才结束,(在《启示录》中)持续了 1260

天。在此期间，那位身处荒野的女人为兽所逼，不得不一直待在荒野。那兽与圣徒和烈士作战，大肆杀戮圣徒和烈士，而世间的国王们却与那个淫妇通奸，并对她顶礼膜拜。

按照牛顿的理解，第六个号角（对他而言还有第六个碗）指的是离道叛教活动达到顶峰的大灾难之时。那时福音已传遍每一个国家，那些幸存下来的敬神者对上帝感恩戴德。最后一个号角和最后一个碗描述道，许多人手拿棕树枝从不同的国家赶来，上帝的羔羊给他们吃的，将他们送到生命的水源那里，而上帝则为他们擦去眼中的泪水。羔羊与他未来的妻子团圆了；在传统上，这一象征被理解为基督、圣徒与烈士重聚在一起。

视预言为历史

牛顿和同时代的那些激进的新教徒沉迷于解读这些以及其他的预言象征。对他们而言，这些象征本身就具有意义。不过，要充分阐明这些象征的意义，仍需将其“应用”于历史事件。在列出自己的预言定义之后，牛顿接着分析了教会的历史。在分析中他交替采用“命题”或“假定”的形式，让人感觉好像一篇数学论文似的。例如，牛顿认为第五个印指的是公元4世纪初戴克里先皇帝对基督徒的迫害与杀戮。君士坦丁大帝的出现带来了下一个印，即基督教成为罗马国教的那段时期。基督教之所以会成为国教，（牛顿认为）是凭借淡化自身的教义以迎合异教徒而做到的。337年，君士坦丁去世，罗马帝国分裂为东罗马与西罗马，而（在牛顿看来）西罗马的出现对应的就是那只十角兽从海中上来。

君士坦丁的两个儿子分别成了东、西罗马的首领，但他们的宗教观念并不一致。君士坦斯倾向于认同三位一体教义或者牛顿所说的“本体同类论”[①]。君士坦斯的弟弟(君士坦提乌斯二世)则支持阿里乌斯派主张。阿里乌斯派主张得名于坚信基督的地位要低上帝一等的阿里乌斯牧师。牛顿写道,到 364 年,兽的宗教受到了公开的崇拜,其形式便是崇拜偶像,例如崇拜“死人的骨头和殉教者的其他遗物”。偶像崇拜与鬼魂崇拜一道,很快就通行天下,“就像自古以来就是这般一样”。现在,魔鬼在地上肆无忌惮地耍弄牛顿所说的“他狡猾的伎俩”,用虚假的、恶魔的奇迹引诱无知的大众。按照牛顿对事件的理解,这一预言体现的就是信奉三位一体教义的罗马天主教获得了胜利,而敬神的阿里乌斯派信徒则受到了迫害。

380 年,亚大纳西的三位一体论成了全罗马的官方宗教,大叛教由此大功告成。第七印的启封描述的就是这一事件。在牛顿看来,那些行将侵占有形教会、迫害敬神者的叛教者必是基督徒无疑——只不过是那种“异教的”、堕落的基督徒。牛顿认为,有人可能会狡辩说叛教者只是在外表上信仰基督教,但一个基督徒“能比其他任何类型的人更恶毒”。395 年的那第一个号角的号声既与那股可怕东风的象征同时,也与第一个碗的象征同步。它讲述的是“一种恶毒而剧痛的疮”长在“那些带有兽印且崇拜兽像的人身上”。天主教会早期的一些作家无意之中给牛顿提供第一手的证据,表明那一时期的神职人员有多么堕落。神职人员的腐败堕落使得上帝安排罗马帝国东部游牧民族哥特人起而攻击他们。天主教徒血腥地迫害那些想要脱离天主教主教会的基督徒群体——牛顿认为这是再可悲不过的,但哥特人却通过一系列野蛮的事件转而攻击罗马本身,最终于

① 认为圣子耶稣与圣父上帝分具互相类似的两个本体,既反对圣子与圣父本体统一,也反对圣子与圣父本体互异。

410年洗劫了罗马。第二个号角与第二个碗所描述的就是这个事件。

牛顿接着声称,第三个号角与第三个碗跟那股南风恰好暗合,描述的是非洲天主教徒在汪达尔人手中遭受杀戮的事件。汪达尔人要比哥特人凶残多了。不管怎么说,哥特人虽然偶尔会有残暴的行径,但他们管理罗马的方式还算虔诚正直。牛顿从维克托的《汪达尔人迫害录》中得知了汪达尔人施加给好迫害他人的非洲天主教徒的可怕暴行。牛顿指出汪达尔人嗜杀成性,史无前例。谁不追随他们的迷信做法,他们就谋害谁,就着手实施"那些血腥的迫害,而且这些迫害一直在欧洲实行,直到今天还在天主教会中持续存在"。牛顿怀着非常激动的心情一次又一次地写道,汪达尔人连本带息地回敬了天主教徒。汪达尔人的首领根泽里克用烧红的铁板折磨修女,使许多修女变成了残废,牛顿也同意这是"非常残酷的"。不过,天主教徒是不贞洁的,成千上万的天主教徒遭受苦难是神圣正义的体现。牛顿认为其中的关键在于,汪达尔人迫害天主教徒是因为天主教徒道德败坏,而不是因为他们信仰的宗教。

对偶像与圣母马利亚的崇拜"始于"第四个号角与第四个碗的末期。那时上帝让非洲的天主教会短暂恢复,好让教会里那些傲慢而顽固的神职人员一次又一次地遭受汪达尔人的迫害。从第五个号角与第五个碗开始,"事情"出现了"新的一幕"。《启示录》这样描述道:烟从一个坑中冒出,从烟里涌出一大群蝗虫——它们在预言式的语言中指军队,这些蝗虫不得伤害各种生物,只可伤害那些额头上没有上帝的印记的人。

在第六个号角与第六个碗期间,一位天使放开了幼发拉底大河所捆的四个天使,准备让骑着狮头战马、穿着鲜艳盔甲的骑士杀死"人类的三分之一"。那些照常崇拜鬼魂和由金、银、铜、石、木造的"看不见、听不见、走不动"的偶像的人们受到了谴责,那些犯了凶杀、奸淫和偷窃等罪行却仍不悔改的人们也受到了谴责。

第六个碗描述的是幼发拉底大河干涸枯竭,从龙口、兽口和假先知的口中出来三个邪灵,状如青蛙。它们是邪魔之灵,会行奇迹。它们让诸王与异教徒为哈米吉多顿大战做好准备。

牛顿对教会历史的这个分析可谓新颖独到,惊世骇俗。在17世纪七八十年代,这一分析曾占据了牛顿的大部分心思。牛顿使用的分析技巧与同代那些激进的新教徒所采用的差不多,但是他的结果却彻底颠覆了各派正统基督徒所坚信的历史上的英雄与恶棍。实际上,就在牛顿编撰他的《原理》的时候,他同时在撰写一篇具体而详尽的评论,剖析天主教徒是如何满足第六个号角与第六个碗所描述的条件的。在此评论中,牛顿将天主教徒称为"巫师"和"术士"。鉴于最后一个号角和最后一个碗之前的许多事件尚未发生,牛顿在此也表现出了他从事哲学工作的谨慎态度,说他不愿冒险去揣测未来之事的具体性质和发生时间。相反,他认为自己的工作是对预言在历史中的应验进行观察,并在事实的基础上进行分析。在18世纪早期,牛顿将未来大事的发生时间进一步推后,认为在基督再临之前,还将有一段很长的腐败时期。

第七章

神圣之书

1679年6月初,牛顿的母亲死于一种热病。这病显然是她在照顾牛顿的同母异父弟弟本杰明时染上的。牛顿返乡照料生病的母亲并处理庄园事务,前后花去了大约六个月的时间。但不要忘了,在此期间,他每天还会花好多个小时来思考神学问题。11月底,牛顿从伍尔索普回到剑桥。回来后的第二天,他就回复了罗伯特·胡克的一封信。那时候,皇家学会的例会上早已不见了科学创新的乐趣。作为学会的秘书,胡克恳求牛顿将他可能想到的任何"哲学"问题与学会进行交流。胡克还问牛顿如何看待他的这一理论:利用一条惯性路线和一种将一个物体吸向另一物体中心的力来研究行星的运动。这次请教对牛顿发展自己的轨道力学具有非常重大的意义。

在回信中,牛顿找了个借口,说"我由于忙于其他事务",多年来已很少考虑哲学了。不过,他还是提了一个关于地球日常自转的"怪念头":当一个物体从空中落到地球上时,地球的日常自转并不会让物体落到正下方的那一点之后("这与一般人的观念相左"),而会让物体落在它原来位置的**前面**(即东侧)。这是因为物体在落下之前所处的高度上由西向东运转的速度要大于它在离地球较近的位置上的速度。如果将一个物体从一

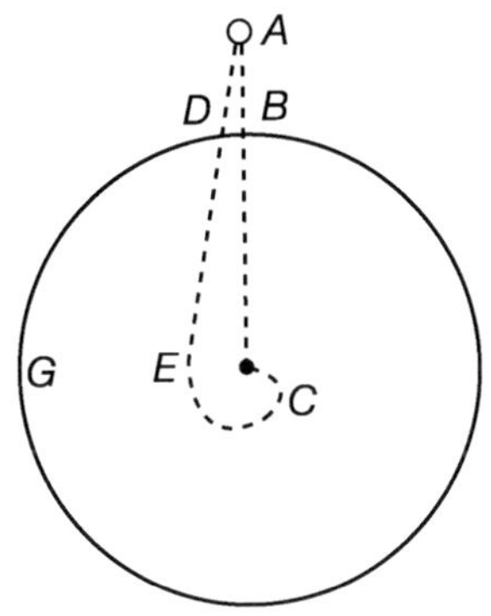

图 10 牛顿提出的物体从地球表面正上方落下时途经的路线。在这里，随着地球围绕着 C 逆时针旋转(即 BDG)，牛顿假设物体的路线会一直进入地球的表面之内。

个高塔上扔下，也许就能证明地球每日都在自转。在假设地球没有阻力的情况下，牛顿还画了一个示意图，具体描述了物体落向地球中心的螺旋路线。

胡克回应说，根据他假定的惯性运动以及向心引力，牛顿描述的那样一个物体下落时会划出一个椭圆的形状，而不是一个螺旋。除非遇到阻力，不然这个物体会沿着曲线 AFG 永远运动下去，落到地球中心附近。胡克的这一评论很有见地，在他早期出版的一部作品中也宣扬过。一些历史学家据此觉得胡克在这方面应该得到比牛顿多得多的荣誉，后来的一些评论家也承认轨道力学的基本原理是由胡克提出的。但不管怎样，这些都永远无法改变一个事实：胡克始终未能证明如何从自己的物理原则中推出绕轨运行物体的椭圆运动。

像以往一样，牛顿无法接受别人对自己的纠正。他回信指出，再次假设没有阻力，物体也不会以椭圆路线下落，而会“在其离心力与重力交替压倒彼此的过程中进行或升或降的循环

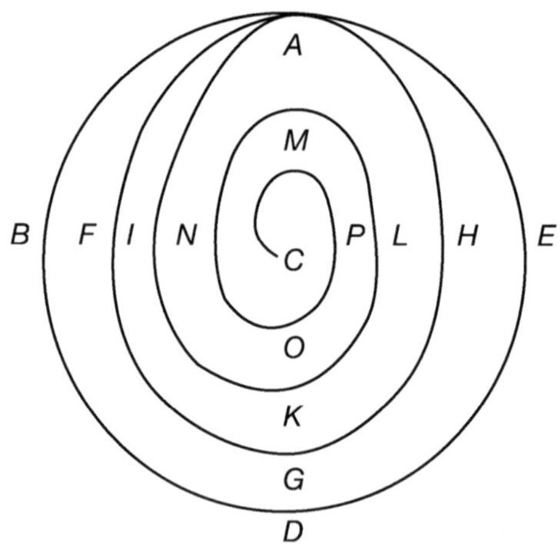

图 11 胡克反过来说，除非遇到阻力，否则牛顿所描述的那样一个物体会沿椭圆 AFGHA 旋转。在有阻力的情况下，物体则会落到地球中心附近。

运动”。牛顿的回答表明，他此时距离七年后将在《原理》中采用的天体运动分析方法仍然非常遥远。不过，牛顿也暗示了一种复杂得多的方法：通过连续不断的、无限小的重力元素来解决这个问题。不仅如此，牛顿还暗示他能够处理一种并非维持不变而是从中心向外不断变化的重力。

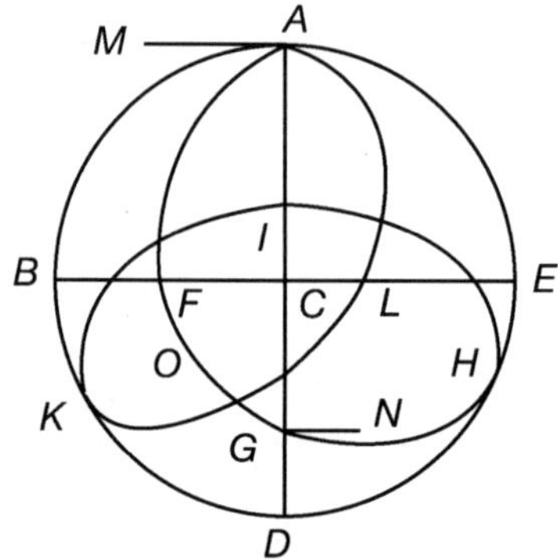

图 12 牛顿回信中的示意图。在图中，重力和“离心力”交替压倒对方。

胡克再次回信，这次透露说他原来就假定物体的重力总是与其到引力中心的距离的平方成反比。胡克说，现在的问题是：如果一个物体被吸向某一特定物体的中心，且其所受引力与它们之间距离的平方成反比，那么这个物体的运行会划出怎样的路线呢？在这里，胡克向牛顿提供了研究直线运动惯性与向心引力之间的新动态关系的关键线索。接着，胡克向牛顿提出了一个相关的问题（胡克与雷恩在伦敦讨论这个问题已经好几年了）：由开普勒第一定律可知天体的运行轨道是椭圆，那么如何将平方反比定律与天体的运行轨道联系起来呢？胡克告诉牛顿，他毫不怀疑"您轻易就会算出这个曲线到底是什么，它有什么特性，并提出这个比例的物理原因"。虽然牛顿后来指责胡克无能，不愿继续与他通信，但牛顿后来还是向埃德蒙·哈雷承认，他与胡克的这次交流引发了他对天体力学的重新思考。的确，大约就是在这个时候，牛顿迈出了重大的一步：用开普勒第二定律来证明一个沿着椭圆轨道运行的物体遵循引力平方反比定律。

牛顿还与首任皇家天文学家约翰·弗拉姆斯蒂德进行了一系列通信。这些通信对牛顿发展自己对天体运动的思考具有同样重大的意义。1680 年 11 月初，天文学家们观察到了一颗灿烂的、让许多人感到恐惧的彗星（即所谓的大彗星），而且在随后的 12 月，夜空中又出现了一颗彗星。那时的人们还不大了解彗星的状况和运行轨道，其中部分原因在于彗星的出现频率非常之低。笛卡儿曾称彗星是耗尽了的恒星，而大部分天文学家认为彗星沿着直线运行。不过，弗拉姆斯蒂德于 12 月 15 日告诉牛顿，他曾经预测 11 月出现的那颗彗星将会再次出现，所以他提前几天就开始寻找这颗彗星，而且终于再次发现了它。不久，弗拉姆斯蒂德告诉埃德蒙·哈雷，他认为那颗彗星是一颗毁灭的行星，被太阳吸进了自己的涡旋。他说那颗彗星被吸到**太阳前面**的时候在太阳北极引力的作用下偏离了自己原来向南的路径，但同时太阳涡旋的旋转也使得这颗彗星侧向运动（从图 13 的 e 点到 g 点）。太阳继续将彗星吸向自己的中心，但同时逆时针旋转的太阳涡旋则不断地改变彗星的路径。当彗星离太阳最近的时候（在 C 点），太阳涡旋已将彗星的反“面”对向太阳，这样太阳的引力就变成了斥力。他说彗星的尾巴是大气中的潮湿部分为太阳加热所引起的。

牛顿也对这颗彗星着迷不已。牛顿从 1680 年 12 月 12 日开始观察彗星，一直持续到 1681 年 3 月初彗星消失。随着彗星逐渐消失，他还使用功能更强大的望远镜进行追踪观察。牛顿无法接受这两颗彗星本是同一颗的观点，并于 2 月末对弗拉姆

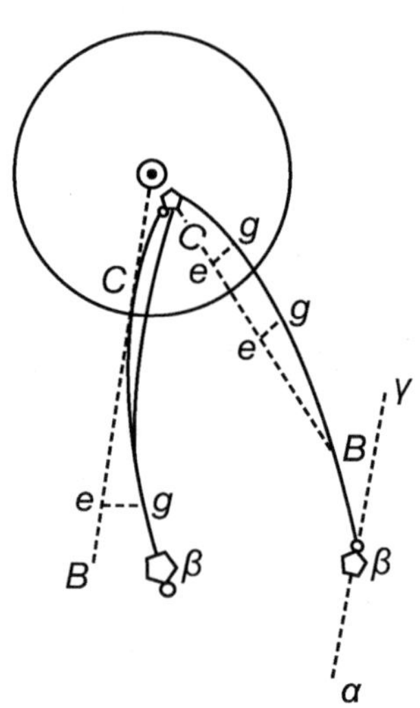

图 13 弗拉姆斯蒂德提出的 1680 至 1681 年冬的那颗彗星的运行轨迹。它从右下方的 β 点开始，在太阳前面的 C 点遭到排斥。

斯蒂德的观点提出了一些尖锐的批评。他说虽然他可以想象太阳会持续不停地吸引彗星，使彗星偏离自己原来的路线，但是太阳对彗星的吸引永远都不会使彗星径直朝太阳方向运行。而且，太阳涡旋只会将彗星推离太阳。就算一颗彗星曾经转到太阳的正前方，它返回的路线也不会是天文学家所观察到的那个样子。此外，假设 11 月的那颗彗星与 12 月的那颗是同一颗，那么就会出现这样一个问题：这颗彗星从首次消失到再次现身之间何以会有那么长的一段时间？

牛顿提出，解决这些问题的唯一方法，就是设想这颗彗星转到**太阳的另一面**去了，但其背后的物理机理又不明确。牛顿承认太阳会发出一种向心引力，使行星沿曲线运行，而如果没有这种引力，行星是会采取直线运动的。不过，太阳的这种引力不会是磁力，因为磁石（天然磁体）在高温下会失去磁力。更重要的是，就算太阳的吸引力像一块磁铁，且彗星像一铁块，弗拉姆斯蒂德还是没有解释清楚太阳怎么会对彗星从吸引突然转向排斥。

近一个世纪以来，磁力一直是太阳吸引行星的最佳解释，但牛顿基于对磁体的认识——他在“疑问”笔记本中就有了这种认识——竟然彻底拒绝了这一解释，这具有举足轻重的意义。在后来的一封信中，牛顿说磁铁的“指令性”力量要大于其“吸引性”力量，所以一个物体一旦处于被磁铁吸引的位置，它就会一直处于这一位置，并将永远受到磁铁的吸引。太阳一旦吸引了彗星，就永远不会再排斥彗星。还有，就算的确有一种排斥性的磁力在起作用，这种力量也会在彗星到达近日点（图 14 中的 K 点）**之前**的某个时间就排斥彗星，使彗星继续沿着自己的路径加速离开太阳，绕到太阳的另一侧。

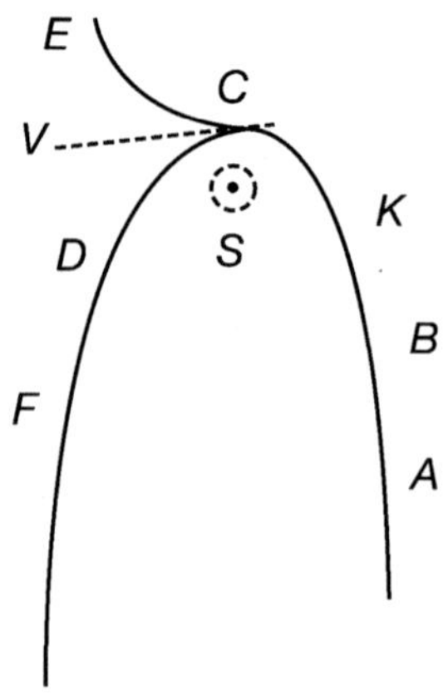

图 14 虽然牛顿仍然认为 1680 年的 11 月和 12 月出现的彗星不是同一颗，但他这一虽显粗糙但聪颖独到的图示则表明了同一颗彗星在太阳后面可能的路径。

牛顿否认排斥性磁力的存在，这同他的其他观点一样，显得非常新颖独到。彗星如果仅仅受到一种持续的吸引力，就会在离开太阳的过程中逐渐减速，沿着一条接近人们所能观察到的轨道运行。

大约就在此时，牛顿发觉只用一种吸引力来解释彗星也是可行的，从而意识到解决“同一个彗星”问题的办法。但在写给弗拉姆斯蒂德的信中，牛顿还是使用了他致胡克的信中提到的术语，说那种“vis centrifuga”或“离心力”在近日点“超过了”引力，从而使彗星不顾太阳的吸引而倒退开去。离心力就是一个沿轨道运行的物体离开吸引体的趋势（或程度）。虽然牛顿后来会舍弃离心力的概念，但是持续不断的引力这一概念却成为了后来《原理》中所论述的更成熟的动力学的基石。这时牛顿离认识到应像对待其他天体那样来对待彗星虽然还有三年之遥，不过已经很近了。

绕轨运行物体的运动

1684 年 8 月，埃德蒙·哈雷前去剑桥拜访牛顿。此前一段时间，伦敦几位名流学者一直在讨论天体动力学的问题。哈雷拜访牛顿就是这些讨论促成的结果。根据牛顿的说法，哈雷当时问他与距离的平方成反比的力量会划出怎样的曲线，他不假思索地说经他演算应该是椭圆形。但当他寻找自己的演算证明时，却怎么也找不着了。哈雷一直等到 11 月，才收到了牛顿的一篇短篇数学论文——《论轨道中物体的运动》。牛顿在这篇《论运动》中勾勒出的宇宙是一个抽象的体系，其中运行着一个个遵循特定数学规律的物体。牛顿在这里创造了“向心”这一术语，用来描述在其体系中运作的朝向中心的吸引力。他把物体借以“尽力维持自身直线运动”的那种力量定义为“固有力”。牛顿进一步宣称：除非受到外力的作用，否则物体会永远沿直线运行下去。这些将共同构成《原理》中第一运动定律的基础。在标题“假设 3”下，牛顿还描述了“力的平行四边形”定则的雏形。这一定则最终演变成了《原理》中的第二运动定律。

在《论运动》的“定理 1”中，牛顿证明了开普勒第二定律，这是他整个分析的核心所在。开普勒第二定律适用于一切围绕一个引力中心旋转的物体：物体在相等时间内扫过相等的面积。牛顿的证明方法是将绕轨运动划出的面积分解成一个个无限小的部分。绕轨运行的物体每时每刻都会受到“冲力”的作用，给物体的运行方向带来无限小的改变，由此产生一系列面积彼此相等的无限小的三角形。不过，“定理 2”与“定理 3”研究的并不是冲力，而是连续力。最终而言，连续力都可按照伽利略发现的持续(匀)加速公式来研究。这样，牛顿就提出了两种力

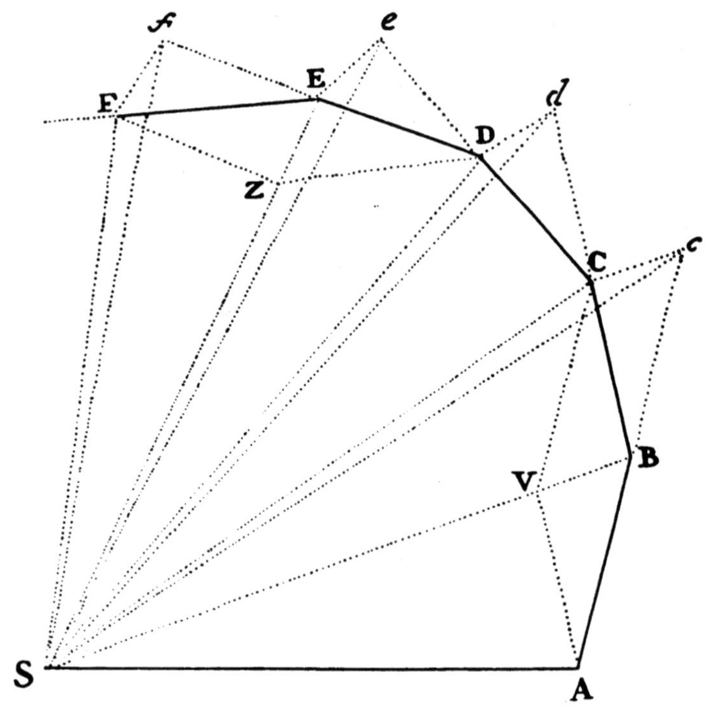

图 15 牛顿对开普勒第二定律的证明(见《原理》第一卷,命题 1)。一个物体沿路线 ABCDEF 运行,为一种朝向 S 的向心力所吸引。可以认为,该物体在相等的时间内在 B、C、D 等几个点受到一种“唯一而巨大的冲力”的连续推动。这些点之间的距离可以变得无限小,好让其轨迹变成一条曲线。由于 SAB、SBC 等都是同样大小的三角形,所以该物体在同等时间内会扫过同等的面积。

的解释:一种是“冲”力,由质量与速度的乘积(mv = 动量)来计量;一种是“连续”力,由质量与加速度的乘积(ma)来衡量。这两种解释处于紧张状态,而且这种紧张状态在《原理》中依然存在。

牛顿在“定理 3”中表明,绕轨运行的物体受到平方反比力的吸引。他进一步证明,行星就是按照他在论文中勾勒出的定律围绕太阳旋转的此类物体。具有重要意义的是,牛顿在“问题

3”下证明了平方反比定律支配着在椭圆轨道中运行的物体。此外，他还首次将彗星纳入了一个自然哲学的数学体系之中。牛顿也认为，通过更为精密的分析，甚至还可确定彗星是否具有周期性(即是否拥有椭圆轨道和能够定期回归)。在“假设1”下面，牛顿指出他的体系中的物体通过没有阻力的介质运行。不过，他确实也以“问题6”与“问题7”的形式增加了一些论述阻力介质中的运动的内容。

在1684到1685年的冬天，牛顿与弗拉姆斯蒂德有过一系列有趣的通信。通信表明，牛顿已在试图将自己的分析与行星及其卫星的更精确的实际运行图景联系起来，并且正在测验开普勒第三定律的准确性。在此之前，弗拉姆斯蒂德已读过牛顿11月写的《论运动》。他意识到牛顿在论文中暗示，可以将行星当做像太阳一样具有向心吸引力的物体来对待。与此同时，牛顿还更进一步，假设如果木星支配着自己卫星的运动，那么木星对其他行星也会施加影响，而其他行星反过来对木星也会有影响。在1684年12月的一封信中，牛顿索要有关木星“作用”于土星的资料，但弗拉姆斯蒂德拒不承认相距如此之远的行星能够互相影响。此时的弗拉姆斯蒂德仍然认为就算有这种作用力，也必然是磁力。

1685年早期，牛顿开始修订《论运动》一文。在修改稿中，原来的“假设”上升到了“定律”的地位。虽然此时牛顿离提出万有引力理论还有一段时间，但是他已经提出了这一革命性的宣称：由于行星之间的互动作用无穷无尽且反复无常，太阳系的重力中心并非一直都处于太阳的位置，因此，行星的运行轨道总是不规则的，也永远不会是开普勒提出的那种精确的椭圆。多少世纪以来，人们都视行星的轨道为永恒完美的典范，但实

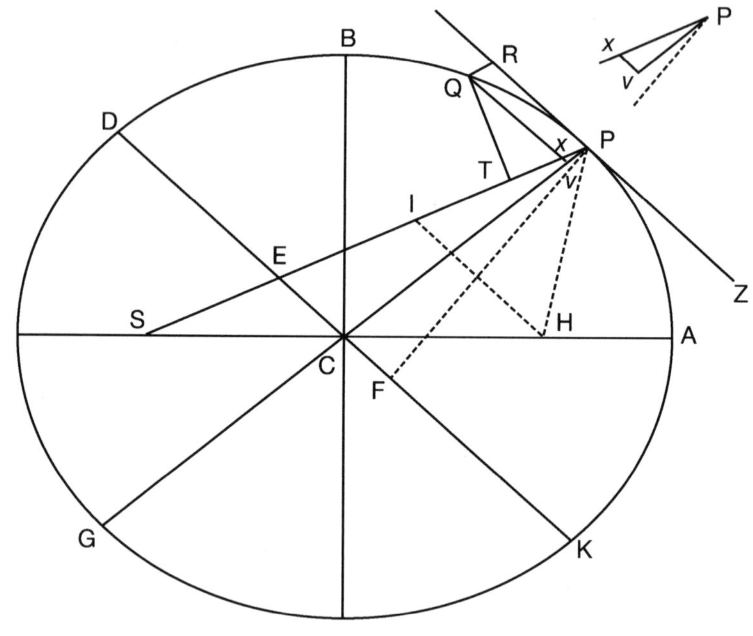

图 16《原理》第一卷命题 11 问题 6 的图示。牛顿在此演示，物体 P 围绕焦点 S 沿着椭圆旋转，受到一种与距离 SP 成反比的向心力的吸引。

际上它们时时刻刻都发生着微小的变化。牛顿指出，行星的实际运动情况繁琐复杂，非人类的智力所能洞悉。不过在大体上，人们还是可以将行星的轨道作为椭圆来对待。牛顿后来还会这样认为：这样一个宇宙体系能够保持稳定运作，只能归功于一位神圣几何大师的妙手。牛顿在这里还引进了一个论点，这一论点对其后来在《原理》中采用的方法至关重要：既然彗星的尾巴并未出现明显的缩减，那么在宇宙的自由空间中实际上并不存在什么阻碍彗星运行的物质。现在，牛顿也开始考虑这个问题了：以太不仅精微异常，而且不会产生阻力作用，这样的以太还能被说成是存在的吗？

牛顿对力改变物体运动方式的分析发生了重大的变化，这使他现在可以重新引入惯性这一普遍化的概念。惯性指一个物体会保持其当前的运动状态或静止状态，**而物体的运动或静止状态都是相对于被选来当做参照框架的任何体系而言的**。牛顿接着提出了一系列革命性的主要见解。有了惯性这一被相对化的概念，牛顿进而宣布了一套"定义"(写于修订《论运动》之后)，说物体围绕向心引力来源所做的匀速圆周运动并不是一种简单的惯性运动，而实际上是物体的运转速度与一种持续引力共同作用的产物——这种持续引力使物体不断偏离其原本会采纳的路径。

惯性概念具有相对性的含义，这就提出了一个棘手的问题：究竟能否发现绝对的运动？这一问题又回到了牛顿《论重力》中的分析。牛顿意识到这一问题不仅具有神学意义，而且还具有科学含义。因此，他对所下的定义做了补充，在其中强烈主张存在着一个绝对的空间，这个空间独立于其中的所有东西，"因为一切现象都取决于绝对的量"。正如我们在牛顿向伯内特所说的话中所看到的那样，牛顿认为普通人通过相对的话语来感受世界，所以先知也以那种语言向他们说话是理所应当的。在给《论运动》的修订版所写的补充材料中，牛顿写道："普通人不能从可感知的表面现象抽象出思想，所以一直说着相对的数量，如果智者甚或先知以别的方式向他们说话，那将是非常荒谬的。"这一重大观点也被写进了《原理》，只不过没有提及神学而已。在《原理》中，牛顿说平民百姓只会考虑"可感知的物体"的数量。他继续写道，不过"在哲学讨论中，我们应该从我们的感官那里后退一步，来考虑事物本身——事物本身与人们对事物的仅仅可感知的度量是截然不同的"。牛顿想表明人们可以找到一个高于其他任何参照对象的“绝对”的参照框架，但他的这种努力到头来被证明只是一种幻想。

在同一份草稿中，牛顿又加了六条“运动定律”，其中的第三条称“一个物体给另一个物体施加多少作用力，它也会受到多少反作用力”。这实际上就将一个物体“抵制”移动的力（就是后来在《原理》的“定义 3”中描述的“惯性力”）与持续或通过冲力施于任何物体的“压迫力”等同了起来。这条定律就是《原理》中第三运动定律的前身。有了这个定律，再加上他的质量概念，牛顿现在就可以将向心引力的概念推广到宇宙中万物之上了。

在这里，牛顿更加精确地定义了物质“体积”的量。起初，牛顿宣称物质的量与物体的重力“通常一致”。在 1685 年春天或夏天在他的“定义”修订稿中，牛顿将“物质的量”（ 或“质量”）定义为基本的、“均匀的”物质，所以一个物体“密度加倍，体积加倍”，其质量就会是原来的四倍。也许最有意义的是，牛顿这一新的分析方法要求将所有的基本物质都视为在本质上一般无二，而如果没有物质，就什么也没有。在《原理》定稿（1687年）第三卷的“命题 6”中，牛顿引入了“假设 3”，宣称由于物质的基本构成模块都是一样的，所以从原则上讲，一切形式的物质都可以互相“转变”。这样，牛顿就含蓄地将“质量”这个数学概念与他的炼金术式的分析联系了起来。

认同牛顿学说的古人

到 1685 年 11 月，牛顿已经完成了《原理》的一份初稿。这份初稿也叫《论物体的运动》，由两卷构成：一卷通常被称为《运动讲义》，另一卷是《论世界体系》。《运动讲义》扩充了原来《论运动》（及其各个修订稿）中提出的那些证明。在这里，牛顿试图解决在考虑两个以上物体之间的相互吸引作用时所遇到的那些棘手问题。

在 1685 到 1686 年的冬天，牛顿对《运动讲义》进行了扩充。他进一步分析了卫星（一个抽象天体，但其性质实际上与月球一模一样）在两个或多个天体（也是抽象体，但明显指的是太阳和地球）作用下的运动情况，增加了一个很权威的命题（XXXIX），毫不含糊地提到了他掌握的微积分知识。莱布尼茨在 1684 年首次发表了微积分的基本公理。牛顿这么做在一定程度上无疑是为了声明自己创立微积分并没有依赖莱布尼茨的工作。1686 年早期，牛顿扩充了对阻力介质中的运动的处理。这一分析的篇幅变得非常之长，以至于牛顿将它单独列出，后来构成了《原理》的第二卷。第一部分是对无阻力介质中的运动的分析，后来成了《原理》的第一卷。在第二卷的定稿中，牛顿增加了更为复杂的关于压力和胶粘性的内容，认为笛卡儿提出的涡旋在物理上是不可能存在的。

在 1685 年完成的那部著作第二卷（即《论世界体系》）的开头，牛顿提到了支撑柏拉图、毕达哥拉斯和罗马贤王努马·庞皮利乌斯的著作的古代哲学与天文学。努马曾"为女灶神维斯太建造了一座圆形的庙宇，下令在庙中央燃起一堆火，并要保持长明不灭"，以此象征以太阳为中心的世界体系。与大部分同代人一样，牛顿也认为古人对自然世界有过正确的认识，只不过这种知识在后来遗失了。牛顿在 17 世纪 80 年代中期撰写了一长篇论文（《外邦人神学的哲学起源》），认为古人曾经相信宇宙是以太阳为中心的，但是这一认识被后人误解和歪曲了。对那些以太阳为中心的宇宙的象征性表述，毕达哥拉斯和其他一些人能够正确理解其中的真正含义：太阳居于中心，周围则环绕着沿同心轨道运行的行星。但是,亚里士多德等希腊人则假定这样一个系统的中心是地球。

最初,希腊人通过俄耳普斯和毕达哥拉斯从埃塞俄比亚人和埃及人那里获得了对自然世界的认识。埃塞俄比亚人和埃及人将这些真理藏起来不让普通人知道。在那时候,有一种仅供传授给专家的"神圣"哲学,还有一种公开向普通人传扬的"通俗"哲学。埃及人

> 借助音乐的音调,指出了行星的[正确]顺序。为了嘲笑俗人,毕达哥拉斯也借助全音程与半音程中的和声比例——而且更滑稽的是,借助天体音乐——来测算行星之间的距离以及地球与各个行星之间的距离。

在《论世界体系》中,牛顿再次提出这个观点:像迦勒底人一样,古埃及人已然知道彗星是天体现象,可以将彗星当做一种行星来对待。

古埃及人按照太阳系的模式修建庙宇,根据行星的顺序来给他们的众神命名。同样,古埃及人的宗教也是基于他们对天体的理解进行的仿效。牛顿偶尔还会提到古人的"天文神学"。将七个已知的行星(包括月球)与五种元素——气、水、土、火和上天之精髓——加起来,就能得到各古代宗教所共有的十二个主神。诺亚是土星和杰纳斯,有三个儿子。牛顿与其他历史学家一样,采取了一种"神话即历史"的方法,认为异教徒的神话描述的是被神话了的真实人物,只不过不同民族对他们的称呼不同而已。此中证据有:神话人物的名字多有相似之处,尤其是对神话人物的性格与行为的描述显然一模一样。

由此来看,《论世界体系》的第一部分应是牛顿在写就该文之时正在着手进行的一个更大项目的衍生物。在随后的几十年中,牛顿都曾下大工夫并以多种形式寻找古代文献中有关真正哲学的“线索”。例如,在稍后完成的一篇文章《宗教的起源》中,牛顿断言古代中国人、丹麦人、印度人、拉丁人、希伯来人、希腊人和埃及人都曾按照同样的习俗奉行崇拜,而英格兰的史前巨石群显然是又一座维斯太庙。牛顿继续写道,宗教的这一面是再“合理”不过的了:“在没有启示的条件下要获得对神的认识,除了借助自然框架之外”别无他途。由于拥有关于真正哲学的知识,他能够恢复那种一直被“遮盖”的神圣哲学,而这反过来又能保证他自己对世界的解释是正确的。牛顿的神学工作旨在恢复真正的宗教,同样,牛顿也一直认为自己所从事的科学工作在本质上就是为了恢复已经丧失了的知识。

《原理》

《运动讲义》研究的是一个抽象的数学体系,《论世界体系》的其余部分则研究了潮汐的数据(系 1685 年秋通过通信从弗拉姆斯蒂德处获得),描述了钟摆实验、真实的月球以及其他来自真实世界的现象。牛顿将这些与《运动讲义》中描述的数学世界进行对比,进而断言,在那个抽象世界中运作的定律同样支配着我们真实世界中的现象。不过,此时的牛顿还无法在第二卷中对彗星做出充分的解释,所以他在 1685 到 1686 年的冬天经过不懈努力,终于提出了一个充分的解释。

《原理》的最后一部分即第三卷完成于 1687 年初,研究的是世界的真实体系。牛顿根据基本原则,通过天文数据和物理数据证明了地球在两极是扁平的(即地球是一个扁圆的球体)。最后,牛顿展示了他的物理学可以用来解释彗星的行动。如果找找以前记载了类似轮廓的彗星的资料，我们可能会觉得彗星的轨道是周期性的,因而是椭圆形的。虽然如此,我们还是可以将彗星接近太阳的轨道视为抛物线，而且这部分轨道可以通过实际测算来确定。在这里,牛顿花了一些篇幅来描述彗星的神奇功能。在彗星接近太阳的过程中,彗尾会从太阳的物质中获得补给,这反过来又会更新彗星的流质成分。每当行星从彗星的尾巴中穿过，行星上的生物就会从彗星的流质中获得营养。牛顿还写道,空气中最精纯的部分,就是维持地球上一切生命的那部分,也来自彗星。显然,牛顿在此扩展了他在 17 世纪 70 年代所写的包含炼金术和哲学内容的著作中所描述的地球的循环体系。

1687 年,《原理》面世。这部著作大胆地宣布了一个将影响后世科学研究达三个世纪之久的信条:假设应该被摒弃,设计精良的实验应该成为普遍数学定律的基础;这些普遍的数学定律在数量上越少越好,而且应该被视为准确无误,除非出现相反的证据。《原理》中最伟大的概念是万有引力定律。根据这一定律,大物体会彼此吸引,两个物体之间的引力等于常量“G”乘以它们质量的乘积再除以两物距离的平方（Gmm'/r^2)。《原理》的划时代意义由此开始显现:拥有向心引力的不再只是巨大的行星了,因为从第三运动定律中可知,所有的大物体都会施加这样一种力。这就产生了一个令人惊叹的结论:宇宙中的每一个大物体都吸引其他每个物体。这将给牛顿和他的同代人提出一些重大的问题。究竟什么是引力？宇宙一端的物体如何向另一端的物体施加这种引力？引力通过何种媒介运作？

在将《原理》的最后一批书稿发往伦敦之前不久,牛顿还为

《原理》撰写了一篇不同寻常的《结论》，在其中声称《原理》中的分析方法可以用来研究地球上的一切现象。牛顿已经用万有引力解释了宏观现象，在此方法的基础上，他认为应该援引短程力来解释“无数”其他的局部性运动。这些运动因过于微小而无法察觉，但正是它们引起了地球上的诸多现象，例如电、磁、热、发酵、化学转变、动物的生长等。

牛顿在第二卷中分析天上的运动时完全摒弃了他二十年来一直倚重的以太。同样，在分析地球上的现象时牛顿也摒弃了以太。他提出就用他所说的吸引力与排斥力来取代以太。他用通俗的言语说，人们传统上就用“引力”这个概念来形容微粒借以“冲向彼此”的任何一种力。在短程范围内，这些力具有吸引性。这可以解释他以前在炼金术和哲学工作中注意到的物质“凝结”的属性。距离再大一些，这些力就变成排斥性的了。这可以解释之前在《假说》中用以太来解释的表面张力现象（例如苍蝇可以在水上行走）。不过，牛顿声称这类力有好几种，不过这就与他提出的哲学家应该采纳尽可能少的普遍原则的要求有点冲突了。

牛顿还写道，他之所以提到这些力，只是为了鼓励进一步的实验而已。不过，他接着又基于物质的基本原料是相同的这一观点提出了一个推测。因为绝大部分空间都是空的，所以促使物体结合的那些力会使物体结合形成规则的结构，“如同雪和盐的形成过程那样，几乎就像艺术的产物”。物质内部会有网状的结构，由很长且富有弹性的几何竿组成。这一点可用来解释为什么有些物体要比其他的物体更容易加热或者可以让更多的光线穿过。牛顿再次援用接近炼金术语言的术语，称在吸引力的作用下，物质基本元素的不同网状排列能够让嬗变得以发生。牛顿使用海尔蒙特的概念断言,水“这种稀薄物质”通过发酵可以转变为动物、植物和矿物中“更稠密的物质”,并且最终可以“转化为矿物质和金属物质”。在另一方面,斥力则能让稠密的物体变成蒸气、挥发物或空气,而让更稀薄的物体变成光本身。牛顿的这个微观世界设想令人吃惊,但他最后却取消了出版这篇《结论》的计划,而是将它浓缩为一篇前言的草稿。不过,就是这篇前言在《原理》的定稿中也没有出现。

冒充大师——胡克

1686 年 5 月,就在《原理》第一卷被介绍给皇家学会之后不久,哈雷告诉牛顿胡克对其中的平方反比定律有“一些要求”,声称是他让牛顿注意到这一定律的。虽然胡克并没有对由平方反比定律证明出圆锥曲线提出任何权利要求,但这一次牛顿则对胡克完全失去了耐心。牛顿告诉哈雷,胡克在 1679 到 1680 年与他的整个通信过程中都跟他纠缠不清,而且此人没有给他带来一点他原先不知道的东西。几天后,在细读了一些过去的论文之后,牛顿非常生气地发现原来胡克仅仅“猜测到”平方反比定律会一直延伸到地球的中心,而且他的这种猜测还是错误的。牛顿告诉哈雷,他决定停止第三卷的撰写工作,因为哲学“就像一个傲慢无礼、争论不休的女人,一个男人一旦与她发生纠葛,无异于惹上了一场官司”。

牛顿并没有就此打住。他告诉哈雷,就在基本写完该信的时候,他听说胡克正在“蛊惑人心,伪称我的一切都源于他,并希望人们能为他伸张正义”。像以前一样,牛顿指出胡克在哪些地方窃取了他人的著作,将他人的东西当做自己的东西一样传播。胡克在自己的著作中显得好像他知晓并已充分提示了一切，所剩下的只需通过辛苦的计算与观测来确定罢了，但他又借口忙于其他事务而不自己进行计算和观测。实际上，他倒真该用无能来为自己开脱。

牛顿讽刺道，在胡克看来，

所有那些发现、研究和处理一切的数学家都该满足于仅仅将自己视为乏味的计算者和苦工，而另一个无所事事、一味巧取豪夺的人却可以名正言顺地攫取一切发明——既包括前人的，也包括后人的。

与以前两人的交锋一样，牛顿还编造了一个复杂而又难以置信的故事，说胡克有可能是从与他的通信中一点点搜集到平方反比定律的。哈雷的回信让牛顿平静了下来。哈雷告诉牛顿，他就此事在一家咖啡馆里进行了讨论，现在很少有人还相信胡克证明了椭圆轨道与平方反比定律的关系，或是相信胡克提出了一个关于自然的宏伟体系。

显而易见，牛顿并没有停止《原理》第三卷的写作，不过他的确使表述更加数学化、更加难以理解了。这其中有一部分原因可能是要给胡克一个教训。但无论如何，第三卷必然更加令人生畏，这是其内容发展的必然要求。许多很有成就的数学家虽然下了工夫，但也只能理解《原理》中的头几条命题，其他的就无能为力了。这样一来，《原理》便以深奥难懂而闻名了。

第八章
都市之中

在完成《原理》最后一卷之前，牛顿就发现自己卷入了一场新的危机。1685 年初，詹姆士二世登上王位。即位不久，这位天主教徒国王就开始放松那些旨在限制天主教徒担任公职和进入大学的法律和惯例。1687 年 2 月，剑桥大学的副校长接到一道命令，要求剑桥大学接纳奥尔本·弗朗西斯神父进入西德尼·萨塞克斯学院研修文学硕士学位。牛顿立即采取行动反对这一命令，因为他觉察到这会威胁到他所在大学的新教的完整性。1687 年 4 月，牛顿成为剑桥大学委派的八名“使者”之一，前去接受一个宗教委员会的调查。这个宗教委员会由杰弗里斯法官领头。杰弗里斯曾是牛顿的本科同学。不过此人现在臭名昭著，因为他最近将新教徒蒙默斯公爵的数百名支持者判处了死刑。4 月 21 日，杰弗里斯以自己的一贯作风，高声训斥了剑桥的八位代表。不过，他还是给了几位代表一段时间，让他们准备下一步的答辩词。5 月 12 日，牛顿、巴宾顿和其余六位代表被告知，他们“狡猾的影射”引起了调查团的愤怒。杰弗里斯随即遣散了他们，命令他们不可再犯罪，不然将有更大的厄运降临到他们头上。

早在 4 月份的一次准备对抗杰弗里斯的会上，牛顿就强烈建议在是否接纳弗朗西斯神父一事上采取毫不妥协的立场。他在一篇短文中指出，当前的事态极为严重，剑桥大学不能相信詹姆士关于维护新教的许诺(詹姆士虽是天主教徒，但作为英格兰的国王，他在名义上也是英国国教的捍卫者)。实际上，詹姆士是不能作出这样的许诺的，一则这为他自己宗教的规条所不容，二则在任何情况下，他都不能合法地利用自己的豁免权废除那些确保新教在英国占据中心位置的法律。英国人不会放弃保护个人自由与财产的法律，他们更不应放弃那些保护自己宗教的法律。

在另一篇文章中，牛顿接着考察了国王豁免权的权限。他发现如果没有废除法律的必要，国王便没有废除法律的权力。在一份分析陈述中，牛顿更是将国王的权力降到了“人民”的权力之下，认为只有“人民”才能决定是否有必要废除法律。这份陈述清楚地表明牛顿持有“辉格党人”的观点——牛顿在 1689 年当选为下院议员后，便走进了辉格党人的激进圈子。在为与杰弗里斯最后摊牌准备的文件中，牛顿指出代表之所以采取那种立场是为了捍卫他们自己的宗教；天主教徒和新教徒不可能在同一所大学“幸福地或长期地”共存；而新教教育的根基“一旦枯竭，从那里流出的一直在浇灌全国的涓涓溪流也必将衰竭”。

1687 年，牛顿终止了他作为卢卡斯讲座教授的活跃生涯。在 1684 年，也就是他在这个职位上给学生授课接近十年的时候（虽然有时候并没有学生来上课），为了履行自己的职务职责，他向剑桥大学图书馆提交了一份代数学讲义手稿。威廉·惠斯顿 1707 年出版了这份手稿，名为《通用算术》。牛顿在这部作品中赞扬了古代数学家对几何学的依赖，但对现代分析者将方程与算术术语引进几何学却大加申斥。

1688年末，詹姆士二世逃离了英格兰，奥兰治家族的威廉（通过后来所说的光荣革命）来到英国。这给牛顿提供了向新政权表示忠心的机会。1689年1月，牛顿被选为代表剑桥大学参加议会的两名议员之一。虽然选票上曾用无以复加的赞词介绍了牛顿，但最后的当选还是多少让牛顿有些吃惊。2月上旬，牛顿和大多数议员一起投票，确认詹姆士的撤离意味着他已“放弃了”王位。在后来的几周中，牛顿供职于一个委员会，该委员会负责草拟了一份关于宽容各种不奉国教者的议案。自然，牛顿支持国家容忍各种稍有差异的新教教义，认为国家应该不分教派和允许任何合格的新教徒（比如他自己）担任公职。5月17日，这一针对宗教宽容的议案被国会通过，成为法律，是为《宗教宽容法》。根据该法，不奉国教者可以自由地进行公开崇拜活动。不过，规定任公职者须领圣餐面包与葡萄酒的《宣誓法案》并未废除，天主教徒与反三位一体教义者并没有信仰自由。

1689年夏，牛顿又遇到了一个挫折：尽管有新国王威廉三世的强力支持，他还是未能获得国王学院院长一职。不过，牛顿并不缺乏崇拜者和追随者。好几个人都争着要当他那部伟大著作《原理》下一版的编辑，其他人则致力于理解该书深奥得让人难以置信的内容。牛顿反过来也会稍稍施惠于他的追随者，例如他帮助戴维·格雷戈里获得了牛津大学萨维列恩几何学讲座教授的职位。在欧洲大陆，惠更斯和莱布尼茨等著名自然哲学家对《原理》也是赞不绝口，虽然他们二人都认为牛顿忽略了自然哲学的整个目的，因为他没能给“引力”提出一个物理解释。

在《原理》第二卷中敲响了涡旋说的丧钟之后，牛顿便致力于解释重力问题。17世纪90年代上半期，牛顿从事了《原理》

的修改和订正工作，曾给法蒂奥·德·杜伊连尔和戴维·格雷戈里看过他的许多修改和订正内容，其中有一些涉及重力的物理成因。他给第三卷的命题4—9写了一系列“古典”注释，指出《原理》提出的万有引力与其他原则都曾为古人所知，今人通过认真研读维吉尔、奥维德等诗人的诗作便可以获得这些知识。在这些修改稿中，牛顿声称万有引力借助“某种主动原理”运作，这种主动原理能让力从一个物体传送到另一个物体：

> 因此，那些正确领悟了神秘哲学的古人教导说，有一种无限之灵遍布一切空间，包容整个世界，给世界赋予生机。根据亚里士多德引用的那位诗人的话，这种灵就是他们的守护神：我们在他里面生活，获得我们的存在。

古人通过潘和他的笛子的象征，提到了这一神灵作用于物质的方式：“不是通过不规则的方式，而是和谐地或者按照和声的比率进行。”很久以后，凯瑟琳·孔杜伊特提到，牛顿认为重力取决于质量，就像声音与音调取决于弦的尺寸一样。

牛顿恢复失传的古代知识的努力绝不仅仅限于这一方面。大约在同一时间，牛顿投身于一项旨在“恢复”古人失传了的几何学的数学大业。1691年末，他还开始撰写了一篇名为《曲线求积术》的论文。在这篇了不起的论文中，他回顾了自己发现微积分和发展无穷级数的过程。他在文中大量援用他在17世纪70年代中期写给莱布尼茨的信函，由此可见他此文的主要目的是为了表明自己的发明要早于并优于莱布尼茨的发明。1694年格雷戈里读过此文后说牛顿发明了求积理论（积分），且这一发明“让人震惊，令人难以置信”。

《原理》完成后的几年中，牛顿进行了他一生中最为紧张的一部分智力活动。17 世纪 80 年代晚期，牛顿计划撰写一部四卷本的光学著作，并打算在最后一卷中展示视觉效果如何根据短程引力和斥力发生作用。在一份草稿中，他再次提出了他给《原理》写的但扣下未发的那份前言和结论中的评论，大意是哲学家应该假定各种类似的力不仅在宏观世界运作，而且也在微观世界运作。牛顿接着写道，鉴于这一“大自然的原则与哲学家持有的观念相距甚远，所以我并没有在[《原理》中]进行描述，[以免]有人将其斥为荒诞不经之想”。尽管牛顿最初有着这样的打算，他在 1694 年却将计划中的书稿压缩为三卷，而十年后《光学》就是以三卷本的形式最终出版的。

1690 年夏天和秋天，牛顿兴奋而热烈地研究了一个争论激烈的问题：天主教徒和三位一体教义者当初是如何歪曲《新约》的真正经文的？1687 年，监管出版的许可法令有所松懈，于是出现了好几本反三位一体教义的著作。1689 年，天主教徒理查德·西蒙出版了一本著作，分析了一段支持三位一体教义的关键经文——《约翰一书》第五章第七和第八节，即所谓的使徒约翰的逗号。当时，与牛顿相识不久的约翰·洛克询问牛顿对那段经文的看法。1689 年 11 月，洛克（他即将发表《论宗教宽容函》、《论人类的悟性》、《论政治两文》等伟大著作）收到了牛顿的一篇长文，其中不仅解释了上述那段经文，而且还论述了另一段三位一体教义所倚重的经文——《提摩太前书》第三章第十六节。虽然牛顿试图用客观研究的厚厚帷幕来掩盖自己的实质工作，但他毫无疑问知道洛克是赞同自己的观点的。

西蒙说那段经文虽然在最古老的希腊文抄本中找不着，但是天主教的传统能够确保其真实性。牛顿告诉洛克，这是天主教对经文的又一歪曲，许多人文学者和新教徒对此心知肚明，但还是宁愿保存这段经文，因为它可是用来反对异端的一个关键证据。牛顿虚伪地声称，他准备写的东西“不涉信仰，无关教规，只是关于《圣经》文本的一篇评论而已”。简而言之，牛顿认为教父哲罗姆将那段伪经插入了他翻译的拉丁文《圣经》，后来

> 拉丁人曾在他们《圣经》的页边空白处指出了哲罗姆所作的变更。从那以后，尤其是在经院哲学家复兴辩驳之风的12世纪以及其后的世纪中，那段伪经最终还是在抄写过程中悄悄爬进了经文。

自从印刷术出现后，那段经文“从拉丁文《圣经》中爬出来，又爬进了印刷出来的希腊文《圣经》，全然置一切希腊文手稿和古代文本的权威于不顾”。

牛顿探究这些篡改的方法包括三个方面。第一，他能指出那段经文为什么会被插入各种抄本和印刷本中，以及是如何插入的。这就牵扯到对经文进行复杂而精深的研究。牛顿分析说如果那段经文的的确确原本就有，那么哲罗姆之前的那些可靠的作者必然会有所提及，但他们却一字未提。没有任何证据表明那段经文曾出现在最古老的希腊文经文中。实际上，哲罗姆的一些同代人就曾指控哲罗姆，说他随心所欲地插入了那段伪经。牛顿更是将哲罗姆推上审判席，而且毫不吃惊地发现哲罗姆有罪。第二，牛顿实际上能够查阅到《圣经》古抄本以及提及古抄本的印刷本《圣经》，其中提到的那段讨厌的话在古本中要么不存在，要么被打上了问题标号。如果哪里出现了带有逗号

的那段经文,牛顿则会努力表明那是很久以后添加上去的。第三,那段经文恢复原貌后显然更加合理;为了洛克着想,他还重新整理了那段有争议的经文。

此后不久,牛顿又寄给洛克一篇文章,提出了更多的问题经文,“因为篡改经文的企图有过许多, 且其中有一些已经得逞,这是不足为奇的”。根据牛顿的看法,所有这些讹误最初都是天主教徒所为,“然后为了使这些篡改合理化, 为了宣扬它们,[天主教徒]便指责异端和过去的阐释者,就好像古人正确的阐释和翻译反倒是讹误一样”。那个时期的学者在一个个可耻的行为之间来回摇摆:“这就是那个时代的自由:博学者在翻译原作者的著作时肆意修改而不脸红,并且公开承认自己的行为,好像进行忠实的翻译反倒是一桩罪行似的。”新教徒现在也在参与犯罪。牛顿很伪善地告诉洛克,他之所以“提到”这一切诡计,“是因为我对虚伪的骗子深恶痛绝,是为了让基督徒出于羞耻而放弃这些做法”。

精神崩溃

在 1692 年以及 1693 年初,牛顿与法蒂奥·德·杜伊连尔交往极为密切。法蒂奥编造故事纠缠这位老人,说他的一位朋友炼出了一种丹药,服用一剂就有非常奇妙的疗效。在一封信中,法蒂奥要求牛顿投资一大笔钱来开发并推销这种丹药。1693 年初夏,牛顿好几次从三一学院前去伦敦,大概就是为了和法蒂奥商量此事以及其他事务。7 月的时候,牛顿出现了精神崩溃,但直到他 9 月中旬给塞缪尔·佩皮斯去了一封信后,他的这一痛苦经历才为人所知。这封信是牛顿在思想非常混乱的状态下写的。他在信中忧心忡忡地指出,他从未试图将佩皮斯或詹姆士二世作为自己的恩主。他告诉佩皮斯他将不得不结束与佩皮斯的交往，甚至要与佩皮斯的一切朋友永远断绝联系。洛克也收到了牛顿一封更加令人费解的信。这封信写于肖尔迪池的一家酒吧，时间应是给佩皮斯去信的三天之后。像佩皮斯一样，洛克也是头一次听说牛顿的这些忧虑。牛顿在信中为曾经指责洛克试图用女人来“纠缠”他而道歉。他恳求洛克原谅，因为他曾希望洛克死于所患的疾病。他还为自己曾经指控洛克为霍布斯哲学理论的追随者（即唯物主义者）和称洛克在其文章中削弱了道德的基础而表示歉意。

面对这些恶劣的辱骂，佩皮斯和洛克表现出了可敬的谅解态度。实际上，没过多久，牛顿就称自己已忘了当时究竟写了些什么。对于牛顿的这种奇怪行为，人们用工作过度、水银中毒、对法蒂奥的迷恋受到压抑、未能在伦敦获得一份工作等原因来解释，但是这些理由似乎没有一个能令人信服。

牛顿的思想恢复了平静、生活恢复了正常之后，又作了最后一次努力，想矫正他在《原理》中论述月球理论时遇到的一些顽固问题。可以说，这将是牛顿从事的最后一项主要的持续性科学活动。从 1694 年夏开始，他再次尝试解决月球理论问题。为了获得最新的数据，他前去格林尼治拜访约翰·弗拉姆斯蒂德。弗拉姆斯蒂德同意给牛顿看他改进后的月球观测数据，但加了一个条件：牛顿得答应不将这些数据给任何人看。牛顿声称他改进后的理论可以纠正这些观测数据，所以弗拉姆斯蒂德反过来也想得到牛顿的纠正结果。然而，牛顿可没打算平等地对待这位皇家天文学家，只是一个劲地要求弗拉姆斯蒂德按照他的吩咐提供原始的观测数据。牛顿要求什么类型、什么精度的数据，弗拉姆斯蒂德都尽量满足。但到头来，牛顿还是没能解决棘手的“三体”问题[①]。而不解决这个问题,他就无法在月球理论上取得进展。

后来,牛顿和弗拉姆斯蒂德彼此越来越怀疑对方。弗拉姆斯蒂德听说牛顿给哈雷和格雷戈里看了他对月球数据的“纠正结果”,而牛顿则指责弗拉姆斯蒂德提供原始数据时显得疏懒迟缓,同时对弗拉姆斯蒂德想了解他的纠正结果的理论基础也感到不快。在后来的几年中,双方的关系持续恶化。1698年,弗拉姆斯蒂德威胁要通过印刷物揭露:是他正在给牛顿提供观测数据,而借助这些数据牛顿就有可能改进他的月球理论。牛顿听后勃然大怒,没让弗拉姆斯蒂德发表这则消息。当时的牛顿一心扑在造币厂督办的工作上,不想让更多的人知道他还没能解决月球运动的问题。牛顿告诉弗拉姆斯蒂德,他并不想被“公开地拉上舞台,卷入那些也许永远都不适合让公众知晓的东西,不想让世人期待一些他们也许永远都不会拥有的东西”。他“不愿在每个场合都被曝光”,更不愿“因为数学问题而被外国人纠缠或嘲弄,也不愿让自己人以为我将本应用于国王事务的时间虚掷在数学问题上”。两人之间的关系原本就不牢固,此后也一直未见好转。

① “三体”指太阳、地球和月球。所谓三体问题,是指如何找到一个数学方法,来准确地勾勒这三个天体的运行轨迹。

第九章

万有之主

1696 年，牛顿在首都谋求一份工作的努力终于有了结果：他从一位遁世者一跃而成了一名高级公务员。1696 年 3 月 19 日，牛顿在三一学院的昔日同事查尔斯·蒙纳古（1700 年后受封为哈利法克斯男爵）签发了一封信，确认牛顿被任命为造币厂督办。蒙纳古当时是财政部的高官，同时担任皇家学会的主席。不久以后，他就成了牛顿外甥女（即其同母异父妹妹之女凯瑟琳·巴顿，后嫁给孔杜伊特）的情人。作为造币厂督办（监督铸币过程的钦差），牛顿面临着好几项挑战。英国当时需要雄厚的财政储备来支持对法国的军事行动。但是，英国国内的"剪钱"行为[1]严重降低了货币的价值以及铸币的质量。另外，由于铣边新币要比"锤成的"旧币更重且含银成分更高，所以不法分子会将新币熔化后出售牟利，或将真币剪边与铜混合后制成伪币。早先有人曾就银币的问题征询过牛顿的意见，牛顿认为（由于铸造硬币的原料金属要比硬币的面值更值钱而导致的）熔化新币的灾难只是暂时的，只要准许新近成立的英格兰银行发行的纸币进入流通领域，就可以在短期之内减缓这一问题。牛顿还

① 所谓剪钱，是指剪下或削下银币的边缘并积累起来牟利的行为。

持有这样一个陈旧观点:花大钱购买外国的奢侈品既是对个人德行的侮辱,也是对国家力量的侮辱。

唯一的长远之计就是收回所有的“旧”币,大大增加造币厂生产的“新”币数量。“重铸货币大行动”将生产非常标准的、周边带有可见纹路的新币,而且全都由最先进的滚轧机制造。虽然造币厂督办先前只是一个报酬不错的闲职,但牛顿还是一心扑在重铸新币的工作上。他筹集铸造钱币所需的大量银条,并在诺里奇、约克、切斯特、布里斯托尔和埃克塞特等地设立了临时分厂。这些造币厂生产了大量银币,不过到牛顿1727年去世的时候,流通中的银币已经为数不多了。

作为督办,牛顿还得负责检举剪钱犯和伪造硬币者,并且如果他们罪有应得,可以建议对他们实施死刑。牛顿就像当年揭发伪造经文者一样,非常投入地追查那些歹人,甚至使用的手法都一般无二。他广泛研究了剪钱与伪造硬币的技术与历史,出钱从告密者那里获得消息,寄钱给友善的证人让他们能够体面地出庭作证。一些被投入监狱的伪造硬币者曾威胁要枪杀牛顿,而牛顿反过来对威廉·查洛纳等罪犯也毫不手软。威廉·查洛纳在被送上绞刑架的前几天,恳求牛顿对他大发慈悲,但牛顿对此充耳不闻。在牛顿的打击下,剪钱和伪造硬币的行为逐渐减少,因为这项罪名被处死的人数也下降为零。

到1698年,牛顿基本上已把平素由造币厂厂长行使的职责都拿过来了。当时的厂长是托马斯·尼尔,他于1699年末去世后,牛顿就继任厂长。厂长负责监督用来铸造硬币的铸锭中各色金属的质地,还负责铸币所得收入的使用。

在后来的岁月中,牛顿有关化学过程的知识也会偶尔派上用场,尤其是在所谓的“硬币年度检验”中。所谓硬币年度检验，就是一群金匠手拿“试验”币，来检验随便选择的硬币的质量。厂长偶尔也会督促（就牛顿而言应是设计）铸造不同金属的硬币，以庆祝皇家的任职典礼或军事上的胜利。

牛顿在伦敦生活得不错，但对文学或戏剧并未表现出什么兴趣。牛顿曾告诉斯蒂克利，他一辈子只去看过一次歌剧，而且刚看了一半就跑出来了，还对自己竟然待了那么长时间感到有点纳闷。1701 年，牛顿当选为国会议员，开始在国会供职，直到次年 5 月为止。与十多年前一样，他在担任议员期间表现平平，乏善可陈。1705 年 5 月，牛顿再次竞选国会议员，并且再次得到了哈利法克斯男爵的支持。可是这次牛顿却输了，这让他大伤脸面。也许令牛顿多少感到安慰的是，就在此前一个月，安妮女王在前去纽马基特观看赛马期间莅临剑桥，将他封为爵士。

《光学》

1703 年 3 月，罗伯特·胡克去世。同年 11 月，牛顿被选为皇家学会主席——不过绝非全票当选。也许胡克的去世加速了牛顿的当选过程。这次当选重新燃起了牛顿那已失去多年的对自然哲学的兴趣。虽然能够理解其《原理》的人寥寥无几，但牛顿借助这一机会，让更多的人了解了自己的光学观点。牛顿的《光学》出版于 1704 年 2 月，书末还附有论文《求积术》以及研究“三次曲线”的一篇论文。

《光学》主要由牛顿过去的一些论文组成。该书采用英文出版，含有大量实验，并且避免使用《原理》中那些深奥的数学论证，因此能为广大读者所理解。《光学》的确含有一卷新的论述衍射的内容，不过篇幅比较短小。牛顿在这一卷（即第三卷）中还插入了十六个短小的“疑问”，论述了他的自然哲学的根本特征。这些“疑问”以问题的形式出现，表述大都采用了“引力”等《原理》式的措辞，而且与《原理》一样，也没有用到以太的概念。在给这部著作草拟的一份导言中，牛顿说一个人应该从一系列广泛的现象中推出三四个“普遍假设”，然后通过这些现象来解释世界上的一切现象。只有从现象入手并从中推导出普遍原则才算正途，否则“你也许可以提出一个貌似合理的哲学体系，为自己博得名声，但你的这个体系比传奇故事好不到哪里去”。他在这些发表的“疑问”中，旗帜鲜明地用具有超距作用的微观力来解释光与物体的关系。他严厉抨击了一切将光解释为在“运动力或压力”下的变化的努力，将其斥为“一个假设体系”。

实际上，就在牛顿写下这些的时候，他已在撰写七条新的疑问，这些疑问出现在两年后拉丁文版的《光学》中。可以说，这些疑问与 1717 年英文版《光学》第二版中加入的八条新疑问一道，构成了 18 世纪化学与自然哲学领域最具影响的文献。也正是在这些疑问中，牛顿回顾了他在《论重力》中所作的杰出分析，首次公开谈到了他如何理解上帝与其创造物之间的联系方式。在疑问 20（即 1717 年版的疑问 28）中，他说那虚空的空间就像上帝的“感觉中枢”；上帝能够觉察宇宙中发生的一切，就像人可以觉察进入其大脑里的种种形象一样。疑问 23（即 1717 年版的疑问 31）涉及面非常广泛。在这条疑问的一份草稿中，牛顿指出那位至高之神的思想“对物质的影响非常之大，胜于母亲的想象对胎儿的影响”。他回顾了给《原理》草拟的那些古典注释，并告诉戴维·格雷戈里上帝通过其秘密的临在而成为重力的直接原因。在这些草稿中，牛顿声称空间**就是**上帝的感觉中枢或者上帝的躯体。这实际上是一种古老的基督教异端思想。虽然这一观点在《光学》最初采用的一些例子中有所体现，但在后来的印刷中牛顿将那句话改成空间就**像**上帝的感觉中枢。

这些新疑问描述了一系列化学现象，并将它们归入“主动原理”的标题之下，从而发展了牛顿在那篇扣下未发的《原理》的《结论》中所作的分析，延伸了他早期在哲学与炼金术方面的工作。这些令人惊叹的疑问将他过去四十年来从事的许多各不相同的研究活动糅合在一起。在内容广泛的疑问 23 的草稿中，牛顿说“（我们所看到的）世界上的种种运动一直在衰减”，只有借助主动原理才能恢复运动。主动原理产生了重力，引起了跟发酵与凝结相关的无数现象。这些现象会受到普遍法则或定律的影响，而这些法则或定律才是“机械哲学的真正原理”。牛顿宣称：“除了（显然）由于这些主动原理和意志力而发生的运动之外，我们在世界上很少能遇到别的什么运动。”在这些草稿中，牛顿对比了仅仅具有惯性这一被动力的物体的性质，以及“发酵”、生命和意志给世界带来新运动的方式。他将发酵描述为一种“非常强大的主动原理，只有在[物体]彼此接近时才会作用于它们”。牛顿接着写道：“我们发现自身具有通过思想调动身体的力量，但是并不知晓支配这一力量的定律为何。”他还格外引人注目地补充道：“我们并不能说整个自然并非都是活的。”

牛顿一就任主席，皇家学会就开始定期给仪器制造师弗朗西斯·豪克斯比发薪，让他在学会每周例会上用真空泵演示实验。从 1706 年直到 1713 年去世为止，豪克斯比就毛细管作用和电致发光现象做了一系列非常出色的实验。推断起来，豪克斯比在这些实验的许多内容上应该得到过牛顿的指点。牛顿逐渐相信豪克斯比的实验证明了电力的存在，并主张电力是一种基本力量，在其他许多现象中都发挥着作用。在给 1713 年出版的《原理》第二版增加的《总释》部分，牛顿宣布存在“一种极其微妙但仍属物质的”“电精”，它隐藏在“一切粗大物体之中”，非常活跃，而且还能发光。

在给 1717 年版的《光学》所写的八条新疑问的草稿中，牛顿回顾了自己四十年前在《假说》一文中对电的解释，将大量的短程力以及与光有关的现象都归因于这种电精。他重温了对精神与身体问题的兴趣以及他的炼金术工作，进而认为这种电精将“有思想的灵魂与没有思想的身体”连接了起来，在植物的生长过程中会发挥巨大的作用，“植物生长需要考虑三样东西：生殖、营养以及养料准备”。然而，就在这些新的“疑问”中，牛顿重新引进了一种以太概念，用来解释光与热的关系。牛顿还用另一种以太来解释重力：这种以太由排斥粒子组成，因而非常富有“弹性”。这一描述与 1675 年的《假说》中的表述几乎一模一样。

一个狡猾而乖张的人

对于那些在牛顿面前卑躬屈膝的人来说，牛顿就是和蔼可亲的化身。然而，牛顿天性多疑，一旦自己的地位、荣誉或能力受到威胁，就会大发雷霆。这一点连他的朋友都不否认。牛顿与约翰·弗拉姆斯蒂德的关系不仅没从冷淡中恢复过来，而且于 1704 年恶化到了极点。是年，牛顿给弗拉姆斯蒂德送了一本《光学》，弗拉姆斯蒂德随后让他过去的助手詹姆斯·霍奇森在伦敦发表演讲，指出《光学》中含有的“错误”。另一方面，牛顿非常渴望得到弗拉姆斯蒂德的数据，以便完成自己的月球理论。他告诉弗拉姆斯蒂德他准备向安妮女王的丈夫乔治亲王建议，让亲王支持弗拉姆斯蒂德出版一份观测数据目录。弗拉姆斯蒂德后来这样写道:“我对这一主张深感惊奇,因为我总觉得他是个阴险狡猾、野心勃勃、极度贪求赞美而又容不得反驳的人。”从那以后,弗拉姆斯蒂德就铁了心肠,坚决反对牛顿的阴谋诡计。弗拉姆斯蒂德不愿让自己“完全落入他的权势之下,任由他来处置,因为此人会毁坏抓到手中的一切”。

我们已看到,在 17 世纪 90 年代晚期,弗拉姆斯蒂德就已认定牛顿深受一批“奉承者”和“赞扬者”的影响。他将这些人斥为“几个爱管闲事、傲慢自大、心怀叵测之人”。他们不停地纠缠他,催促他尽快完成目录,但同时又千方百计地阻止目录的完成。正如他所怀疑的那样,牛顿给这些人看了他曾经要求牛顿不要透露的材料,而这些人又反过来利用这些数据来贬低他这位皇家天文学家。尽管发生了这些事情,尽管在 1698 到 1699 年的那个冬天牛顿对他大发雷霆,但在 1700 年弗拉姆斯蒂德还向一位通信者说牛顿“本质上是个好人,虽然本性有点多疑”。但自从 1704 年以后,他便一直视牛顿为一个疯狂揽权的暴君,一直在设法“破坏”他的工作。

1704 年末,牛顿成立了一个专家或“仲裁”委员会,来监督弗拉姆斯蒂德的星象目录编纂工作。这一行为与后来牛顿对付莱布尼茨的手段何其相似!弗拉姆斯蒂德将这个委员会斥为牛顿微不足道的马屁精,认为牛顿试图将他工作的所有荣誉据为己有,同时却将亲王资金中本应资助他的费用扣下不发。若非如此,他应该早已完成了牛顿想要的那部分内容了。1705 年牛顿受封爵士后,弗拉姆斯蒂德经常只用“SIN”① 来称呼牛顿。在以后的岁月中,他经常拿自己“诚实而正直”的行为与他所说的

① 这应是 Sir Isaac Newton(艾萨克·牛顿爵士)的首字母缩写,合起来是“罪恶”之意。

牛顿的“狡猾”、“恼人的伪装”以及“没有诚意、存心不良的行径”进行对比。

1706 年 4 月，尽管弗拉姆斯蒂德一再抗议说那份目录尚不完全，并且将那么重要的材料交给别人是非常愚蠢的，他还是被迫交出了当时已经完成的那部分目录。为了防范起见，霍奇森将那部分目录进行了密封。牛顿认为此举有怀疑他的诚实之嫌，因此感到很不高兴。根据弗拉姆斯蒂德的说法，牛顿此时便开始指责他愚蠢糊涂，蓄意破坏自己的工作。同时，弗拉姆斯蒂德也在私下抱怨牛顿变得越来越刚愎乖张，而且不给他的工作支付酬劳。1708 年 3 月，弗拉姆斯蒂德向仲裁委员递交了一份 1689 到 1705 年的所有观测数据。他还签了一份协议，同意移交月球观测数据以及一份经过修改的星表，其中还会带有“星等”。在后来的几年中，弗拉姆斯蒂德持续给他的星表加入新的观测数据，而且相对来说并未受到来自牛顿的干涉。在私底下，他经常谴责牛顿乖张而“狡猾”，散布他对牛顿光学和重力著作的指责性评论。

1710 年 12 月，两人之间的短暂休战突然结束了。这一月，弗拉姆斯蒂德接到安妮女王的一道正式命令，告知他为了提高航海技术，将由一个以皇家学会主席为首的监理会来监督指导天文台，该监理会有权要求皇家天文学家每年递交上年的所有观测数据。让事情更加恶化的是，弗拉姆斯蒂德于次年春天听说牛顿要求他提供某些星座的星等，而这些星座并没有包含在他之前交给牛顿的那份星表中。这表明牛顿并未遵守承诺，私自拆封了那份星表。他对牛顿的可鄙行为产生了警觉。更让他惊恐的是，他发现他的著作(《不列颠天空的历史》)在没有他的补充的情况下竟然正在印刷。他认为这一行动“是最胆大妄为的企图之一”。1711 年 3 月底,他被告知他的星表正由哈雷“料理”,从而证实了他的担忧。在后来的几个月中,弗拉姆斯蒂德又被要求校改哈雷印刷的书页。他对此深感羞辱,于是决定推出自己的版本。

1711 年 10 月,在皇家学会总部举行的一次会议上,事情终于闹到了不可收拾的地步。牛顿主动提出维修天文台的仪器,暗示这些仪器是国家的财产,而非像弗拉姆斯蒂德坚持所说的那样是他自己的。从弗拉姆斯蒂德后来愉快的描述中可以看出,牛顿当时完全失控了,他

> 勃然大怒,对我恶语相加,措辞之恶劣为我平生仅闻。我没有回应,只是希望他能平静一点,不要那么激动,并感谢他给了我那么多荣誉称号,并告诉他迄今为止上帝一直都在眷顾我的工作。

根据弗拉姆斯蒂德的记述,牛顿骂他的最好听的一个字眼是“小狗”。牛顿问弗拉姆斯蒂德在接受国家资助的近四十年光阴里都干了些什么。勇敢的皇家天文学家则反问牛顿,作为造币厂的厂长,他究竟做了什么,也配领五百英镑的年薪。更糟的是,弗拉姆斯蒂德还提到,有人说牛顿《光学》中的一段话(大概就是那段没来得及改正的关于上帝的感觉中枢的话)表明牛顿是一个无神论者。他还声称牛顿及其党羽是一群强盗,牛顿则反过来骂弗拉姆斯蒂德妄自尊大,傲慢无礼。次年,哈雷编辑的《不列颠天空的历史》出版,书中几乎不加遮掩地抨击弗拉姆斯蒂德在发表观测数据过程中的表现迟缓怠惰。弗拉姆斯蒂德在痛苦中又度过了十个年头,而接任其皇家天文学家一职的竟是

被篡改的《不列颠天空的历史》一书的编辑哈雷。

伤透了莱布尼茨的心

德国人戈特弗里德·莱布尼茨也是牛顿在智力较量中的敌人，他比弗拉姆斯蒂德等人要厉害得多。他可以说是当时唯一能与牛顿在智力上匹敌的人。莱布尼茨分别于 1673 和 1676 年访问英国。在他第二次访问英国的时候，他已经创立出了一种非常不同的微积分，而且已有十年之久。在此阶段，莱布尼茨和牛顿的关系良好，这一点可从牛顿 1676 年写给莱布尼茨的两封信中看出。1684 年，莱布尼茨发表了微分与积分的法则。也许他当时并不知道牛顿已先他创立了微积分（虽然柯林斯曾经在他第二次访问伦敦期间给他看过牛顿的《分析法》一文）。17 世纪末，法蒂奥撰文暗示莱布尼茨的微积分不仅比不上牛顿的，而且还滞后于牛顿的，并说莱布尼茨的微积分可能是从牛顿那里“借”来的。莱布尼茨反过来撰写匿名文章，评论牛顿 1704 年的《求积术》以及《分析法》（该文首次出现在威廉·琼斯 1711 年编辑的一本论文集中），在其中含沙射影地说牛顿的流数法其实就是他的微分学，只不过使用了一套不同的符号而已。在其后几年中，这一事件急剧演变为一系列激烈的争论，内容涉及神学、形而上学、自然哲学和数学。

在与莱布尼茨纠缠不断的时候，牛顿和极具天赋的普拉米安天文学讲座教授罗杰·科茨合作再版《原理》。从 17 世纪 90 年代早期开始，牛顿就时不时修改他的杰作。1709 年他与科茨合作之后，科茨便鼓动牛顿对《原理》尤其是对第二卷作出更加彻底的改动。1713 年早期，牛顿完成了给《原理》撰写的《总释》。在《总释》中，牛顿痛斥了涡旋“假说”，继续断言彗星有着补给作用，而且宇宙的整个井然有序的结构证明世界是由一位睿智的全能之神创造的。他写道，这一灵性的神明“作为万有之主”统治着辖下的仆人。上帝无处不在，无时不在，“实实在在地”存在着，但并不受限于影响物体的一般现象。通过类推，人们是能够了解上帝的一些属性的。牛顿回到他以前在《论重力》中所作的分析，声称上帝“浑身是眼，浑身是耳，浑身是脑，浑身是臂，拥有洞察、理解与行动的一切能力”，但其运作“方式绝不同于人类的运作方式……绝不是物质的，是我们完全不了解的”。

在最后一刻，牛顿指出探讨上帝“无疑是实验哲学的分内之事”。在1726年的第三版即最后一版中，牛顿扩大了“实验哲学”的范围，用它来覆盖一切自然哲学。牛顿将上帝的作用扩大到这个程度，实际上是在以他一贯的谨慎作风表达他核心神学信仰的一个方面。在1713年，谁若被发现是一个反三位一体教义者，就会遇到灾难性的打击，就像惠斯顿几年前的遭遇那样。尽管牛顿这样谨慎，当第三版出版的时候，好几个牧师还是有些怀疑《总释》的正统性。

在最后两段中，牛顿又回到了支撑其整个科学事业的两大基础。首先，他宣称观测与经验已经证明了重力的存在，所以没有必要给重力虚构一个假设性的原因。他还谈到了“某种能够渗透并潜藏于一切粗大物体的极其细微的气精”，而凝结、光、电等现象以及我们移动自己身体的那种能力都是由这种气精产生的。不过，牛顿也说这些都不是用几句话就可以解释清楚的，同时我们也没有足够的实验来确定支配这些现象的规律。在这部著作的开头，科茨还于当年春天写了一份很有帮助的前言。在前言中，科茨将所有相信单凭思想就可推导出宇宙体系的人或者相信上帝创造了一个能够完美运作的、不需自由意志或超自然干预的宇宙的人称为“可怜的爬虫动物”。随着与莱布尼茨及其支持者的纠缠不断加深，这段话虽没有指名道姓，但其攻击对象一目了然。

优先权问题

约翰·基尔写了一篇文章，宣称牛顿是创立微积分的第一人。1711 年 3 月，莱布尼茨对此文作出回应，所谓的优先权之争由此全面展开。牛顿此时已经看过了那篇评论《求积术》的“匿名”文章。他帮助对这篇评论很不以为然的基尔起草了一份非常有力的回应，驳斥莱布尼茨关于自己优先创立了微积分的声称，而莱比尼茨在 1712 年初期也适时作出了回应。不久之后，牛顿收到了莱布尼茨对《分析法》的一份负面评论。他立即着手在皇家学会组织了一个委员会，(按照莱布尼茨的要求)来调查优先权之争的真相。就像对付弗拉姆斯蒂德那样，牛顿组织了一个屈从于自己但对外宣称是中立的委员会，这样的委员会肯定不可能有利于莱布尼茨。牛顿发挥他出色的辩论技能，仔细搜索他的论文和信件（包括约翰·柯林斯所收藏的那几篇论文，琼斯曾将这几篇论文收入他所编的论文集中），寻找证据，向委员会提供了得出结论所需的一切材料。委员会将相关资料收集起来，于 1713 年初以《行业信》为名予以发表。

《行业信》从头到尾都对莱布尼茨进行了批判。莱布尼茨作出了匿名回应，并将自己的回应称为“快报”或“飞页”。他还援引一位“渊博数学家”(约翰·伯努利)的话，说牛顿不具有微积分方面的足够知识，因此不能被视为微积分的创立人。就这样，双方在欧洲主要刊物的版面上发起了一场攻击与反击战。牛顿发觉自己的立场表现得还不够充分清楚，就于 1715 年初发表了自己恣意撰写的对于《行业信》的“说明”。

优先权之争的另一个背景显得同样重要:莱布尼茨当时还担任汉诺威乔治亲王政权的皇家史官一职。1714年夏,安妮女王去世,没有留下子嗣,于是根据1701年制定的《王位继承法》,汉诺威王室的统治者成了英国的君主。牛顿和他的支持者迅速采取行动,让汉诺威王室成员相信牛顿哲学的正确性。牛顿安排向国王的情人演示光学实验,同时国王的一位私人牧师塞缪尔·克拉克也开始做威尔士亲王的妃子、聪颖的卡罗琳公主的工作。可是,在1715年11月,莱布尼茨跟卡罗琳公主说,牛顿学说的信奉者认同洛克的观点,相信灵魂是物质的,而空间是上帝躯体的器官,上帝借助空间观察宇宙中发生的一切。这一指控一定要有所回应才行。这时,牛顿生命最后二十年中最信赖的朋友克拉克自愿请缨来捍卫牛顿的事业。

牛顿并不想在众目睽睽之下卷入这些事情,可是当时的赌注实在太诱人了。1715年,多位外国科学家和天文学家访问伦敦,哈雷和牛顿有选择性地给几位到访者看了牛顿旧得发黄的数学手稿,以证明牛顿在微积分之争中占有优先权。豪克斯比很有才干的继任者让-泰奥菲勒·德萨居利耶也向这些到访者演示了牛顿的关键性实验。此后,法国的哲学家就听说了牛顿关于光与色的那些难以置信的学说是真的。在随后的几年内,牛顿的学说扫过了英吉利海峡:1719年《光学》第二版出版,而法语版也在随后的两年内推出了。

克拉克与莱布尼茨之间的重要通信是通过致卡罗琳公主的信进行的。这些通信涵盖了许多主题,囊括了两大阵营的所有主要分歧。双方互相讽刺,尽量使对方的观点显得滑稽可笑或者缺乏信仰。牛顿密切注视着争论中克拉克这边的情况。虽然牛顿并没亲笔为克拉克起草信件，但克拉克信中的内容与牛顿的观点完全一致。从1716年初起直到同年11月莱布尼茨去世，莱布尼茨总共与克拉克通过十封信，在其中对牛顿学说的信奉者提出了一系列指控：牛顿学说的信奉者让空间成了上帝躯体的一部分；他们认为上帝创造的这个世界很不完善，所以上帝不得不定期进行干预，来修补他这架有缺陷的机器；他们相信上帝的行为完全不受逻辑限制，将上帝变成了一个武断的统治者（从而含蓄地暗示牛顿学说的信奉者敌视乔治一世，渴望詹姆士二世之子的专断统治）；“引力”之说不可理喻，将哲学带回了以前的“黑暗时代”，让机械哲学业已取得的成果付诸东流。

克拉克再次直言不讳地指责莱布尼茨，称其“前定和谐论”否认了自由意志。他还重提科茨的观点，说莱布尼茨的上帝就像一位“遥领地主”，他在一开始创造了一个完美的、像机器一样的世界，然后便对这个世界撒手不管，毫不关心。莱布尼茨暗示上帝必然遵从逻辑规律，这样就明显束缚了上帝的能力。依照同样的思维，莱布尼茨显然相信一个人不用辛辛苦苦去做实验，单从逻辑原则就可得出有关世界的真理。在牛顿和克拉克看来，上帝无所不能，单凭其意志的运作就可自由行事，达成其目标，而这些目标很可能是渺小的凡人（甚至牛顿）无法理解的。应该把引力理解为指称一个在观察基础上得出的真理的“名字”。这个名字要比莱布尼茨提出的那个晦涩难懂、过于形而上的“单子论”可取得多。1716年11月莱布尼茨与世长辞，终于为这场争论画上了一个句号。但令莱布尼茨懊恼尴尬的是，他的“学生”卡罗琳公主在他辞世的时候，似乎转而倾向了牛顿一边的主张。

第十章

马人[①]与其他动物

在其生命的最后十年中，牛顿继续在皇家学会和造币厂履行多项行政职责。然而，他的健康状况越来越不利于他执行这些公务。1725 年，在凯瑟琳和约翰·孔杜伊特的劝说下，牛顿搬到肯辛顿地区居住。那里远离伦敦有害的烟雾，气候对健康更为有益。牛顿智力方面的干劲也衰退了，但他每天还会花好几个小时研究预言、教会史和年表。1726 年，《原理》第三版出版，由亨利·彭伯顿编辑，不过这一版并没有给第二版增加多少内容。

虽然牛顿的创新能力早已枯竭了，但他依然是全欧洲最卓越的自然哲学家。几十年来，他将自己的弟子安排到荷兰与英国主要大学的最高职位上。在没有机会担任这些职位的时候，他的追随者就通过无数的书籍和系列讲座宣传牛顿的哲学。到 18 世纪 20 年代，牛顿的学说体系在英国已取得了至高的统治地位，但在法国，牛顿体系被人完全接受还需要十年之久。除了伏尔泰、弗朗切斯科·阿尔加罗蒂、夏特莱侯爵夫人等人的出色宣传之外，促使法国人接受牛顿学说的还有对秘鲁和拉普兰进行的科学探测，这次探测证明正如牛顿所断言的那样，地球在两极是扁平的。

① 希腊神话中人首马身的怪物。

牛顿仍在孜孜不倦地探究宗教真理。不过，他变得更加谨慎小心，不愿轻易拿当代事件来解读预言的应验。在18世纪20年代所写的一份手稿中，牛顿将“审判日”最早定在2060年，让那些希望“千禧年”迅速到来的人大为气馁。对于一个相信应该用历史事实解释预言的人来说，以推测为主的未来学没有什么用武之地。牛顿所写的大量关于早期教会历史的手稿都保留了下来，其中许多都写于他与莱布尼茨的争论期间，而且大都与那场争论有关。这些手稿研究了基督教最初的历史。牛顿对喀巴拉主义者、诺斯替教教徒等许多异端群体篡改真正教义的方式发生了兴趣。他发现这些群体用形而上学腐化了教义，“将经文从道德意义扭曲到形而上的意义上去了”。

在孔杜伊特看来，牛顿晚年最重要的著作就是一篇名为《和平提议或趋向和平的教会体制》的论文。基督教的原则要从基督和使徒“明确的话语”中去寻找，而“不应从玄学和哲学”中去寻找。而且现在看来，这些原则也不见得非要在《圣经》中才能找到。各个民族原先都只有同一个宗教，这个宗教的基本戒律是：

> 要信仰一位上帝，不得转让对他的崇拜，也不得亵渎他的名字。要戒绝谋杀、偷盗、通奸以及一切伤害。不得食肉，不得喝活的动物的血，甚至连残忍的牲畜都应善待。要在一切城市与社会中建立正义法庭，将这些律法付诸实施。

毕达哥拉斯、苏格拉底、孔子等人掌握了这种知识。后来，这种知识渐渐成了异教徒的道德哲学，成了“各民族的道德律”——尽管这些民族大都转向了偶像崇拜。

偶像崇拜违反了牛顿眼中伟大戒律的第一条：要崇拜、尊敬上帝。我们不可将给上帝的崇拜让给其他的创造物，“也不可将任何荒谬或矛盾之事归因于上帝的本性或行动，以免我们亵渎或否认上帝，或者向无神论或反宗教跨近一步”。欲望和骄傲——“对女人、财富和荣誉的过度渴望以及娇气、贪求和野心”——是违反第二大戒律的最恶劣的两大罪行。实践正义、推己及人、爱邻如己，这便是“仁爱”。这样，基督教就给人们新加了一项义务——善待他人。不过，就像弗拉姆斯蒂德所指出的那样，并非人人都同意牛顿在自己的生活中曾体现过善待他人的品德。

至于基督教团体，牛顿声称所有受过洗礼的人，即使不属于哪个具体的教会或教派，也都是基督身体的一部分或“教会”的成员。人们在受洗之后应该研习预言，对比《旧约》与《新约》，“相互教导温顺和慈善的美德，不将个人见解强加于对方，也不因个人见解而争吵”，如此便能在神恩的沐浴下成长。在英格兰教会中，人们通过按手礼被纳入教会。如果他们违反了某条他们受洗时宣布遵从的信条，就会被逐出教会，但这并不会取消他们通过受洗而被赋予的那个更大教会的成员资格。终其一生，牛顿虽然轻视英国国教的许多教条，但仍能公开表白对国教的信仰。对于像他这样属于少数蒙选者的人而言，个人内心的宗教信仰才是最重要的。

在其最后的岁月中，牛顿还花了许多时间专心研究年表。在牛顿之前的几个世纪中，确定古代历史事件的时间以及根据神话即历史观来协调不同民族的历史和系谱都曾吸引了新教国家和天主教国家中顶尖学者的注意。虽然《旧约》是古代历史最古老、最真实的来源，但历史学家还是使用各种技巧来调和

《旧约》和异教徒的历史，因为异教徒的历史有时也会涉及《旧约》中记载的同一历史事件。从16世纪晚期起，历史学家便开始利用天文学技巧来帮助他们更为准确地确定具体的历史事件。

牛顿对年表的广泛钻研表明他对古典文学和《旧约》拥有渊博的知识。牛顿试图从根本上重新确定有记录的历史的日期，缩短有记录的历史的长度。他采用了非常新颖的、基于日食与月食的证据，采取了一种极端的论点：历史上诸王统治的平均期限是十八到二十年。除了他所敬仰的希罗多德的记载之外，牛顿谴责了其他所有异教徒的历史，认为其中所载的系谱过于膨胀。

早在17世纪80年代，牛顿就已致力于精确测定基督教以前的记录的年代，但他的大部分年表著作则写于18世纪早期，即他担任造币厂厂长的时候。他的年表的一份《概要》最初是以法文翻译的形式出现的。这份《概要》的英文原稿是他多年前托付威尼斯伯爵安东尼奥·康蒂转给卡罗琳公主的。法文《概要》的面世让牛顿大为恼火。紧接着，对《概要》核心论点的驳斥纷至沓来，其中法国大学者尼古拉斯·弗里莱特和艾蒂安·苏西耶的批驳显得尤其突出。牛顿利用其生命的最后几年，撰写了一部篇幅比《概要》长得多的年表著作。这部著作于1728年出版，名为《修订版古王国年表》，不过这已是牛顿去世之后的事了。

牛顿年表体系的核心是确定阿尔戈英雄远航的年代。在那期间，天文学家马人喀戎[①]和穆赛欧斯（俄耳普斯的老师，他自己也是一位阿尔戈英雄）曾制作了一个“天球”，在上面画出了那时可以观察到的星座。牛顿利用骇人听闻、晦涩难懂的证据

① 希腊神话中一位博学多智、多才多艺的马人。

确定了喀戎在天球上安置二分点的位置，将其与《原理》中提出的周年分点岁差进行对比，得出那次探险的年代应在公元前936—公元前937年左右。对牛顿的年代考据事业至关重要的是，他同意犹太历史学家约瑟夫斯（希罗多德的追随者）的观点，认为埃及法老塞索斯特里与塞撒克是同一人。这个法老就是在所罗门死后摧毁了圣殿的那个埃及王——《列王记上》记载了他对朱迪亚地区的入侵。塞索斯特里（即欧西里斯或巴克斯）在阿尔戈英雄远航之前的那一代盛极一时，这一事实让牛顿得以将埃及历史记录的时代与《旧约》中的事实记载联系起来。

文明的诞生

按照牛顿的观点，在远古时代，无数民族曾像诺亚（或萨杜恩）的子孙被分开那样被分散到各地。某一帝国特有的传统会用不同的名字称呼他们的祖先，但其叙述的在本质上是同一段历史。诺亚的儿子及其后裔生活在白银时代，遵行原始的诺亚七律[①]，在世界各地繁衍不息。虽然这些事件过于古老，无法确定其具体年代日期，但牛顿还是动情地描述了最早时期出现在欧洲的生命形式。从那之后，文明便以农业、啤酒、货币和战争等外部形式出现了。在一篇题为《古王国起源考》的文章的手稿中，牛顿发展了他在17世纪80年代的发现，再次断言崇拜的最初形式要求古人实践维斯太式的崇拜，只不过这些崇拜形式到后来都降格为偶像崇拜了。例如，埃及人误解了他们象形文字的含义，他们的宗教也就降格为崇拜动物的滑稽教条，降格为相信灵魂轮回的可笑信仰了。

① 指上帝授予亚当和诺亚的七条普适律法。

面对从海峡对岸纷至沓来的对其年表体系的攻击，牛顿急于作出回应。在其生命的最后两年中，他一直在改进他的《年表》。实际上，虽然《年表》只在他死后才得以出版，但这部著作的各章他都写过不止一稿。在最终出版的时候，他那伟大工程中更有趣、更激进的元素消失了，只剩下一个记载连续事件的卡片清单。在其生命的最后几个月中，牛顿显然努力想过一种理想的生活，一种他清楚说过的好基督徒应该过的生活。不过，他的愤怒和击溃对手的欲望偶尔还会冒出来。他向亲戚和陌生人施与了相当数量的金钱，还组织了捐献《圣经》的活动。正如我们在本书开头看到的，孔杜伊特夫妇都回忆起牛顿非常憎恨

图 17 伊诺克·西曼 1726 年所画的牛顿像。

迫害和虐待动物的行为。

1727 年春，牛顿与世长辞。那时，他的声誉和成就让有史以来所有的自然哲学家都相形见绌。时至今日，他的声名也几乎未见消退。就自身的科学成就超越同代人的程度而言，牛顿应该超越了达尔文、爱因斯坦等科学史上的英豪。近三百年来，牛顿的私人生活和“其他的”学术兴趣一直令人入迷。民意调查显示，全世界大部分人依然将牛顿视为世所仅见的最伟大的睿智之士。

牛顿在不同的工作领域会采用不同的方法，这并不是说他不同部分的智力研究之间没有联系或连贯性。虽然牛顿的神学研究只能是一项个人事业，但他却将其视为自己生活的主轴。《圣经》的语言和意义（还有《圣经》中提到的他在历史中的作用）对他的行为起着无出其右的支配作用。虽然我们更应该敬佩他在光学、物理和数学上的杰出成就及其体现出的惊人勇气、想象力和原创性，但是我们也应尊重他那有些书本气的强烈的信仰。孔杜伊特在努力完成自己的牛顿“全传”的过程中，差点儿提出了这样一个危险的宣称：牛顿的品质使他超越了人类。在哈雷看来，牛顿虽然不是神，但有理由认为没有人曾经像牛顿那样接近过神。

索引

（条目后的数字为原文页码）

A

B

C

D

E

F

G

H

I

J

K

L

M

N

P

Q

R

S

T

U

V

W

Y

Z

Rob Iliffe

NEWTON

A Very Short Introduction

Contents

Preface

In Victorian Britain, every schoolboy knew that Sir Isaac Newton was an unrivalled mathematical and scientific genius, and most would have been able to give a basic account of his central discoveries. In optics, Newton found that white light was not a fundamental element within nature but was composed of more basic, primary rays being mixed together. Bodies appeared a particular colour because they had a disposition to reflect or absorb certain colours rather than others. In the realm of mathematics, Newton discovered the binomial theorem for expanding the sum of two variables raised to any given power, as well as the basic laws of calculus. This treated the rate of change of any variable (the shape of a curve or the velocity of a moving object) at any moment, and also offered techniques for measuring areas and volumes under curves (amongst other things). Both his mathematical and optical work took many decades to be fully accepted by contemporaries, the first because his work was shown only to a handful of contemporaries, and the second because many found it hard to reproduce and too revolutionary to be easily grasped.

The crowning glory of Newton's system was contained in his *Principia Mathematica* of 1687, in which he introduced the three laws of motion and the incredible notion of Universal Gravitation – the idea that all massive bodies continuously attracted all other bodies according to a mathematical law. Using completely novel concepts such as 'mass' and 'attraction', Newton announced in his laws of motion (1) that all bodies continued in their state of motion or rest unless affected by some external force; (2) that the change in state of all bodies was proportional to the force that caused that change and took place in the direction exerted by that force; and (3) that to every action there was an equal and opposite reaction. Investigating the consequences of his work in this area formed the basis of celestial mechanics in the 18th century and made possible a new and what we take to be correct physics (special and general relativistic effects excepted) of the Earth and heavens. Not for nothing was Newton held by the vast majority of educated people as the Founder of Reason.

Apart from this, the elites of Victorian Britain grappled with more difficult aspects of Newton's life and work, for it was also known that Sir Isaac was both a committed alchemist and a radical heretic. Incontrovertible evidence also showed that he had behaved in a reprehensible manner towards a number of his contemporaries. Since then, explaining his personality and addressing the problem of reconciling the 'rational' and 'irrational' aspects of his work have continued to challenge historians. Moreover, the fact that many important papers only became available for serious investigation in the 1970s means that a well-balanced picture of his work has only become possible in the last few decades.

Although it has long been known that he had these apparently outlandish interests – which he undoubtedly understood to be more significant than his more 'respectable' pursuits – recent popular biographies of Newton have continually played up these less orthodox elements as if they are being described for the first time. Nevertheless, these books have neither offered new insights, nor do they make use of the astonishing materials that have been made available online in the last few years. Most of these works also make overblown claims about the links between various spheres of Newton's intellectual activity. This introduction aims to redress these problems by taking into account recent scholarly work as well as the newly accessible online transcriptions of writings; as it happens, the Newton that emerges is much stranger than has been visible in recent accounts.

Acknowledgements

I would like to thank Martin Beagles, John Young, Luciana O'Flaherty, Larry Stewart, and Sarah Dry for commenting on earlier versions of this work, and also for suggesting improvements.

List of illustrations

The publisher and the author apologise for any errors or omissions in the above list. If contacted it will be pleased to rectify these at the earliest opportunity.

Chapter 1
A national man

Unconscious since late on the previous Saturday evening, Sir Isaac Newton died soon after 1 a.m. on Monday 20 March 1727 at the age of 84. He was attended at his passing by his physician Richard Mead, who later told the great French *philosophe* Voltaire that on his deathbed Newton had confessed he was a virgin. Newton was also looked after in his final hours by his half-niece Catherine and her husband John Conduitt, who had acted as a sort of personal assistant to Newton in his final years. Despite many demands on his time, Conduitt almost single-handedly organized the commemoration of the great man he had come to know, and he heroically managed to supervise the collection of virtually all the significant information that we have concerning Newton's private life. He was responsible for arranging Newton's funeral at Westminster Abbey at the end of March 1727, and he commissioned Alexander Pope to compose the epitaph on Newton's tomb. In the following years he authorized the execution of numerous paintings and busts of his hero by the greatest British and foreign artists of the day.

Over a number of years Conduitt tried to write the definitive 'Life' of Newton, although he never completed the task. He had recorded details of some conversations he had had with Newton but for more detail on Newton's scientific work he asked a number of people to send in their reminiscences. A week after Newton's death he wrote

1. Conduitt's own bust of Newton, executed by J. M. Rysbrack

to Bernard de Fontenelle, Permanent Secretary of the Paris Académie Royale des Sciences, offering to supply the Frenchman with material that he could use in his 'Eloge' of Newton. Conduitt saw this as a chance to secure his relative's reputation in the country that had been most unwilling to recognize Newton's pre-eminence in science and mathematics. It would not be until the late 1730s that Newton's reputation was secure in France, and in the immediate aftermath of his death Conduitt was keen that French and other non-British scholars should be aware of Newton's priority in devising the calculus, an accolade most French scholars still accorded to the German polymath Gottfried Leibniz. Over the summer of 1727, Conduitt worked on a 'Memoir' of Newton, which he sent off to Fontenelle in July.

Conduitt's 'Memoir' gave a factual if adulatory history of Newton's intellectual and moral life, and the latter was described as 'pure & unspotted in thought word & deed'. He was astonishingly humble, exhibited great charitableness and such a sweetness and meekness that he would often shed tears at a sad story. He loved liberty and the Hanoverian regime of George I, 'abhorred and detested' persecution, and mercy to beast and Man was 'the darling topick he loved to dwell upon'. Conduitt included an account of Newton's early development at Cambridge, and added a one-sided version of the priority dispute with Leibniz. Not only had Leibniz not been the first to invent it but he 'never understood it enough to apply it to the system of the Universe which was the great & glorious use Sir Isaac made of it'.

Fontenelle's 'Eloge' was read to the Académie in November 1727. He gave a good account of Newton's scientific and mathematical development, accepting that virtually all of his great discoveries had been made in his early twenties. He disagreed with many of the tenets found in the *Principia*, especially that of the notion of 'attraction', but he was effusive about its overall significance. Although he realized that Newton disagreed with many of the theories of the great French mathematician and philosopher René Descartes, Fontenelle noted that they had both attempted to base science on mathematical foundations, and that both were geniuses in their own time and manner. The Eloge was immediately translated into English, becoming the dominant source for all English-language biographies for over a century.

Other works appeared very quickly, one of which, William Whiston's *Collection of Authentick Records*, was the first text to publicly challenge the view of Newton as a shining white knight. Whiston was Newton's successor as Lucasian Professor at Cambridge but had been ejected from Cambridge in 1710 for espousing heretical religious views similar to those held by Newton. Revealing Newton's radical theological views for the first time, Whiston contrasted Newton's 'cautious Temper and Conduct' with his own 'openness', but remarked that Newton could not hide his own momentous discoveries in theology, 'notwithstanding his prodigiously fearful, cautious, and suspicious Temper'.

Even before he read Whiston, Conduitt was peeved both at the even-handed way with which Fontenelle had compared Newton with Descartes and at his treatment of the priority dispute. He immediately wrote again to a number of pro-Newtonians, pleading in February 1728 that 'As Sir I. Newton was a national man I think every one ought to contribute to a work intended to do him justice.' Of those letters he received in response, the most interesting were two from Humphrey Newton (no relation), who as Newton's amanuensis (secretary) had a unique insight into Newton's behaviour during the years in which he had composed the *Principia* (1684–7). According to Humphrey, Newton would sometimes take 'a sudden stand, turn'd himself about, run up the Stairs, like another Archimedes, with an *eureka*, fall to write on his Desk standing, without giving himself the Leasure to draw a Chair to sit down in'. Newton at this time apparently received only a select band of scholars to his chambers, including John Francis Vigani, a chemistry lecturer at Trinity. Vigani got on well with Newton until, according to Catherine Conduitt, Vigari 'told a loose story about a Nun'.

John Conduitt had already received crucial information from the antiquarian William Stukeley, who had moved to Grantham shortly before Newton's death. Since this was where Newton had attended the local grammar school while lodging with the local apothecary, it was an ideal place to collect information relating to Newton's youth. By 1800 some of the Stukeley material but little from the Conduitt papers had been published. In the early 19th century, however, new information profoundly altered the way people thought of Newton. In 1829 a translation of a recent biography of Newton by Jean-Baptiste Biot revealed that he had suffered a breakdown in the early 1690s. Still more damagingly, in the 1830s a barrage of upsetting evidence emerged from the papers of the first Astronomer Royal, John Flamsteed, which presented a tarnished view of Newton's demeanour. Thereafter, Victorians vied to offer accounts of Newton's life and works. Most importantly, David Brewster's *Memoirs of the Life, Writings and Discoveries of Sir Isaac Newton* (1855), a greatly revised version of his *Life of Sir Isaac Newton* (1831), became the dominant biography for over a century. He tried valiantly to deal with Newton's commitment to alchemy, his unorthodox religious opinions, and his often graceless treatment of both friend and foe, but was ultimately unwilling to recognize the full extent to which Newton fell short of perfection.

In the early 1870s the fifth Lord Portsmouth, a distant descendant of Catherine Conduitt and owner of Newton's papers, generously decided to donate Newton's 'scientific' manuscripts to the nation. A committee was set up at Cambridge University to assess the significance of the collection, and its results were reported in a catalogue of the papers in 1888. The non-scientific papers, including Newton's alchemical and theological writings, were generally deemed of little interest and they remained in the Portsmouth family until they were sold off at Sotheby's in 1936 for the ridiculously small sum of just over £9,000. A syndicate gradually acquired most of the theological papers from dealers, and ultimately they were bought up by the collector Abraham Yahuda, an expert in semitic philology. Yahuda died in 1951 and, although he was an anti-Zionist, his astonishing collection of Newton's papers came into the possession of the Jewish National and University Library in the Hebrew University of Jerusalem after a court case lasting nearly a decade.

The great economist John Maynard Keynes had attended part of the Sotheby sale, and he set his energies towards acquiring all of

Newton's alchemical papers, as well as all the 'personal' papers in the hand of John Conduitt. By 1942, the tercentenary of Newton's birth, Keynes was in possession of the vast majority of Newton's alchemical papers, along with some theological tracts. Although he was preoccupied by the demands of the Second World War, Keynes gave a talk based on these materials as part of the muted tercentenary celebrations. His Newton was far more extraordinary than the person presented by previous biographers, being a 'Judaic monotheist of the School of Maimonides', neither a 'rationalist' nor 'the first and greatest of the modern age of scientists', but

> the last of the magicians, the last of the Babylonians and Sumerians, the last great mind which looked out on the visible and intellectual world with the same eyes as those who began to build our intellectual inheritance rather less than 10,000 years ago.

Newton saw the twin worlds of nature and obscure texts as one giant riddle that could be unravelled by decoding 'certain mystic clues which God had lain about the world to allow a sort of philosopher's treasure hunt to the esoteric brotherhood'. His writings on alchemical and theological topics were, Keynes argued, 'marked by careful learning, accurate method, and extreme sobriety of statement' and were 'just as *sane* as the *Principia*'.

The two most influential scholarly biographies of the late 20th century both made extensive use of manuscript materials. Frank Manuel's *A Portrait of Isaac Newton* of 1968 offers a psychoanalytical account of Newton's personality that is heavily reliant upon the assumption that Newton's unconscious behaviour expressed itself 'primarily in situations of love and hate'. According to Manuel, the source of Newton's psychic problems lay in the fact that she remarried when Newton was only 3 years old. Having already lost his biological father, who died only months before he was born, Newton became hostile to his stepfather and devoted himself to the one Father he could really recognize – God. Manuel showed how the traumatic experiences of Newton's youth were internalized, and the brilliant but tormented young Puritan became the ageing despot of the early 18th century.

In his more orthodox *Never at Rest: A Scientific Biography of Isaac Newton* of 1980, Richard S. Westfall took Newton's work as the central aspect of his life. Drawing from the full range of Newton's manuscripts that were now available to scholars, his 'scientific biography' engaged with every aspect of Newton's intellectual interests, although his scientific career 'furnishes the central theme'. While he deals ably with Newton's intellectual accomplishments, it is apparent that Westfall's great admiration for this part of Newton's life does not extend to his personal conduct.

Ultimately Westfall came to loathe the man whose works he had studied for over 2 decades. He was not the first to feel this way about the Great Man.

Chapter 2
Playing philosophically

According to the calendar then in use in England, Newton was born on Christmas Day 1642 (4 January 1643 in most of Continental Europe). The first decade of his life witnessed the horror of the civil wars between parliamentary and royalist forces in the 1640s, culminating in the beheading of Charles I in January 1649. His uncle and stepfather were rectors of local parishes, and they seem to have existed without much harassment from the church authorities convened by Parliament to check for religious 'abuses'. In his second decade he lived under the radical Protestant Commonwealth, which was replaced in 1660 when Charles II was restored to the throne. Newton was born into a relatively prosperous family and was brought up in a devout atmosphere. His father, also Isaac, was a yeoman farmer who in December 1639 inherited both land and a handsome manor in the Lincolnshire parish of Woolsthorpe. His mother, Hannah Ayscough, came from the lower gentry and (as was common for the period) seems to have been educated at only a rudimentary level. Nevertheless, her brother William had graduated from Trinity College Cambridge in the 1630s and would be influential in directing Newton to the same institution.

Newton's father, apparently unable to sign his name, died in early October 1642, almost three months before the birth of his son. Newton told Conduitt that he had been a tiny and sick baby, thought to be unlikely to survive; two women sent to get help from a local gentlewoman stopped to sit down on the way there, as they were certain the baby would be dead on their return. Surviving against the odds, Newton was brought up by his mother until the age of 3, when she was approached with an offer of marriage by Barnabas Smith, an ageing vicar of a local parish. Smith was wealthy, and they married in January 1646 after he had promised to leave some land to her first born. Spending most of her time with her new spouse, she produced three more children before his death in 1653 (one of whom would be the mother of Catherine Conduitt). Although John Conduitt waxed lyrical about Hannah's general virtues, and was careful to point out that she was 'an indulgent parent' to all the children, he emphasized that young Isaac was her favourite. Whatever the truth of this, Newton's own evidence indicates that, as a teenager, he had an extremely difficult relationship with his mother, and historians have always found it difficult to make Conduitt's account tally with the fact that for seven years Newton was effectively left in Woolsthorpe to be brought up by his maternal grandmother.

Newton went to two local schools until he was 12, after which he went to Grantham Grammar School. Here he lodged with a local apothecary, Joseph Clark, whose shop proved to be a great source of information. A descendant of Clark told William Stukeley that Newton showed an immense interest in the abundant medicines and chemicals, and Stukeley noted that he spent a great deal of time gathering herbs, probably learning about their properties from Clark's apprentices. Newton lived with Clark's stepchildren, one of whom, Catherine, who grew up to be a Mrs Vincent, provided abundant information about the prodigy. Everyone Stukeley met recounted 'the extraordinary pregnancy of his genius' for building machines and told him 'that instead of playing among the other boys, when from school, he always busyed himself at home, in making knickknacks of divers sorts, & models in wood, of whatever his fancy led him to'. Mrs Vincent, allegedly the object of amorous attention from the young inventor, recorded that his schoolfellows were 'not very affectionate' towards him, aware 'that he had more ingenuity' than they did. Instead, little Isaac was 'always, a sober, silent, thinking lad', who never played with boys but who would occasionally make dolls house furniture for the girls 'to set their babys, and trinkets on'.

Newton built up 'a whole shop of tools' in Grantham, spending all the money his mother gave him on saws, chisels, hatchets, hammers and the like, 'which he would use with as much dexterity, as if he had been brought up to the trade'. Many of the machines described by Mrs Vincent and others had been originally set out in a book by John Bate entitled *Mysteries of Nature and Art*, part of an extremely popular genre of 'mathematical magic' books that contained numerous recipes and drawings of machines. Newton was already unwilling simply to appropriate information without developing it in a dramatic fashion. Not content with reproducing a simple windmill described in Bate, he went to see a real version being constructed in a neighbouring village, 'was daily with the workmen' and 'obtain'd so exact a notion of the mechanism of it, that he made a true, & perfect model of it'. He went beyond his prototype and adjusted the mechanism so that the sails were powered by a mouse, which drove a wheel in its efforts to reach some corn. While Stukeley's informants disagreed as to its exact mechanism, they concurred that people would come from miles around to see Isaac's 'mouse miller'. Stukeley perceptively noted that 'ludicrous' (i.e. playful) devices commonly grabbed his attention. Apart from the mouse miller and the dolls' furniture, Newton examined the fabric and dimensions of a simple kite, built a better example, and attached a candle-lit lantern to it, frightening the countryfolk and giving them much to discuss as they drank their beer.

As in the cases of the windmill and the kite, Newton made a wooden clock and then immediately built a better one. This improved version, which had a dial, was powered by a steady trickle of water that he supplied each morning, and was made from a box given to him by Humphrey Babington. Babington, the brother of Mrs Clark (a close friend of Hannah Smith), had been ejected from Trinity

College for refusing to take the engagement oath of allegiance to the Commonwealth, and would play a significant role in Newton's life over the following decades. Extending his virtuosity still further, Newton graduated to complex sundials, turning various features of Clark's house into different sorts of clock and, according to Stukeley, 'showing the greatness, & extent of his thought by drawing long lines, tying long strings with running balls upon them; driving pegs into the walls, to mark hours, half hours & quarters'. He made an 'almanac' of these lines, 'knowing the day of the month by them; the suns entry into signs, the equinoxes, & solstices'. 'Isaac's dials', like many of his other accomplishments, became well known in the parish. Perhaps the greatest of his juvenile achievements, Stukeley believed that these were the origins of his fascination for heavenly motions.

Newton also excelled in artistic pursuits, such as drawing and even the composing of poetry, though his penchant for verse would prove temporary. He covered the walls of his attic room with charcoal drawings of animals, men, plants and mathematical figures, and scratched his name into the shelves. In the middle of the 20th century, geometrical drawings, undoubtedly by Newton, were discovered etched onto the stonework of Woolsthorpe Manor.

Newton's artistic bent at this time can be gauged by a series of notes on Bate's book, entered into a notebook that he purchased in 1659. These notes attest to Newton's concern with the practical aspects of drawing, and also his interest in producing a wide variety of coloured inks and paints, whether from animals, vegetables, and minerals, or by mixing pre-existing colours. Just over a decade later, the last of these topics would make him famous. Other instructions concerned how to make fishbait and different ways, not all of them overly complicated, of catching birds by making them drunk. Bate's book also contained recipes for universal salves and ointments, a number of which Newton noted down. Indeed, one of the few things later recalled by John Wickins, his roommate of 20 years at Cambridge, was that Newton would often take a grisly self-prepared

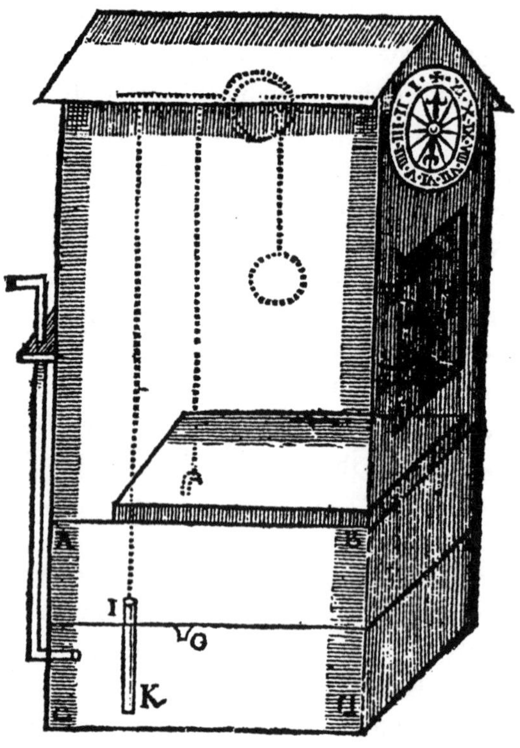

2. The source for Newton's design for a water-powered clock, from John Bate's *Mysteries of Nature and Art*

concoction ('Lucatello's balsam') as a preservative. Some notes came from John Wilkins's *Mathematical Magick*, a popular work that purveyed similar information to Bate, while other entries in the notebook concerned different ways to produce perpetual motion, a topic of extreme interest in the following decades.

This immersion in worlds of practical ingenuity not only offered portents of his great future, but led directly to it. Indeed, Stukeley gave a superb account of how Newton's early obsessions related to his later triumphs. He pointed out that Newton's early mastery at using mechanical tools, along with his expertise in drawing and designing, was extremely useful for his experimental skill and 'prepar'd for him a solid foundation to exercise his strong reasoning facultys upon'. Uniquely Newton had all the qualities for becoming a great natural philosopher, such as 'profound judgement', 'invincible constancy, & perseverance in finding out his solutions', 'a vast strength of mind, in protracting his reasonings [and] his chain of deductions', and an 'incomparable skill in algebraic, & the like methods of notation'. Like all children he was an imitator, but for Stukeley 'he was in reality born a philosopher. Learning, & accident, & industry pointed out to his discerning eye some few, simple & universal truths', which he gradually extended 'till he unfolded the œconomy of the macrocosm'.

A godly child

Absorbed as he was in making his devices, the gifted country boy was a deeply unhappy youth. Late in May 1662 he recorded a list in shorthand of all the sins he had committed in the previous decade, and for a short time he noted down all the misdemeanours committed while at Cambridge. The term 'Puritan' is strictly false as a description of Newton's religious doctrine but the radical Protestant ethical values associated with this term accurately describe the person who appears in the entries. Many of the sins cover activities performed on the Sabbath ('Thy day'), when godly Christians were supposed to rest. On various Sundays in the 1650s, Newton read a frivolous book, ate an apple in chapel, and made a feather, a clock, a mousetrap, some rope, and in the evening some pies. He confessed to 'idle discourse' on God's day, so that it is not surprising that he also carelessly heard and committed to memory various sermons, while he also recorded that he completely missed chapel on one occasion. Sometimes he had set his heart on learning and money more than on God, preferring 'worldly things' instead, and indeed many of the sins recall his failure to live as a godly man. 'Not living according to my belief' and 'neglecting to pray', he had become distant from God, failing to love God for Himself and failing to 'long' for God's ordinances.

Some episodes were those common to any teenager in his village.

He put a pin in another boy's hat to 'prick' him, refused to come home when his mother told him to, and lied to his mother and grandmother about having a crossbow. At other times, he 'fell out' with servants. Food crimes were also prominent: he stole cherry cobs from Edward Storer, Clark's stepson, and pilfered plums and sugar from his mother's foodbox. He even confessed to gluttony while he was ill, and indeed the first entries in the short list of sins committed when he was a student at Cambridge were for the same offence. Other comments in the first list portray darker elements of his psyche. He punched one of his sisters, struck 'many', and beat up Arthur Storer, Edward's brother. The precise meaning of 'Having unclean thoughts words and actions and dreams' in Newton's list is unclear, as is his lament that he had used 'unlawful means' to bring himself out of 'distress'. Real loathing shows through his recollection of 'wishing death and hoping it to some', and most horrifying of all is the distant memory of having threatened to burn his stepfather and mother along with their house. Newton also compiled a list of common words arranged alphabetically in Francis Gregory's *Nomenclatura brevis reformata* of 1651. To terms like 'Father', 'Wife', and 'Widdow', Newton added words such as 'Fornicator' and 'Whoore' not found in Gregory, expressions that perhaps refer to his view of his mother and stepfather.

Newton's anger manifested itself in other areas of his life. According to Conduitt, who knew him well, resentment and the desire to emulate had been the forces propelling Newton to outdo all others at the start of his academic career. Newton often told him a story about his early days at the grammar school when he was at the bottom of the class, a narrative that is possibly connected with his 'confession' about beating Arthur Storer. One day he was kicked in the stomach on his way to school. After lessons had ended he fought in the churchyard with his assailant, and although Newton 'was not so lusty as his antagonist he had so much more spirit & resolution that he beat him till he declared he would fight no more'. Later, the schoolmaster's son goaded him into forcing his antagonist's face into the side of the church. After this, Newton strove to outdo his opponent in learning, not stopping until he had risen above him in the pecking order. Inexorably, he rose to become top of the school.

His extracurricular activities had an adverse effect on his schooling but such was his ability that he could resume his academic work and outperform his schoolfellows whenever he wanted. Stukeley noted that 'dull boys were sometimes put over him, in form, but this always excited him to redouble his pains, to overtake them'. The headmaster of the school, John Stokes, seems to have spotted Newton's talent at an early stage, but could not coax the lad away from his hammers and chisels. However, in the latter half of 1659 his mother decided to pull him out of school to run the family estate. Despite being put in the care of a trusty servant, his obsession with building waterwheels and other models and a capacity to be lost in his books made Newton completely unsuitable for the task. The sheep and cows he was supposed to be looking after strayed into neighbouring fields, and records show that he was fined for this in October of the same year. He could barely remember to eat and, according to Stukeley, 'philosophy absorbed all his thoughts'.

It is at this point that narratives of Newton's development begin to portray him as an unworldly scholar rather than as a gifted mechanic. Later, a number of different pieces of evidence indicate that he became famous for his unworldly or 'insensate' behaviour when he went to Cambridge. A hopeless manager of his family's affairs, he would bribe the servant to act on his behalf, and he would find scholarly refuge in the attic where he had lodged while at the school, engrossed in a pile of medical and scientific tomes that had been left there. On other occasions, he would simply lie under a hedge or a tree and read a book. Once Newton's horse slipped his bridle, and he walked on unawares for miles, engrossed in a book he was reading. His mother was 'not a little offended at his bookishness', while the servants called him 'a silly boy' who 'would never be good for any thing'.

To the rescue came Stokes, who told Hannah that Newton's immense talent should not be buried in 'rustic business'. He saw 'the uncommon capacity of the lad, & admired his surprising inventions, the dexterity of his hand, as well as his wonderful penetration, far beyond his years', telling his mother that he 'would become a very extraordinary man'. Stokes offered to let him board for free, possibly a key factor in Hannah allowing her son to go back to the grammar school to prepare for university. Returning there in the autumn of 1660, he received extra tuition in Latin and Greek, and on his final day was given a rousing send-off by Stokes, allegedly driving the rest of the school to tears. Stukeley noted that no such sentiment was felt by the servants, who declared him 'fit for nothing but the Versity'.

Trinity

By this time it had already been decided that he would go to Trinity College Cambridge, the most prestigious college in England. The combined forces of William Ayscough and Humphrey Babington, newly restored as a fellow, were probably decisive in sending Newton there. Newton arrived in Cambridge on 5 June 1661 in the relatively menial position of 'subsizar', a lowly status strangely out of keeping with the wealth that his mother commanded. Subsizars, who had to pay for their own food and also to attend lectures, were effectively servants of fellows or wealthy students, and it is possible that Newton worked in this position, however notionally, for Babington. Both town and gown had reacted quickly and positively to the restoration of Charles II the previous spring, and in the most senior positions royalist sympathizers had replaced Commonwealth appointees. The Anglican scholar John Pearson, author of the highly influential *Exposition of the Creed* in 1659, became master in 1662, and under him the college emphasized more traditional forms of scholarship and in particular theological study.

Evidence from a small notebook sheds some light on how Newton spent his time and money as an undergraduate. Early entries show his purchase of basic equipment such as books, paper, pen and ink, and the ordinary materials for living in 17th-century student accommodation, such as clothes, shoes, candles, a lock for his desk, a carpet for his room, and a chamberpot. He bought a watch, a chessboard and later a set of chess pieces (according to Catherine Conduitt, he became extremely proficient at board games), and paid seven pence as his yearly subscription for access to the tennis court. The entry 'to balls & barges', repeated later on, indicates that not every moment was spent in study in his first year there. Indeed, he created a separate list of 'frivolous' and 'wasteful' expenses, including the purchase of cherries, beer, marmalade, custard tarts, cake, milk, butter, and cheese. Later, he graduated to apples, pears, and stewed prunes.

Very quickly – and uniquely among undergraduates for whom records survive – Newton began to lend money to his bedmaker and to fellow students, many of them 'pensioners' who occupied a social rank in the college somewhat higher than his. Most recipients of Newton's generosity paid him back, as indicated by a cross through the relevant record. At some point, probably in 1663, Newton met another pensioner, John Wickins (whose son Nicholas recorded that his father had found Newton 'solitary and dejected'), and they decided to room together. Wickins would occasionally act as an amanuensis for Newton until he left Cambridge in 1683 to take up a position in the church. Nick Wickins was told by his father that Newton would forget his food when working and in the morning would arise 'in a pleasant manner with the satisfaction of having found out some Proposition; without any concern for, or seeming want of his Nights sleep'. If Newton's recollections are correct, in the same year he met Wickins, he became fascinated by judicial astrology – the assessment of an individual's future prospects on the basis of studying the positions of the stars and planets – and bought a book on the topic. It was as a result of being dissatisfied with this that he turned the following year to the mathematics of Euclid, only to reject it as trivially obvious.

He probably attended the initial Lucasian mathematical lectures of Isaac Barrow, the first holder of the chair, in March 1664 – and the professor may have noted a particularly attentive student in the audience. In the month after Barrow's inaugural lecture, Trinity held one of its periodic scholarship competitions, which Newton entered. As he told the story later, Barrow was his examiner and – never imagining that the young student had ventured into Descartes's formidable *Géometrie*, a feat that Newton was apparently too modest to admit – was dismayed by Newton's lack of knowledge of Euclid. Newton got the scholarship nevertheless, and thus became entitled to a number of privileges. Early the following year, at about the same time as he discovered the generalized binomial theorem, he was forced to undertake a protracted examination in more standard learning to qualify for his Bachelor of Arts degree. A later tradition held that he almost failed this exam, although the story may be a confusion of this event with the scholarship examination of the previous year.

Plague devastated various parts of England in the middle of 1665 and, along with most other students, Newton returned home some time in late July or early August. Having come back to Cambridge in March 1666, he continued to lend money to many of the same students as before, but when a resurgence of the plague occurred in early summer, he again sought refuge in Lincolnshire. Much of his most innovative work was produced here, probably at the home of Babington in Boothby Pagnell. On 20 March 1667 he received £10 from his mother, who gave him the same amount when he returned to Cambridge in the following month. Over the next year, he spent much of this money, as well as funds repaid by debtors, on equipment for grinding tools and performing experiments, three pairs of shoes, losing at cards (twice), drinking at a tavern (twice), some early volumes of the *Philosophical Transactions*, Thomas Sprat's recently published *History of the Royal Society*, and some oranges for his sister. In September he entered another competition, this time for a college fellowship. Whether because of support from Babington or Barrow, or simply because his brilliance and dedication to scholarship shone through during the four days of the oral examination, Newton was elected minor fellow.

Evidently, this also implied that he was expert in the sort of theological scholarship demanded by Pearson and, as a consequence of his election, he swore to make theology the focus of his studies and to take holy orders – or resign. Soon afterwards he moved to a new room, and revamped it to suit his tastes. In July 1668 he was made a Master of Arts, allowing him to progress to the position of major fellow of the college. He spent more money on material for his gown, and purchased an expensive hat, a suit, some leather carpets, a couch (jointly bought with Wickins), and some materials for a new featherbed. He also bought three prisms at one shilling each, along with 'glasses', presumably for chemical experiments, while in late summer he made his first trip to London. His reputation would soon follow him.

Chapter 3
The marvellous years

The first decades of the 17th century witnessed an exponential growth in the understanding of the Earth and heavens, a process usually referred to as the Scientific Revolution. The older reliance on the philosophy of Aristotle was fast waning in universities, although across Europe Aristotelian natural philosophy and ethics would be routinely taught at undergraduate level until the end of the century. In the Aristotelian system of natural philosophy, the movements of bodies were explained 'causally' in terms of the amount of the four elements (earth, water, air, fire) that they possessed, and objects moved up or down to their 'natural' place depending on the preponderance of given elements of which they were composed. Natural philosophy was routinely contrasted with mathematics or 'mixed mathematical' subjects such as optics, hydrostatics, and harmonics, where numbers could be applied to measurable external quantities such as length or duration. All this took place in a cosmos where the Earth was planted at the centre, surrounded by the Sun and the planets.

The first dramatic change took place in astronomy, where despite official opposition from the Catholic Church and from many Protestant denominations, the Copernican heliocentric (sun-centred) system gained new converts. Between 1596 and 1610, there was an astronomical revolution galvanized by the work of Johannes Kepler and Galileo Galilei. Kepler's *Mysterium*

Cosmgraphicum of 1596 posited a heliocentric system in which the distances between the planets could be determined by inscribing the orbits of the planets inside regular solids. He published a magnetic theory of planetary motion in his great *Astronomia Nova* of 1609, a treatise that contained the first two of what were later known as Kepler's Laws (that planets move in ellipses, and that with respect to the Sun, located at one of the foci of a particular orbit, all planets swept out equal areas in equal times).

In 1609 Galileo developed a combination of lenses into a device that allowed him to magnify objects. He turned this 'telescope' to the heavens and realized that Jupiter had a series of satellites that orbited it, just as the planets orbited the Sun. In his short *Sidereus Nuncius* of 1610, he also announced that the Moon had mountains and valleys, and that the Milky Way was composed of thousands of stars. In 1613 he would further challenge the standard view, which held that the heavens were 'incorruptible', by demonstrating that the Sun had spots. Kepler would add his Third Law in his *Harmonice Mundi* in 1619, which stated that for any planetary orbit, the ratio between the cube of the mean radius of the planet from the Sun, and the square of its period of revolution, was constant. While Galileo's discoveries effectively demolished belief in the perfection of the heavens, Kepler's laws would be of central importance for Newton in demonstrating key propositions in the *Principia*.

Galileo's contribution to 17th-century science did not end with his work in astronomy. In 1632 he bravely published his *Dialogo sopra i due Massimi Sistemi*, a work which attempted to prove the Copernican system of the world. For this he was placed under house arrest until the end of his life in 1642, although his brilliant *Discorsi e Demonstrazioni Matematiche Intorno a Due Nuove Scienze* appeared in 1638. Aristotle had assumed that projected bodies first experienced 'violent' motion, which was then taken over by the 'natural' motion that drove the earthy particles of the object downwards to their natural place. He had also argued that bodies fell at speeds proportional to their weight. Instead, Galileo announced in the *Discorsi* that the trajectory of projectiles was parabolic, while the vertical component of a body near the surface of the Earth could be expressed as a law according to which – for bodies of any weight, or 'bulk' – the total distance fallen vertically is proportional to the square of the time taken. He also made it clear, again in opposition to the entire Aristotelian project, that the physical causes of gravity were unimportant, and indeed, would be extremely difficult to uncover. In showing that a number of phenomena in the terrestrial sphere were mathematizable, Galileo laid the basis for the modern science of mechanics. Newton's great triumph – expressed in his momentous work of the same name – was to show that 'mathematical principles' were at the basis of many more natural phenomena.

Another essential dimension of modern science was outlined in the work of Francis Bacon. At the same time that Galileo and Kepler were developing astronomy and mechanics, Bacon was promoting the idea that the proper way to understand nature was to directly engage with it rather than approach it through the medium of Aristotelian (or any other) texts. Arguing that a collaborative project was the only way to achieve progress in natural philosophy, Bacon pointed to the recent discoveries of America and the Pacific Ocean and praised the advances made by arts and trades. Observations of disparate facts would increase knowledge of the visible world while well-designed experiments would break the natural world down into its constituent parts and convey information about nature's real secrets. Bacon even praised the way in which alchemists were prepared to analyse nature, though he lamented their closeted lifestyles and opaque jargon.

Not all anti-Aristotelians agreed that Galileo's project was the proper way to uncover scientific truths. René Descartes developed a sophisticated account of the sorts of nano-structures underlying the physical world. He assumed that the machine-like phenomena that existed in the world around us also operated at the invisible level. In his mechanical philosophy, an unseen microworld was populated with hooks and screws, which made elements cohere. Large-scale phenomena such as magnetism, heat, gravity, and electricity were explained through the activity of a giant solar 'vortex', which by spewing out various sorts of matter had major effects on terrestrial phenomena. Descartes shared Galileo's anti-Aristotelianism (and secretly, his and Kepler's Copernicanism) but he accused the Italian of 'building without foundation', arguing that scientific explanations needed to be couched in terms of the micro-mechanical building-blocks of nature. This, as we shall see, was the most influential work for the young Newton, although it was soon the object of his critical animus.

A mathematical tyro

At first, Newton's education, was that of a standard Cambridge undergraduate, and he was required to read a substantial amount of the prescribed theological and Aristotelian literature. It may well have been the Lucasian lectures of Barrow in the spring of 1664 that spurred his interest in serious mathematics, and Newton later recorded that he read William Oughtred's *Clavis Mathematicae* and Descartes's *Géometrie* about the time that Barrow began lecturing. In the winter of 1664–5 he closely studied the analytic mathematics of Descartes (and the commentary in his edition of the latter's *Géometrie* by the Dutch mathematician Frans van Schooten), François Viète's work on algebra, and John Wallis's 'method of indivisibles'. Using what we call Cartesian co-ordinate geometry, he mastered the equations that defined the various conic sections (circles, parabolas, ellipses, and hyperbolas). Although he had initially underestimated the achievement of Euclid in his *Elements*, he would later revere the classical accomplishments of Euclid and Apollonius, taking their approach to be the template for doing mathematical work.

Towards the end of 1664 Newton found out how to measure the 'crookedness' or slope of a curve at any point. This was known as the

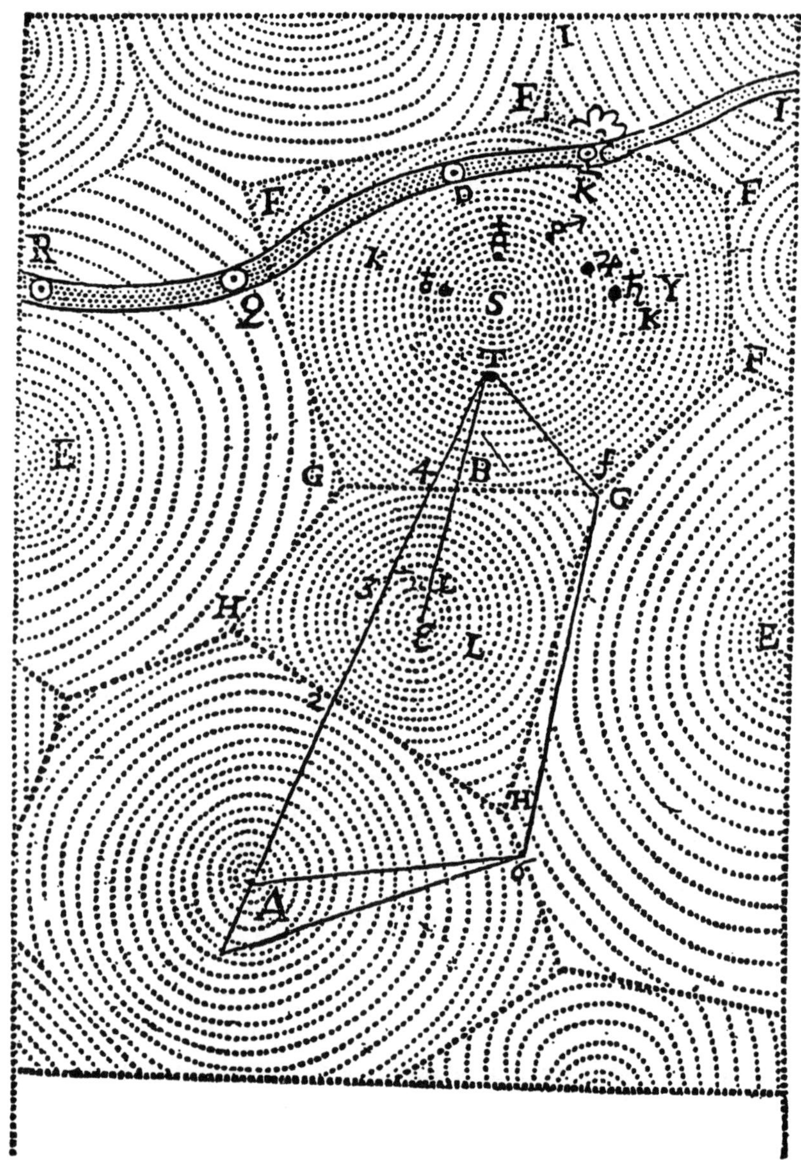

3. Cartesian vortices: the solar system, surrounding the Sun, S, being bounded by FFFFGG. Other systems have stars at their centre.

'problem of tangents', and was being developed by mathematicians such as James Gregory and René François de Sluse. Newton soon built on an approach formulated by Descartes, by which the 'normal' to a curve (i.e. the line perpendicular to the tangents) could be determined by finding the radius of curvature of a single large circle at the point at which it touches the curve. Newton took the 'normals' between two close points, allowing the distance between them to become arbitrarily small. He could now find the tangent to any point on equations that 'expressed' any conic section, as well as the maxima and minima of related equations. He generalized the procedure to express the basic elements of what we call differentiation, by which the slope of the tangent represents the rate of change of a curve at any point.

As early as the winter of 1663–4 he had begun to read Wallis's analysis of the ways in which areas under sections of a curve could be found by dividing the space into infinitely small sections. By the time Wallis published his *Arithmetica Infinitorum* in 1655, it was known that for basic equations $x = y^n$, the area under the curve between 0 and a was $a^{n+1}/n + 1$. This was known as 'squaring' or 'quadratures', and was the embryonic form of what we now call integration. More complex equations demanded different techniques such as the use of infinite series, which allowed an approximation to a final value as a series of terms reached a limit. Wallis had developed this idea, squaring the parabola and hyperbola and discovering a series of terms that approached the value of π.

Newton read Wallis carefully in the winter of 1664–5 and offered alternative techniques for achieving the same results. Soon he refined Wallis's technique so as to consider the quadratures of curves with fractional powers (i.e. involving square, cube, and other roots). He went beyond Wallis by finding the correct series to square the circle and as a result of extending the insights gained from this success, he eventually discovered the generalized binomial theorem (i.e. for fractional as well as integral powers) for expanding any equation of the form $(a + x)^{n/m}$, publicly announced for the first time in a letter to Leibniz in 1676.

Early in 1665 Newton understood generally that the techniques of tangents and of quadratures were inverse operations, that is, he had the fundamental theorem of the calculus. By late 1665, and possibly in imitation of Barrow, he was routinely treating curves as points that carved out lines in a virtual space under certain conditions, and he referred to the 'velocities' that points experienced in given moments of time. This was what he called the 'fluxional' calculus, because the values of points on the curve 'flowed' from one point to the next. Areas under curves could now be treated not just as sums of infinitely small segments, but as areas 'kinematically' created by considering the space traversed by lines connecting a moving point to corresponding values directly beneath the point on the x-axis. Most of this brilliant work was systematized in an extraordinary essay of October 1666, a treatise that marked him out as the leading mathematician in the world.

The apple

The story that Newton was prompted by a falling apple to think of comparing the force that caused the apple to fall with that required to keep the Moon in its orbit is arguably the best known tale in the history of science. Whether or not it is true, at the same time as he made his mathematical discoveries he was branching out into an extraordinary series of researches into mechanics that would make him the first to unite the forces governing motions on earth and in the heavens. By his own admission, Newton began his novel insights by discovering the law by which a revolving body was kept in its orbit. He soon wrote out a series of laws of motion, many of which he would recall (and develop) when he wrote the *Principia* 20 years later. In a notebook entitled the 'Waste Book', in early 1665 he wrote out over a hundred axioms of motion. These embraced the basic notion of inertia while he also invoked a metaphysical justification for holding that the effects of impacts had to be equal to their cause, an embryonic version of what would be the third Law of Motion in his *Principia*. Taking into account the bulk of a body and its velocity, Newton's exquisite analysis led to a law stating the conservation of momentum (mv) before and after impact.

Next, Newton adroitly investigated the path of a body being bounced from the sides of an enclosed square, imagining that the sum total of the four impacts exerted by each side of the square was analogous and equal to the total force that would be required to keep a body in orbit around a central point. On the assumption that the number of sides exerting an impact could be made infinitely large (so that it was a circle), he concluded that the total force required to keep the body moving in a circle in one revolution was 'to the force of the bodies motion as all those sides [i.e. the circumference of the circle] to the radius'. If the 'force of the bodies motion' was mv, then the total force exerted in one revolution was $2\pi mv$. If the time taken for one revolution was $2\pi r/v$, then the force divided by the time, expressing the *force acting on a revolving body at a given instant*, was mv^2/r. This seminal result in the development of mechanics was first published by Christiaan Huygens in 1673, although years before this Newton had already used it to go beyond what Huygens would achieve.

Newton now realized that he could attack a problem first raised by Galileo, namely the ratio between the force that keeps an object on Earth (gravity) with the 'centrifugal force', the tendency of the same body to be flung off into space by the Earth's rotation. For the first he independently derived g, the acceleration due to gravity. For the second he determined that centrifugal force would propel a body in one revolution of the Earth through the length $2\pi^2 r$, and with a value for the size of the Earth he concluded that the force of gravity was about 350 times stronger than centrifugal force (in one second gravity would make a body descend 16 feet, while centrifugal force would make it travel just over half an inch).

Perhaps influenced by seeing the fall of the apple, in the late 1660s Newton compared the tendency of the Moon to leave the Earth with the force of gravity at the Earth's surface, a problem suggested by Galileo. By using a figure for the size of the Earth that made the Moon about 60 Earth radii (i.e. the distance from the centre of the Earth to the equator) distant, he deduced that the tendency of an object to recede from the Earth's equator (its centrifugal force) was about 12 and a half times that of the Moon to recede from the Earth. If the regularity of the Moon's orbit required the centrifugal force to balance the centrally directed attraction exerted by the Earth, then the centrifugal force of the Moon was equal to 350×12.5 (= 4325) times the gravitational pull of the Earth at its surface.

In the same manuscript in which he made this calculation, Newton derived the inverse-square ($1/r^2$) distance law for the force exerted on a revolving body by inserting his own law for the force of a revolving body into Kepler's Third Law. Newton would later recall that his figure for the force keeping the Moon in its orbit (i.e. 4325) 'answered pretty nearly' to that produced by taking into account the square of the distance between the Moon and the Earth ($60^2 = 3600$) demanded by the inverse-square law. At this point he attributed the difference between these results to the effects of a terrestrial vortex; later he would realize that it was due to an incorrect measurement for the size of the Earth. He would also come to see this incredible effort as evidence for his priority in devising Universal Gravitation. However, amazing as it was, it lacked many of the elements of his great theory.

Philosophical questions

These interests by no means exhausted Newton's scientific fertility, and in another notebook he took a series of notes from Aristotelian texts and from commentaries on them. These covered subjects in the general curriculum that would be studied by any student in a European university, such as ethics, logic, rhetoric, and natural philosophy. At some point, probably late in 1664, he stopped taking excerpts from the Aristotelian textbooks and entered a series of notes and philosophical queries under the heading 'Certain Philosophical Questions'. Above the title he noted a common phrase that in English reads 'Plato is my friend, Aristotle is my friend, but truth is a greater friend'.

The initial entries in the 'Philosophical Questions' notebook were composed under headings concerning the nature of matter, the reason why some tiny bodies 'cohered' together to form larger bodies, the nature of heat and cold, and the question of why some bodies fell and some rose. He made compelling criticisms of conventional views, and indeed the general topics on which he commented would be the focus of his interest for the rest of his life. The earliest entries have a metaphysical flavour to them, which is very different from the more experimental approach he would soon adopt. Regarding the nature of matter, for example, he followed Henry More in the latter's *Immortality of the Soul* (1659) and noted that the primary building-blocks of the physical world must be atoms. Unlike 'mathematicall points', matter could not be divided into infinity, since an aggregation of infinitely small parts, no matter how small they are, could not make a finite object. Regarding cohesion, Newton drew on the Cartesian assumption that a solar 'vortex' spewed out a rarefied matter that gave rise to the atmosphere; this in turn 'pressed down' on the Earth causing 'a close crouding of all the matter in the world'.

Newton would remain committed to a Cartesian-style vortex until the early 1680s. The finest parts of the vortex he termed the 'ethereall mater', although later he would use the word 'aether' to distinguish this pervasive but undetectable medium from the coarser 'air'. He queried whether the agitation of the vortex caused objects to heat up, and also wondered whether heat was caused by air moved by light, or directly by light itself. He also posed the question of whether water could be made to freeze by removing its heat inside Boyle's air-pump (which evacuated or compressed air inside a glass chamber). As for the downward motion of the matter that caused gravity, it must rise again in a different form because (*a*) otherwise the underground cavities of the Earth would swell, and (*b*) the upward rising matter would cancel out the downward, and there would be no gravity. He also argued that the ascending matter had to be 'grosser' than the descending matter, otherwise it would impact upon more (i.e. internal) 'parts' of large bodies and hence give a more powerful upward than downward force. This interest in a cyclical cosmos never waned, and its significance can be seen in his later alchemical and scientific work.

Even heavenly phenomena could be investigated by experiment. Notes from Descartes's *Principia* about the nature of comets were followed immediately by Newton's own observations of the comet of December 1664, an event whose demands on his time and energy he would later remember as making him 'disordered'. Newton noted that the comet moved north 'against the streame of the Vortex' and he proposed extraordinary experiments for testing the possible effects of the lunar vortex. Did the Moon's influence cause tides? No, he suggested initially, because they would be least when there was a new moon but this did not happen. Nevertheless, it might be possible to get a tube of mercury or water and see whether the height of liquid in the tube was affected by the various aspects of the Moon.

At each point Newton proposed experiments for deciding central philosophical questions. No other undergraduate did anything like it. He put forward a series of tests for determining the specific gravity of different elements, and also for ascertaining whether the weight of bodies was affected by being heated or cooled, or by being moved to different places or heights. Fascinatingly, given his theory of gravity, he also queried whether the 'rays' of gravity could be reflected or refracted like light. If some of the gravity rays could be made to strike a horizontal wheel with slats angled at a particular degree to make it turn like a windmill, or if they were only allowed to make contact with one half of a vertical wheel in order to make it revolve, then maybe there could be perpetual motion. Similarly, he posed a series of queries elsewhere in the notebook for deriving perpetual work from magnetical rays. Perhaps, by transmitting these rays, a magnet could produce revolutions in a red-hot iron shaped into sails like those of a windmill? Presumably to test these views, he purchased a high-quality magnet in 1667 and a short time later performed a series of highly original experiments with magnetic filings.

Questions about the nature of air and water were again prompted by his reading of Descartes's *Principia Philosophiae*, and the latter's account of the micro-structures of hard and soft bodies took up much of his energy. Here, as elsewhere, Newton proposed the use of Boyle's air-pump to resolve abstruse theoretical conjectures, many of them concerning the aether. The refraction of light, for example, did take place in an evacuated air-pump, so that it had to be caused by 'the same subtile matter in the aire & in vacuo'. But was the extent of refraction the same in different kinds of glass? Boyle had not considered this, but Newton did, and indeed he had access to an air-pump in Christ's College.

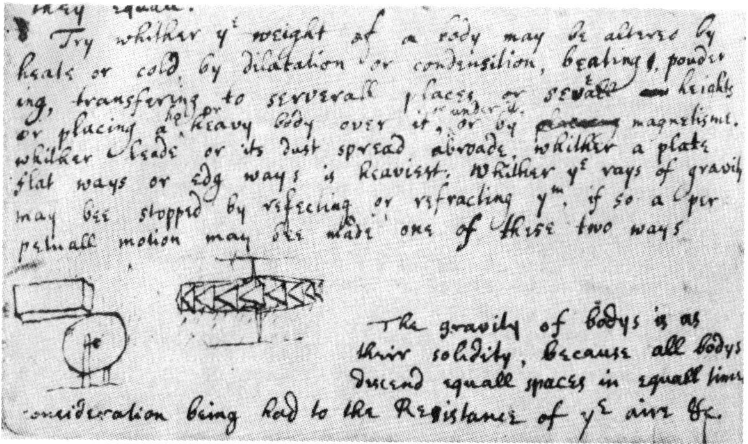
Try whither ye weight of a body may be altered by heate or cold, by dilatation or condensation, beating, pouder ing, transfering to severall places or severall heights or placing a hot or heavy body over it, or under it, or by magnetisme. whither leade or its dust spread abroade. whither a plate flat ways or edg ways is heaviest. Whither ye rays of gravity may bee stopped by reflecting or refracting ym, if so a perpetuall motion may bee made one of these two ways

The gravity of bodys is as their solidity, because all bodys descend equall spaces in equall times consideration being had to the Resistance of ye aire &c.

4. Two ideas for perpetual motion machines powered by gravitational waves, from Newton's Trinity College 'Philosophical Questions' notebook

Of mind and body

Many entries in the 'Philosophical Questions' notebook are concerned with the nature and precise location of the soul, and the respective roles that the internal, subjective mind and external bodies played in experience. From the beginning Newton was fascinated by what we would call the mind–body problem, and also by the fact that different people had varied reactions to the same cause. Under the heading 'Of sympathie or antipathie' he noted that

> To one pallate that is sweete which is bitter to another. The same thing smells gratefully to one displeasingly to another . . . Objects of sight move not some but cast others into an extasie. Musicall aires are not heard by all with alike pleasure. The like of touching.

In another section entitled 'Of Sensation' (in notes taken from More's *Immortality*), he observed that 'to them of Java Pepper is cold'.

In the same series of notes Newton also remarked on the various locations of the brain that philosophers had invoked as the seat of the soul. He recorded various phenomena demonstrating that the brain could be badly damaged without affecting sensation. A frog would have its 'sence & motion' taken away if its brain was 'peirced', but a human would retain the use of his senses unless the piercing penetrated to the main blood vessels. A man could not, apparently, see through the hole that a trepan (or drill) made in his head, but 'the least weight upon a mans brain when hee is trepanned maketh him wholly devoyd of sensation & motion'.

A key element of his early research programme concerned the nature of free will, and the associated problem of how the soul was linked to the rest of the body. Some bodily motion was unconscious. Under the general heading 'Of Motion', Newton recorded that many human actions were purely mechanical: musicians could play without thinking, singers sing 'neither minding nor missing a note', and people walked without being conscious of how they did so. Vomiting induced by sticking a whalebone down one's throat was another example of an action that was purely mechanical, and it apparently proved the actions of animals to be 'mechanicall and independent of soules'.

Nevertheless, Newton's account of the soul involved a vigorous rebuttal of any purely mechanical explanation for its actions. Like most of his contemporaries he did not want to be tainted with the atheistic reputation of mechanical philosophers such as Descartes and Thomas Hobbes. As the faculty of the soul linked to personal identity, memory offered significant evidence relating to the springs of human action. Blows to the head could cause it to disappear completely, while it could be reactivated by similar events occurring much later. In an entry entitled 'Of the soule' he argued that memory consisted of more than the action of 'modified matter', and that there had to be a 'principle' within us that enabled us to call something to mind once the original action had ceased. This insight would be one of the cruxes of Newton's later natural philosophy.

In another extraordinary short essay entitled 'Of Creation', he discussed the 'souls' of animals, which most philosophers of his day believed were of a completely separate nature from those of humans. Newton suggested that there was a sort of primordial 'irrationall soule' which when joined to different kinds of animal bodies made all the various brutes that now existed. In shorthand (because of the daring nature of his argument), he suggested that to say that God initially made specific souls for specific species was to assert that he had done more work than he needed. The differences between species arose from their instincts, which depended on the make-up of their bodies. More radically still, he argued that human souls were basically alike, and that the differences between people arose merely from distinctions in their constitutions. In a short, separate entry on God, he noted that neither men nor beasts could be the result of 'fortuitous jumblings of attomes'. There would have been many useless parts, 'here a lumpe of flesh there a member too much some kinds of beasts might have had but one eye some more than two'.

The most stunning attempt to distinguish between the actions of the soul and body began with a series of notes on the nature of the 'imagination' (or 'fancy') and creativity. The former was a faculty of the soul that produced images such as those found in dreams and memory. Newton argued that the imagination was helped by viewing things 'in a right posture with the heeles upward', as well as by 'good aire fasting moderate wine'. However, it was ruined by 'drunkenesse, Gluttony, too much study, (whence & from extreame passion cometh madnesse), dizzinesse commotions of the spirits'. 'Meditation', Newton warned, heated the brain in some 'to distraction', and in others led to 'an akeing & dizzinesse'. It was possible to train the imagination to do new things, and from Joseph Glanvill's *Vanity of Dogmatizing* (1661), Newton noted a famous story of an Oxford scholar who had learnt mind control from gypsies 'by heitning his fansie & immagination'.

Some time later than his entry on the Oxford scholar, but immediately following it in the text, he recorded a series of his own experiments on imagination and vision. At some point in 1665, he undertook a series of dangerous experiments on his own sight that involved staring at the Sun for an extended period of time. These were reported as subjective experiences, but his detailed description of a series of trials indicated an objective detachment. After he had stared at the Sun for some time with one eye, he noted that all light-coloured objects appeared to be red, while dark objects looked blueish. At first glance white paper appeared red when looked at with the damaged eye, but the same paper looked green 'if I looked on it through a very little hole so that a little light could come to my eye'.

The experiment was by no means concluded, for when (as he thought) the motion of 'spirits' in his eye had died down, he could produce an after-image of the Sun by shutting his eye. There appeared a blue spot, which grew lighter in the middle, gradually being encompassed by concentric circles of red, yellow, green, blue, and purple. Varying the experiment under different conditions, he noted that the spot would sometimes turn red. When he opened his eye again, he would see colours in exactly the same way as after the initial experiment. He concluded that the Sun and his imagination had exactly the same manner of working on the spirits in his optic nerve and brain. Outside, he looked at a cloud and witnessed the same reddish effects ('onely for the most part blacker') as when he stared at the white paper, and after a while he could make a spot 'glitter amidst the dusky red' when he looked at a cloud that was so bright his eyes watered.

The fact that this only constituted the first of a series of such experiments says a great deal about Newton's uniquely intense dedication to his task. After giving his eye some respite, he waited until an hour before dusk *and repeated all of the previous experiment*. Now, when he looked with his good eye on white objects such as paper or clouds, he could see an image of the Sun against their background, the image being surrounded by 'a dusky red & blacknesse'. He found it almost impossible to avoid seeing a solar image, unless he tried hard to set his imagination on other tasks. When the image of the sun was just about bearable in either eye, he could envisage several shapes in the place where the sun had been, 'whence perhaps may be gathered that the tenderest sight argues the clearest fantasie of things visible'. He added: 'hence something of the nature of madnesse & dreames may be gathered'. Such was the enduring power of these trials, that Newton recounted them in detail to John Locke in 1691, and did so again to John Conduitt in 1726, telling him that he could still conjure up an image of the Sun if he put his mind to it.

A new theory of light and colours

Some time after the initial entry on colours, Newton recorded a series of experiments with prisms on a new page with the same heading. With these, he not only refuted the Aristotelian notion of light and colour, but he also challenged the treatments of the topic to be found in the recent work of Descartes, Boyle, and Hooke. The exact date at which he embarked on these investigations is unclear, but in later accounts, he placed the initial impetus for his research in his efforts to replicate Descartes's report of experiments with a prism in his *Dioptrique*. In this work, Descartes had argued that the colours produced by transmitting light through a prism on to a wall about 50cm away from the prism served to explain the processes involved in creating a rainbow. At some point, Newton acquired a prism in order to reproduce this 'celebrated phenomena of colours', but the earliest experimental entries in the 'Philosophical Questions' notebook refer to two instruments.

The very first comment in the new section on colours was a proposal to test whether a mixture of prismatic red and blue made white. Already he had criticized older theories that held colour to be a mixture of black and white, or which assumed that colours arose through the mixing of shadows with light. Elsewhere in the notebook, Newton had also subjected to criticism the notion that light was caused by pressure. This had to be false, for the pressure of the vortex bearing down on us would make us see a bright light all the time, while one would be able to see in the dark merely by running. Finally, he attacked wave theories of light on the grounds that light travelled in straight lines, whereas waves or 'pulses' through an aetherial medium would not. Early on, he became committed to the idea that light was composed of corpuscles, or globules, an assumption that ran directly counter to the 'pulse' view outlined in the recently published *Micrographia* of Robert Hooke.

The key observation was described in the third of a series, in which he examined a thread – one half coloured blue and the other red – through a prism. One half, he noted, 'shall appear higher than the other & not both in one direct line, by reason of unequall refractions in the 2 differing colours'. He explained this differential refrangibility in terms of the underlying speed of the light 'globules', assuming that the slower moving rays were refracted differently from the quicker, and that the blues and purples constituted the slower rays. He inferred that bodies appeared as red or yellow whenever the slower rays were absorbed, and were seen as blue, green, and purple whenever the faster rays were not reflected. This was the basis of his later, more sophisticated account of how colours arise in natural bodies in terms of their disposition to 'exhibit' certain sorts of rays. As slow or fast moving globules, coloured rays were permanent features of ordinary light – which was a complex mixture of them – and individual rays were *revealed* but *not produced* by prismatic refraction. This ran counter to the universally accepted notion that prismatic colours arose through 'modifications' caused by refraction, and threatened both Aristotelian and standard mechanistic explanations of light and colour.

Nor was his work at this point separate from his understanding of the way in which the eye contributed to the experience of colours, and he proceeded to undertake a series of ocular experiments every bit as damaging as the sun-gazing trials. He deformed his eye by violently pressing it on one side, thus producing a number of 'apparitions', and then noted that he made a 'very vivid impression' by 'puting a brasse plate betwixt my eye & the bone nigher to the midst of the tunica retina than I could put my finger'. Newton repeated the act on a number of occasions, trying it in the dark, and also with various degrees of pressure. Needless to say, no other individual of the period did anything like this.

Measuring refractions

Newton continued his optical experiments in a so-called 'chemical' notebook, in which he entered another essay called 'Of Colours'. This was a radically different undertaking, which began with an account of examining a bi-coloured thread through a prism, but which then listed a series of highly original experiments on reflection and refraction. Where contemporaries (who had not known of differential refrangibility) had at most projected refracted rays a metre or so, Newton showed that different coloured rays had different indexes of refraction by projecting refracted rays onto a wall about 7m (22 feet 4 inches) away. In a dark room he let sunlight in through a tiny hole in the curtains, finding that when refracted through a triangular prism, the rays produced an oblong and not a circular shape on the wall. As he had noted before, blue rays were refracted more than red, although he was also careful to note that redness and blueness were not intrinsic to rays but were how specific rays appeared to the eye. With exceptionally precise measurements, he now determined that differently coloured rays emerging from the prism had their own specific degrees of refraction, a fact that no one until then had noticed.

Later in the series of experiments, he described a more complex arrangement in which the rays emerging from the prism were further refracted through a second. Blue and red rays each suffered the same degree of refraction as they had done from the first prism, and Newton noted that individually coloured rays were not further modified into other colours when refracted through the second prism. Introducing a third prism and setting them all parallel, he allowed emerging rays from all the prisms to overlap with each other; as he noted, 'where the Reds, yellows, Greenes, blews, & Purples of the severall Prismes are blended together there appears a white'. With these experiments he now had the fundamental features of what was to be his mature theory of light and colour. Ignoring his account of globules, he argued that white light was not a basic entity that gave rise to colours by being 'modified'. Instead, it was composed of a number (Newton did not at this point specify how many) of different primary rays, *each of which had its own immutable index of refraction.*

Another significant observation was his analysis of thin coloured films, a phenomenon originally observed by Hooke. Examining a flat piece of glass through a lens, placed as close to the glass as possible, one could see concentric rings of different colours. By considering the radius of curvature of the lens, Newton went as far as measuring the film of air that existed between the concentric rings and the plate to nearly one hundred thousandth of an inch. He developed this analysis in about 1670 or 1671, producing results that appeared first in his 'Discourse of Observations' sent to the Royal Society at the end of 1675, and then later in his *Opticks* of 1704. His main discovery was that the thickness of the film at any point was proportional to the square of the diameter of each circle. In addition to this, the difficulty he and others experienced in trying to bring about contact between the two pieces of glass would later constitute central evidence for the existence of short-range repulsive forces.

The second essay 'Of colours' also demonstrated vividly that eye experiments remained a central part of his project. Having dispensed with a brass plate as a valid tool, he got hold of a 'bodkin', a sewing implement for making holes in fabric, and once more thrust it into the recess behind his eye 'as neare to the backside of my eye as I could'. As before, a number of circles appeared, and as he put it, they were 'plainest when I continued to rub my eye with the point of the bodkin, but if I held my eye & the bodkin still, though I continued to presse my eye with it,' the circles would 'grow faint & often disappeare until I renewed them by moving my eye or the bodkin'.

Later, Newton stated that his discovery of chromatic aberration had put an end to his efforts to improve the grinding of lenses for refracting telescopes. Descartes had suggested that a lens ground into either of two conic sections (hyperbola or ellipse) would produce the clear image that could not be obtained with a spherical lens (because of the sine law of refraction). Newton himself had spent many hours attempting to do the same, and had recorded his results in the Waste Book. But chromatic aberration rendered all such attempts redundant, as different colours would be refracted differently and could not be brought to make a sharp image. If refracting telescopes were out of the question (though Newton did not entirely give up the idea), then perhaps he could make one that

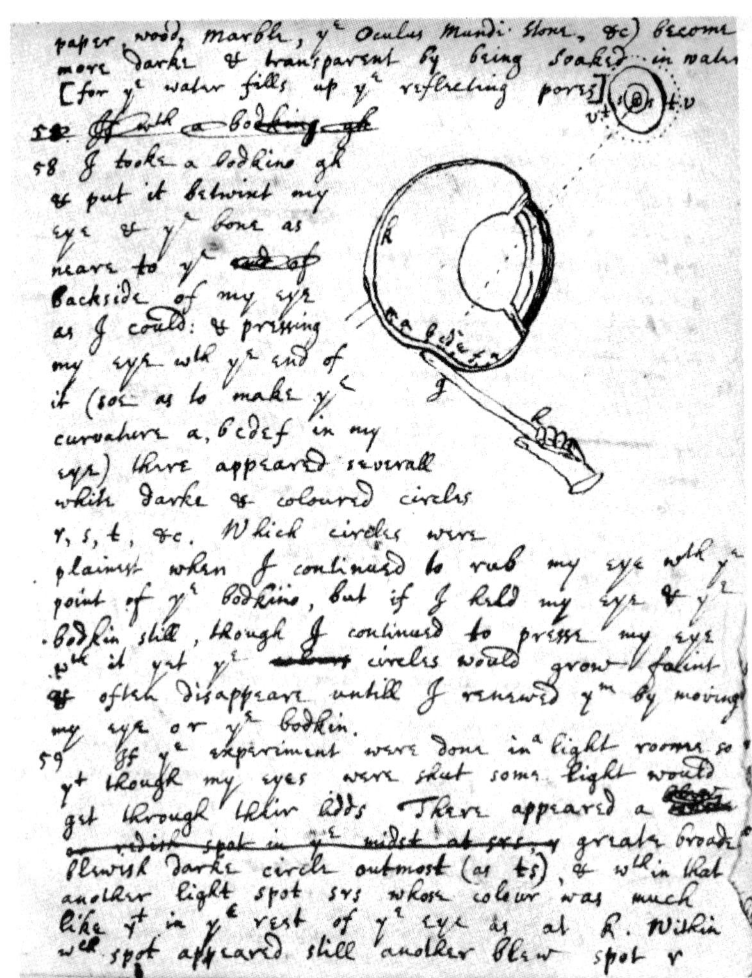

paper, wood, marble, ye Oculus Mundi Stone, &c) become more darke & transparent by being soaked in water [for ye water fills up ye reflecting pores]

~~58 If wth a bodking gh~~

58 I tooke a bodkine gh & put it betwixt my eye & ye bone as neare to ye ~~end of~~ backside of my eye as I could: & pressing my eye wth ye end of it (soe as to make ye curvature a, bcdef in my eye) there appeared severall white darke & coloured circles r, s, t, &c. Which circles were plainest when I continued to rub my eye wth ye point of ye bodkine, but if I held my eye & ye bodkin still, though I continued to presse my eye wth it yet ye ~~colours~~ circles would grow faint & often disappeare untill I renewed ym by moving my eye or ye bodkin.

59 If ye experiment were done in a light roome so yt though my eyes were shut some light would get through their lidds There appeared a ~~reddish spot in ye midst at sx~~ greate broade blewish darke circle outmost (as ts), & wthin that another light spot srs whose colour was much like yt in ye rest of ye eye as at k. Within wch spot appeared still another blew spot r

5. **Newton's drawing of his deformation of his eye by means of a bodkin**

used a mirror? Where contemporaries had merely discussed the theoretical possibility of constructing such an instrument, Newton went ahead and built a successful version, making every aspect of the device with his own hands. The metal easily tarnished and the image was devoid of colour, but it solved the problem of chromatic aberration and magnified as much as a good refractor. It was a remarkable achievement, and one for which Newton – reprising his Grantham role – became famous at Cambridge.

Chapter 4
The censorious multitude

The major turn that Newton's life took after he became a major fellow of the college in 1668 was to a large extent facilitated by Isaac Barrow, who had by now recognized Newton's potential. He thanked Newton (although not by name) for help in revising his *Eighteen lectures* on optical phenomena of 1669, and Newton almost certainly attended his Lucasian lectures on geometrical optics in 1667 and 1668. Barrow was presumably unaware of the radical nature of Newton's work in that area but with his support, Newton was elected as his successor in the Lucasian Chair in September 1669.

Early in 1669 Barrow had shown Newton a copy of Nicholas Mercator's *Logarithmotechnia*, published at the end of the previous year. Mercator had discovered a way of deriving values for logarithms by using infinite series; Newton claimed later that when he read the work, he had assumed (wrongly) that Mercator had uncovered the generalized binomial theorem for expanding polynomials with fractional powers. In any case, seeing Mercator's book and realizing that Mercator had begun to 'square' terms to produce infinite series prompted him to compose a remarkable mathematical tour de force, now known as 'On analysis by infinite series' (or 'De Analysi'). He did not specify the binomial theorem in this work but, amongst other treasures, laid out a number of infinite series that approximated to values for sin x and cos x, along with techniques for integrating the cycloid and the quadratrix. He announced that the methods of tangents and quadratures were inverse techniques, and drew from the October 1666 tract to offer a powerful basis for his method of fluxions. He would draw from 'On analysis' in two major mathematical letters written to Leibniz in 1676.

Barrow communicated this work to the London mathematician John Collins at the end of July 1669, revealing Newton's authorial identity a month later. Infinite series were all the rage, and via Collins, Newton's achievements, as well as the actual text, came to the attention of other mathematicians. In fact, in November Newton met Collins in London, where they discussed his reflecting telescope, series expansions, harmonic ratios, and the fact that Newton ground his own lenses. However, Collins noted that he was unwilling to disclose the general method underlying his work. At this time Barrow asked Newton to comment on the *Algebra* of Gerard Kinckhuysen, which Collins had recently translated. Newton's extensive remarks were never published but in any case he exhibited what Collins thought was a bizarre unwillingness for his name to be attached to the piece. He made it clear to Collins in September 1671 that he wanted his work to appear anonymously – if it appeared at all – and he had no desire 'to gain the esteeme of one ambitious among the croud to have my scribbles printed'. This attitude would govern his relations with potential audiences for his work for the next three decades.

Newton's Lucasian lectures on geometrical optics differed dramatically from those given by his predecessor. He employed a barrage of experiments, prisms, and lenses to corroborate his theory of the heterogeneity of white light and placed a major emphasis on the mathematical precision and certainty that attended his work, urging that natural philosophers should become geometers and should stop dealing with knowledge that was merely 'probable'. Here was Newton's first public pronouncement that natural philosophy could reach an absolute level of certainty and should be based on mathematical principles.

At this point Newton could have published work that would have stamped him as one of the most fertile scientists, and certainly the most brilliant mathematician the world had seen. Collins spent some time pushing him into publishing both 'On analysis' and a version of his optical lectures, and Newton expended a great deal of effort revising them, expanding the first (in early 1671) into a new treatise on methods of series and fluxions. He also rewrote his optical lectures in the second half of 1671, producing a new version that differed from the earlier one in that it suggested that one should measure refractions and reflections before discussing the nature of colours. However, when Collins prompted him again in April 1672, Newton told him that he had been thinking of preparing a joint publication of his optical and mathematical work, but had desisted, 'finding already by that little use I have made of the Presse, that I shall not enjoy my former serene liberty till I have done with it'. Nevertheless, at this time his name did appear as the editor of a book on geography by Bernard Varenius, a work to which he later admitted he had added little.

The cause of Newton's disillusionment was his first contact with an international audience. Collins had already been informed by Newton of the existence of his reflector, and the topic was 'live' again at the end of 1671 when Barrow delivered a new version of the instrument to the Royal Society. It was much admired by the fellows, and was examined in some detail 'by some of the most eminent in Opticall science and practise', as the Secretary of the Society, Henry Oldenburg told him. Oldenburg told Newton that a description of the instrument's construction and capacity had been sent to Christiaan Huygens at Paris, 'to prevent the arrogation of such strangers, as may perhaps have seen it here, or even with you in Cambridge'.

In reply Newton adopted his standard aloofness about his own invention, telling Oldenburg he had had the device in Cambridge for some years without making any great song and dance about it. He added advice on how to produce an alloy for the mirror and

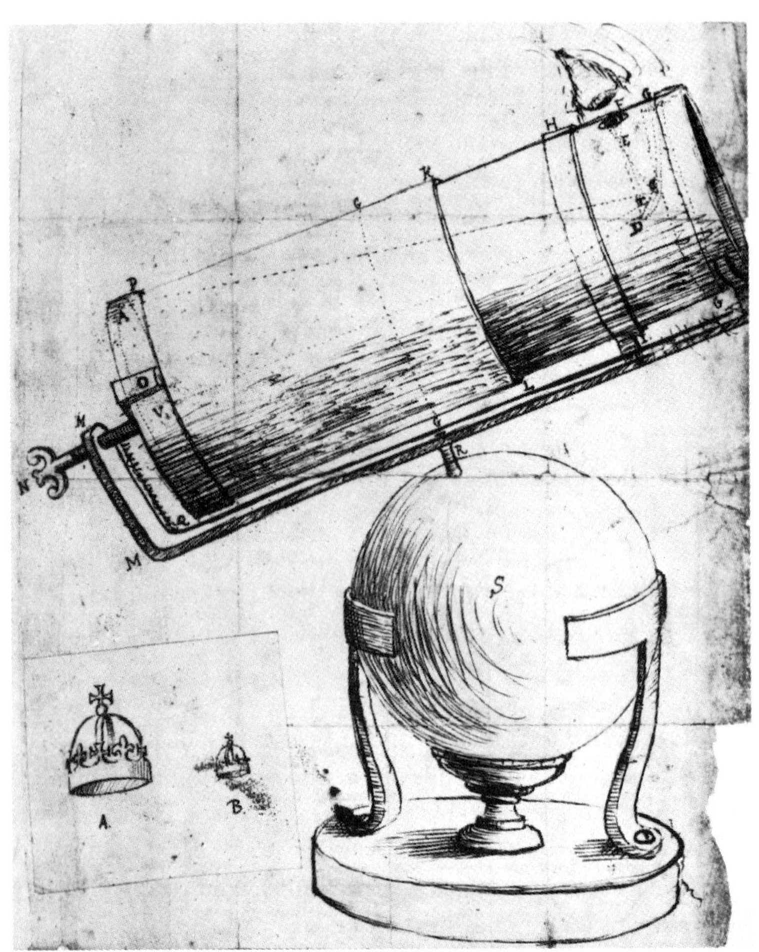

6. A sketch made by a member of the Royal Society of Newton's reflecting telescope presented to them by Isaac Barrow at the end of 1671

thanked the Society for electing him a fellow. He continued his pose of modesty in accepting the offer of a fellowship of the Society, offering to convey to them whatever his 'poore & solitary endeavours' could do to benefit their activities. Nevertheless, a further letter revealed that he had been prompted into constructing the reflector by what was in his judgement 'the oddest if not the most considerable detection which hath hitherto been made in the operations of nature'. Oldenburg duly received Newton's epoch-making paper early in February 1672.

Newton at the Royal Society

In the years since it had been founded in 1660, the Royal Society had fashioned what was effectively an official position regarding the best way to perform and write up experiments. To a large extent, this was based on the approach adopted by Robert Boyle, who in his writings had suggested that authors adopt a 'historical narrative' style. This involved authors describing what they had actually done on a particular occasion in as detailed a manner as possible. Where they could, writers were to avoid any reference to hypotheses that were experimentally untestable, and they were not to make over-hasty general statements about how nature would behave in all similar cases. They were also to be modest about what they claimed, to the extent that they should not claim greater certainty for their views than was warranted by the evidence. Time and the replication of phenomena by many other people on a number of occasions would prove the truth or otherwise of any statement. Boyle thought that some mathematically inclined natural philosophers were over-confident in applying mathematical techniques to the natural world, and in claiming an unwarranted degree of certainty for their work.

In his February paper, Newton began in the historical narrative style, relating that – in the midst of trying to grind non-spherical lenses – he had bought a prism in 1666 and passed sunlight through it in a dark room on to a wall 22 feet away in order to test the 'phenomena of colours'. Expecting to see a circular image according to the laws of refraction, he had been 'surprised' to see instead that it was 'oblong'. According to his story, he gradually removed various explanations for the elongated 'spectrum', including the thickness or unevenness of the glass, and made a precise measurement of the experimental set-up. The difference between the angle made by the rays entering the prism (31′), and by those leaving (2° 49′), was too great to be explained by the conventional laws of refraction.

'At length', he noted, he came to what he termed the *experimentum crucis* (crucial experiment, a term derived from the Baconian phrase *instantia crucis*). This was a refined if obscurely rendered version of the two-prism experiment described in the most mature of his essays on colours. He took two boards, both with very small holes in them, placing one next to the window (where the first prism was placed), and a second, 12 feet away from the window. Turning the first about its axis, he allowed different coloured rays to pass through the hole in the second board and onto a second prism next to it on the other side. As would become much clearer later, the experiment was supposed to show that, although they all had the same angle of incidence to the second prism, each individual coloured ray experienced the same degree of refraction emerging from the second as it had from the first. The degree of refrangibility was not modified by the second prism *and thus every coloured ray had an intrinsic 'predisposition . . . to suffer a particular degree of refraction'.* Chromatic aberration, he commented, placed limits on the sort of precision that could be gained from refracting telescopes.

Halfway through the text Newton gave up on the historical narrative method, claiming that continuing in that vein would make his paper 'tedious and confused'. Natural philosophers, he said, would be amazed to find that the theory of colours was a 'science' based on mathematical principles; it was not hypothetical, but was absolutely certain, being based on incontrovertible experiments. In the remainder of the paper he offered to lay down the 'doctrine' of his theory, adding one or two experiments to serve as illustrations. A ray of a particular sort 'obstinately retained its colour' when passed through successive prisms, 'notwithstanding my utmost endeavours to change it'. Most wonderful of all, he exulted, was the fact that white light was composed of all the primary rays being brought together. His theory could explain the colours of all natural bodies, which were seen as a particular colour

7. A reproduction of the crucial experiment, from the 2nd French edition of Newton's *Opticks*

because of their tendency to reflect certain rays and not others. He concluded by saying that it was much more difficult to determine what light actually was, or how it was refracted, or 'by what modes or actions it produceth in our minds the Phantasms of Colours', although he offered a hostage to fortune by asserting that it could *perhaps* no longer be denied that light was corporeal (i.e. made up of bodies). However, the last claim was not essential to his argument, he said, and he would not 'mingle conjectures with certainties'.

The essay was not merely the most radical challenge to accepted views about optics in modern history, but was a clear statement about what Newton took to be the proper way to investigate and justify scientific claims. In reply, Oldenburg remarked that the fellows had considered the paper with 'a singular attention and an uncommon applause', and had asked for it to be printed in the *Philosophical Transactions*. He also mentioned that the Society had decided that some of its members should attempt to repeat the experiments described in the paper, as well as some other relevant ones. Newton replied that he had sent his paper to the Society on account of their being the 'most candid & able Judges in philosophicall matters', and remarked that he deemed it a 'great 'privilege that instead of exposing discourses to a prejudic't & censorious multitude (by which many truths have been baffled & lost)', he could now 'with freedom' turn his attention 'to so judicious & impartiall an Assembly'.

The trouble with hypotheses

The combined publication of the description of the telescope and the paper on light and colours made him famous. A number of contemporary philosophers, most notably Christiaan Huygens, expressed their approval. However, the Royal Society's star performer, Robert Hooke, wrote to Oldenburg within a week to say that he had grave reservations about the theory. Although he agreed that the phenomenon was true, he did not believe that differential refrangibility could only be explained by Newton's theory of the heterogeneity of white light, nor did he agree that it showed that light was corporeal. Hooke announced that he had found similar effects before, and he could not agree that Newton's theory of white light was as certain as Newton made it out to be.

Hooke's own hypothesis, namely that light was a pulse or motion transmitted through an undifferentiated and invisible medium – with colour being a modification of light caused by refraction – was, he asserted, based on hundreds of experiments. If Newton really did have a single compelling crucial experiment that proved his own thesis, then Hooke would readily concur with Newton's theory. However, he could think of numerous other hypotheses that would also explain what had happened. Why should all the motions that make up colour be in the white light *before* it hit the prism? There was no necessity for this to be the case, any more than there was that the sounds were 'in' the bellows that later issued from the pipes of an organ. Newton's theory was merely a hypothesis, if a 'very subtill and ingenious one', and not nearly so certain as a mathematical demonstration.

Newton's lengthy response to Hooke of June 1672 used a wealth of data from his optical lectures as well as from his laboratory notebook, and in itself was a major contribution to optics. The reply started with a haughty rebuke about Hooke's behaviour. He should have 'obliged' Newton with a private letter, while the 'hypothesis' Hooke had ascribed to him was not the one Newton had expressed in his paper – for nothing hung on whether light were a body or not. Ignoring 'hypotheses', which he despised, Newton had spoken of light 'in generall termes, considering it abstractedly as something or other propagated every way in straight lines from luminous bodies, without determining what that thing is'.

Newton then launched a direct assault on Hooke's wave theory of light, using arguments that he had developed while a student. One might accept, he said, that Hooke's hypothesis could account for the phenomena Newton had described, but it was beset with difficulties. Waves and vibrations of fluids did not travel in straight lines, as rays of light seemed to do; worse, given that different bodies would necessarily exude 'unequall' pulses, then ordinary light must be a mixture of these unequal pulses, or 'an aggregate of difform rays', which was the very sort of heterogeneity for which Newton had argued. Newton strode on: Hooke's hypothesis was not only insufficient but unintelligible, and if he were a half-decent experimenter, he would have found that what Newton had said was true. Considering light 'in general', there were more than two basic colours, contrary to Hooke's claim, while the crucial experiment was indeed as Newton had described it.

Hooke could scarcely mistake the tone. In a letter to a senior member of the Royal Society he noted that he had since performed further experiments with prisms and coloured rings, as Newton had suggested, but remained unconvinced by Newton's theory. Nevertheless, he added that he was sorry if Newton had been offended by what he had written, since it had never been meant for his sight. Hooke stressed that he did have good evidence for his views, and indeed he had produced diffraction experiments which showed that in certain conditions light really did spray out into 'shadowed' areas. He was sorry if his own hypotheses were unintelligible, although he sarcastically noted that he made 'noe question' that Newton could explain how primary rays maintained their own constant refrangibility after refraction, and were then made to converge again 'and unite into one and then every one part againe and keep on their way Direct & undisturbed as if they had never mett'. Newton might understand this but Hooke did not, and nor did he understand why Newton was now afraid of saying what a ray of light actually *was*.

Hooke's response, wedded as he was to a view that philosophical explanations had to refer to intelligible physical causes, set the pattern for the way natural philosophers would understand Newton's programme. Early in the following year Christiaan Huygens repeated the point made by Hooke to the effect that there were a limited number of basic colours from which all the others could be made. He also stated that Newton had not abided by the fundamental tenet of the mechanical philosophy, namely that he was obliged to devise a physical hypothesis that would account for the different prismatic colours. Until he had done this, Huygens remarked, 'he hath not taught us, wherein consists the nature and difference of colours, but only this accident (which is very considerable,) of their different refrangibility'.

This seems to have been the last straw for Newton, who told Oldenburg that he wanted to resign from the Royal Society, being unable to benefit them on account of his 'distance' from London. At the same time, he told Collins that he had experienced some 'rudeness' from members of the Society, a remark which got back to Oldenburg. With reference to Hooke, the Secretary of the Society told Newton that every group had a troublemaker, and 'that the Body in general esteems and loves you'.

Nevertheless, Newton did send an intemperate reply to Huygens. It was impossible, he said, to concoct the prismatic colours from yellow and blue, and it was inconceivable how the basic phenomena of light could be caused by only two sorts of rays. Although he had mentioned the fact in his original paper, Huygens's comment forced Newton to reiterate that simple and compound rays might look identical, and could only be distinguished by experiment. If white light *could* be made from two coloured rays alone, then it meant that the rays were already compound and not primitive. As if the tone were not sufficiently rude, Newton ranted that this was so obvious 'that I conceive there can be no further scruple especially to them who know how to examin whether a colour be simple or compounded & of what colours it is compounded'.

Despite being told by Oldenburg that Newton was a man of great candour, Huygens was irritated by Newton's attitude, commenting that he did not want to dispute with Newton if he defended his theory with such heat. Nevertheless he generously sent Newton a copy of his extraordinary *Horologium Oscillatorium*. Newton thanked him for his book, which was full of 'very subtile & usefull speculations' (such as the equation for centrifugal force), but he responded to the criticism of his tone by saying that it had seemed 'ungratefull' to him to have met with objections that he had already answered. To Oldenburg, in a letter that contained his response to Huygens, he repeated his intention to be 'no further sollicitous about matters of Philosophy'.

Newton continued to correspond intermittently with Collins and other mathematicians, discussing short-cut techniques for facilitating the construction of tables of logarithms, square numbers, and square and cube roots. However, other issues had by now crowded into his life. In late 1674 he was faced with the need to be ordained and hence to affirm his commitment to the Holy Trinity in order to retain his fellowship. For reasons explained in the next chapter, this was no longer possible and in January of the following year, he implied to Oldenburg that he was about to lose his position at Trinity. Nevertheless, after a trip to London at the end of February to meet high-ranking government officials, Newton received special dispensation to continue as a fellow without taking holy orders in the spring of 1675. The support of Barrow (now master of the college) may well been central to his success.

Cloudy days and bad prisms

Just as Newton thought he was free from disputing in the public arena, a new rash of correspondence pulled him back in. A critique by the Liège Jesuit Francis Linus opened up a new sort of attack on Newton's theory, which was continued by colleagues on his behalf when Linus died in 1675. This concerned the practical difficulty of following in detail the various instructions that Newton had given in his papers, and of achieving the outcomes that he said would ensue. To some extent Newton had foreseen such problems, which were inherent in his mathematicist approach, dealing as it did with one or two abstract and idealized experimental situations rather than a set of detailed descriptions of many related experiments. When Oldenburg sent him some queries written by fellows of the Royal Society in response to his initial paper on light and colours, Newton had admitted that his exposition had been obscure, and that his descriptions might have been longer and contained more diagrams if he had intended them for publication.

The trouble with Linus was magnified in ensuing correspondence with the Jesuit's colleagues, John Gascoignes and Anthony Lucas. Although a number of British natural philosophers appear to have repeated most of Newton's experiments without much trouble, the correspondence with the Jesuits proved how difficult it was for some highly accomplished philosophers to reproduce his experiments, or even to understand what their point was. For their part, the Jesuits believed they were following the tenets of the Royal Society in holding that scientific knowledge could only be built up gradually, by producing a number of different experiments that shed light on different aspects of the theory. Since it was so novel, they said, it was up to Newton to prove his theory. Newton, who felt that the Jesuits were explicitly attacking his sincerity and competence, argued that his crucial experiment *alone* was enough to make good his theory. He criticized the Jesuits for not following his instructions, for being unable to measure refractions to the required degree of precision (minutes and not merely degrees), for using inadequate prisms and for relying on long-dead witnesses to experimental trials.

At some point in 1677 Newton decided once more to publish his own optical work (probably in conjunction with his work on infinite series), consisting of a mixture of his optical lectures and his published correspondence. He was engraved for a frontispiece by the artist David Loggan in March of that year but things did not go according to plan. In February 1678 Newton asked Lucas for a copy of an earlier letter (of October 1676) sent by the Jesuit, which Newton had lost in a fire that must have only recently destroyed many of his papers and which put paid to the projected work. By chance, Lucas had already received permission from Newton two months earlier to have the same letter published in the *Transactions*, and it was passed on to Newton by Robert Hooke, one of the new secretaries of the Society following Oldenburg's recent death. However, Newton somehow realized that the version Lucas had sent Hooke for the *Transactions* was slightly different from the original. In one final letter to Lucas of March 1678, Newton spewed a torrent of abuse over the quality of science represented in Lucas's earlier letters. On the verge of a breakdown, he described Lucas and his 'friends' as comprising a Jesuit conspiracy against him. They had 'pressed' him into public disputes, the very thing that Newton hated most. Newton told Lucas that he had thought most of his points too 'weak' to acknowledge while there was 'other prudential reasons' why Newton was unwilling to 'contend' with him. Yet if public disputing with Jesuits was deeply unpalatable, there were other interests to take up his time.

Chapter 5
A true hermetic philosopher

Alchemy enjoyed a chequered reputation by the middle of the 17th century. Although many despised it as the hopeless quest to turn base metals into gold, others thought it had a long and venerable tradition, its secrets all the more significant and 'noble' for being obscured in recondite language and imagery. Natural philosophers such as Robert Boyle despised certain so-called alchemical practices while simultaneously believing that, if properly understood, some alchemical texts offered accounts of the most valuable operations in nature. As such, alchemy was part of a larger practice that was termed 'chymistry'. This included ordinary or 'vulgar' chemical operations that were part of any chemist's repertoire, but the alchemical tradition, which held all nature to be alive, seemed to promise answers to questions concerning fermentation, heat, and putrefaction, as well as the growth of animals, plants, and minerals. Alchemists were supposed to have access to techniques that mimicked these extraordinary processes and that would allow them to transmute various elements into each other. Most alchemists believed that there was a fundamental religious or spiritual aspect to the art, though evidence for this is conspicuously lacking in Newton's alchemical papers.

In the 1650s a circle of practitioners had developed in London around the American George Starkey, who developed the vitalistic theories of J. B. van Helmont in a number of works. Newton turned to Starkey's work at the end of the 1660s, enticed by his analysis of the way that certain primary elements could be made to ferment or vegetate. In notes from this period, he also created a chemical dictionary from terms he found in Boyle's writings and noted down all the chemicals, procedures, and many pieces of equipment that were required to pursue the art of ordinary chemistry. However, he turned to the alchemical tradition to provide him with answers to questions concerning the most significant subjects that perplexed him and his contemporaries, namely fermentation, transmutation, life, reproduction, and the mind–body relationship. The exact date at which Newton became committed to the study of alchemy is not known, though a letter to his friend Francis Aston, and his purchase of two furnaces and Lazarus Zetzner's six-volume *Theatrum Chemicum* – all in 1669 – suggests that his elevation to the Lucasian Chair at the same time may have been a distraction from a deeper interest.

Nevertheless, Newton by no means neglected what 'common' chemistry had to offer. At about this time, in his 'chemical' notebook, he took many pages of notes from Robert Boyle's *New Experiments and Observations touching Cold* of 1665, adding queries and occasional experiments of his own. Along with other of Boyle's works published in the 1660s and 1670s, this represented the greatest mine of information that Newton had at his disposal, and gave detailed and authoritative information about the natural world. He noted, for example, that, despite it being much colder in Asia, the Chinese did not feel the cold as Europeans did, on the grounds that there were 'subterraneous exhalations' that contained 'calorifick streams'. Other notes from Boyle, along with Newton's musings upon them, reflected perennial topics of interest within his natural philosophy, such as heat, light, transmutation, and the 'principles' of nature.

Elsewhere, in a section on the transmutation of 'forms', Newton noted (from Boyle's *Origine of Formes and Qualities*, of 1666) that various living substances such as corals, crabs, and crawfish would turn to stone when pulled out of water, that near Sumatra there grew twigs that had 'worms' as their root, and that in Brazil, an animal akin to a grasshopper turned into a vegetable. Again, Boyle supplied crucial information concerning a white, earthy residue that remained when rainwater was distilled; Newton remarked approvingly that Van Helmont thought water was the principle of everything because all things 'by successive operations' could be 'reduced' to it.

The excerpts from George Starkey's *Pyrotechny Asserted* that follow the reference to Van Helmont indicate a shift of emphasis in his reading. At about the same time he read and took notes on Michael Maier's *Symbola aureae mensae duodecim*, which along with a manuscript on advice for travellers formed the basis for the letter to Aston in May 1669. This began with pompous advice on how to deal with foreigners, but Newton also told Aston (about to embark on a tour of Europe) to be on the look out for transmutations from one metal to another, for they would be 'worth your noting being the most luciferous & many times lucriferous experiments too in Philosophy'. Specific instructions came from his reading of Maier, but were also related to information gleaned from his reading of Boyle. Newton soon began to devour a treasury of both manuscript and printed alchemical works. Of great significance is the fact that his notes come from manuscript versions of many of these texts, indicating his acquaintance with a circle of alchemists based in Cambridge or more probably London. Unfortunately, the identity of many of these characters is elusive.

The vegetation of metals

As in the case of the 'Philosophical Questions', he quickly began to perform novel experiments, although indexing and comparing different alchemical works and terms would remain a key element of his research strategy. Soon after he bought the *Theatrum*, he created a short list of 'Propositions' in which he drew from texts cited in the collection. Here he referred to an active, 'mercurial spirit', termed 'magnesia', which was the 'unique vital agent' that permeated all things in the world. This was the so-called philosophical mercury – the primordial form of all metals that when reconstituted by alchemists could perform extraordinary transmutating effects. Working by means of a gentle heat, it could be harnessed to reduce (or 'putrefy') elements into their most basic state, and then to 'revivify' (or 'generate') them into a new form. Invoking an analogy that was basic to the alchemical tradition, Newton remarked that the *modus operandi* of this spirit was specific to whichever realm it worked in, whether on metals, or in the human body, or in the alchemist's laboratory. From 'metallic semen' it would generate gold, while from human semen it could generate human beings.

Similar themes were treated at much greater length in a remarkable paper that was probably written in the early 1670s. Known by its first line, 'Of Natures obvious laws and processes in vegetation', this

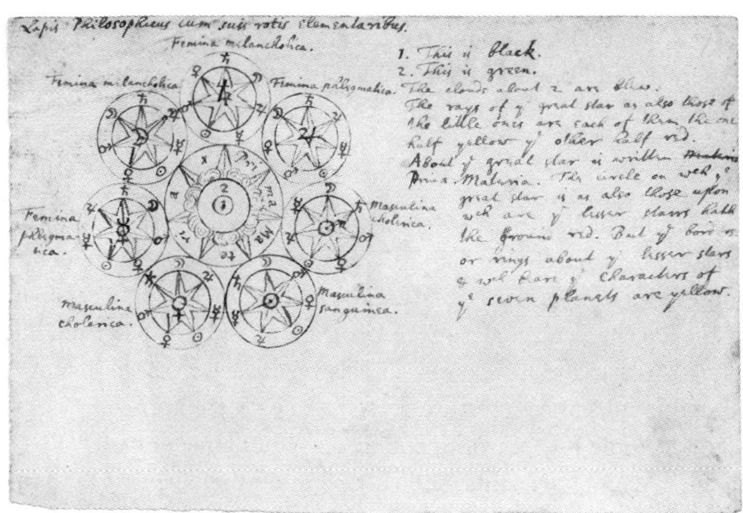

8. Newton's own drawing of the Philosopher's Stone; this was a substance that could help perform alchemical operations such as turning base metals into gold, or rejuvenating human beings so as to grant them immortality

is among the handful of Newton's most important writings on any subject. Many of the themes – transmutation, condensation, nature as a perpetual 'circulatory worker' – would appear again and again in different areas of his work. Under numbered headings resembling an outline of a treatise, Newton noted that the same laws that governed vegetable growth also covered the development of metals. By means of the alchemical art, metals could be made to vegetate as a result of working the 'latent spirit' that lay in them. As in art, so Nature could only nourish, but not create the various 'protoplasts' or forms of natural things – the latter being God's work.

There were a number of areas of 'agreement' between the different kingdoms of animals and metals, and, as we have seen, for Newton growing metals in laboratory conditions was analogous to the way Nature did her work. Indeed, it was because metals were living things that they had a tremendous capacity to act on animals for better or worse. This was visible from the rejuvenating power of springs, the fact that variation in the amount and type of metallic particles in the air gave rise to 'healthfull & sickly yeares', and in the observation that the ground covering mines was often barren. Minerals could unite with animal bodies and become part of them, 'which they could not doe if they had not a principle of vegetation in them'.

The actions of Nature, Newton claimed, were either 'vegetable' (or 'seminall'), or purely 'mechanicall', as in so-called 'vulgar' chemistry. Sometimes changes in the textures of things could be brought about by the 'mechanicall coalitions or separations' of these particles, but often it was accomplished more nobly by the action of the 'latent vegetable substances'. Nature herself had a much more 'subtile secret & noble way of working' than was found in common chemistry, and it was this mode of operation that alchemists were trying to mimic. The basis and 'agents' of her vegetable actions were the 'seeds or seminall vessels' in the heart of matter (surrounded by a humid covering), which Newton called the 'fire', 'soule', and 'life' of Nature. These constituted an 'unimaginably small portion' of matter, activating what would otherwise be only a 'mixture of dead earth & insipid water'. Whereas the body of grosser matter was often unaffected by extreme heat, the 'virtue' of the seeds could be terminated or corrupted by even a marginally excessive rise or fall in temperature. Vegetation was a central part of the process, consisting in the action of 'mature' seeds on the less mature parts of a different substance to make it as mature as itself. In another part of the manuscript he referred to the subtle part of matter as the 'vegetable spirit', which was the same in all things save for the degree to which it was 'digested' or mature. When different vegetable spirits were mixed they 'fell to work', putrefied, and 'mixed radically & so proceed in perpetuall working till they arrive at the state of the less digested'.

The paper also dealt with the ways in which, by imitating nature, alchemists could make use of vegetation to effect extraordinary phenomena. An initial stage of reduction to a 'putrefyed Chaos' was requisite for the alchemist's work to take place and 'all putrefyed matter [was] capable of having something generated out of it'. Putrefaction 'alienated' something from what it was, and was the condition for generation and nourishment, although total putrefaction made 'a black stinking rottenness'. As in Nature, this was to take place in a 'gentle' heat, and on moist substances, while coldness or extreme heat would ruin the work. Alchemy could promote the action of Nature on anything whatever, and the product was no less 'natural' than if Nature had produced it alone: 'Is the child artificiall because the mother took physick, or a tree less natural which is planted in a garden & watered then that which grows alone in the field?' By art, a 100-year-old oak could be made to propagate, and 'duly ordered and mixt with due minerall humidity', minerals could be made to 'rot & putrefy'.

The mineral cosmos

Newton argued that when metals were transformed into 'subtle & volatile fumes' they could pervade water (or other liquors) and ‘impregnate it’. In cold water they lost their vegetating power, congealing into a ‘fixed’ salty state, and it became extremely difficult to turn them back into metals. Sea-salt, for example, was a mixture of different sorts of metallic fumes all concreted together, and these ‘saline clusters’ had a further ability to join up and form long crystalline tubes. This tendency of fumes or vapours to congeal was observed by distilling rainwater into its constituent parts, and also by noting the tendency of water to bind with minerals to form growths on rocks.

The most ‘intimate’ condensing was achieved by mixing the ‘invisible vapors’ of different sorts of fumes. These produced concretions of a more ‘open & subtile constitution’, such as ‘nitre’ – an element Newton called a ‘spirit’ that was the ‘ferment of fire & blood . . . & all vegetables’. When they thickened, the humid parts that gave rise to nitre also created salt, but the cold of the sea stifled these more subtle vapours and so nitre was never found in it. In its more subtle nitrous state, salt would ferment and putrefy but gross salt was itself ‘dead’. Either naturally or artificially, salt could however be ‘incited’ to vegetate ‘by other substances that are in a live & vegetating state’. Basic salts preserved meats and worked by means of their gross particles but in certain circumstances their ‘latent principle’ could be triggered to work ‘vigorously’ on other elements. In this state nitre was generally held to be the most powerful mineral for enriching land, as well as being the source of gunpowder and of the purest part of air. If salts could be made to putrefy, Newton suggested, they could make a wonderful medicine.

Recalling his earlier theory, Newton described a great circulatory system in which various watery vapours and mineral fumes were exhaled upwards by the Earth. As air rises so aether is constantly forced downwards into the earth ‘& there its gradually condensed & interwoven with bodys it meets there & promotes their actions being a tender ferment’. Being sticky and elastic, it brings down heavier bodies as it descends, and being much finer than air, it does so with a much greater speed than that with which the air rises. The

Earth was thus like a great animal or 'inanimate vegetable', breathing in the aether for its daily refreshment. Terrestrial elements were composed of aether mixed together with a more active spirit, he continued, which was 'Natures universall agent, her secret fire, the ferment & principle of all vegetation'. The 'materiall soule of all matter', it could be activated by a gentle heat, and was perhaps in essence made up of or the same as light. Both had a 'prodigious active principle', both were 'perpetuall workers', and all things emitted light when heat was applied to them. Like sunlight, heat was necessary for generation, and 'noe substance soe indifferently, subtily and swiftly pervades all things as light & noe spirit searches bodys so subtily piercingly & quickly as the vegetable spirit'. This remarkably rich cosmology aimed at nothing less than uncovering the active elements of life and indeed the entire universe. In different guises, Newton would return repeatedly to the same themes.

Squashing tadpoles

Newton's explicitly alchemical cosmology appeared in a different form in a work composed late in 1675. Although it was not printed in his lifetime, his 'Hypothesis' of 1675 dealt with all the major topics that would reappear in the early 18th century as 'Queries' in the different editions of his *Opticks*. Whereas the alchemical work aimed more explicitly at uncovering the active elements in ordinary matter, the work described in his 'Hypothesis' was partly concerned with subjecting the aether to the same experimental forms of enquiry by which Robert Boyle had investigated the air. Indeed, when Newton met Boyle in the London in early 1675 the latter had apparently joked about Newton's intention to trepan the 'common aether'. At the same time Newton also had a lengthy discussion with Hooke about the cause of reflection and refraction, which Newton attributed to the action of the edge of the aetherial medium into which the light was passing. Repeating his proposal of a decade earlier, he told Hooke that an experiment in an air-pump could prove this, by showing that the phenomena of reflection and refraction would not be altered by taking place in an evacuated air-pump; it was the aether and not air that gave rise to reflection and refraction.

At the start of December 1675, Newton sent Oldenburg two pieces of work. One was the 'Discourse on Observations' mentioned earlier in connection with coloured rings, while the second was a short treatise Newton dismissed as 'another little scrible'. Read out at weekly meetings from 9 December, it was entitled 'An Hypothesis explaining the Properties of Light discoursed of in my severall Papers'. Although he had previously intended never to publish anything of this nature, he said (undoubtedly with reference to Hooke), 'I have observed the heads of great Virtuoso's to run much upon Hypotheses, as if my discourses [lacked] an Hypothesis to explain them by.' Optimistically, he said that he hoped this would put an end to disputes about his work.

According to this treatise, many types of terrestrial phenomena were caused by aether rather than air. Aether was more rare, subtle and 'elastic' than air, and was a compound mixture made up 'partly of the maine flegmatic body of aether [and] partly of other various "aetheriall Spirits"' in the same way that air was composed of the main body of air mixed with various 'vapours and exhalations'. The fact that the aether could give rise to such diverse phenomena as electricity and magnetism was ample proof of its compound nature. Perhaps, he conjectured, all of 'Nature' was composed of various amalgams of aetherial spirits or vapours that had been condensed by precipitation. The original forms of Nature were created by the immediate hand of God, and ever afterward by the power of Nature itself. By dint of the command 'Increase and Multiply', Newton continued (recalling the language of his alchemical tract), Nature 'became a complete Imitator of the copies sett her by the Protoplast'.

Newton described a simple experiment that shed light on the nature of electricity, and again invoked the notion of condensing. It involved the vigorous rubbing of a circular piece of brass-enclosed glass until miniscule bits of paper under the glass jumped up, 'mov[ing] nimbly to and fro'. The bits of paper would continue 'leaping' even after the rubbing had stopped, skipping and jumping in every direction while some rested on the underside of the glass for a short time. Evidently, he wrote, some 'subtle matter' in the glass had been rarefied and released from it, constituting a sort of aetherial wind. Afterwards it had recondensed and returned to the glass, thus causing the electrical attraction that drew the paper to its underside.

Ten years after his first crude musings on the subject, the 'Hypothesis' also gave Newton the opportunity to make public his thoughts on the possible causes of gravitation. This could be caused by the continuous condensing of some very refined 'gummy, tenacious & Springy' nature, analogous to the part of the air that supported life. This spirit might be condensed in fermenting or burning bodies and fall as gravitational rays into the Earth's cavities, forming 'a tender matter which may be as it were the succus nutritious of the earth or primary substance out of which things generable grow'. The Earth would then release an upward stream of aerial exhalations, which would ascend to the stratospheric layers of the atmosphere, when the matter would once again be 'attenuated into its first [aetherial] principle'. Again repeating the terms from the alchemical text, he noted that nature was thus a 'perpetuall circulatory worker', turning fluids into solids, refined matter into 'grosser' matter, and indeed all things into their opposites, and back again. On an even grander scale, the Sun might play a central role in exactly the same phenomenon, drinking up the aether 'to conserve his Shining' to prevent the planets from escaping.

For Newton aether accounted for most terrestrial phenomena, energizing activities like fermentation, putrefaction, melting, reflection, and refraction. More speculatively, he thought this might explain 'that puzleing problem', namely the capacity to move one's own body, with muscles contracting and dilating according to how one condensed or dilated the aether that pervaded them. Doubtless this theory was the basis of the discussion on trepanning the aether he had enjoyed with Boyle the previous spring, for Newton had proposed that Boyle attempt further air-pump experiments on muscles. Despite the fact that water could not be compressed, Boyle had managed to partly squash a tadpole, indicating that its 'animal juices', presumably with rarefied aether in tiny pores, could be contracted (and expanded). Newton even adapted Boyle's notion of the 'spring' or elasticity of the air to hypothesize that in normal situations there had to be a given amount of elastic or 'springy' aether inside a body in order to 'Susteyne & Counterpoyse' the pressure of the external aether.

At some point in the late 1670s or more likely in the early 1680s, Newton composed an extraordinary text ('On the gravity and equilibrium of fluids', now known as 'De Gravitatione') in which he argued vigorously against Descartes's notion that motion could only be measured relative to surrounding bodies. For our purposes, what is remarkable is Newton's contention that empty space was full of different *potential* shapes that were capable of 'containing' (but which were not, as Descartes would have it, the same as) physical objects of the same size. All space was an effect of, but not the same as God, who was able to make certain spaces impenetrable, or reflect light in a certain way, thus creating perceptible bodies – 'the product of a divine mind realised in a definite quantity of space'. According to Newton all this could be achieved by the mere action of divine thinking and willing, something that was analogous to the way in which we move our bodies at will. If the latter were known to us, he concluded, 'by like reasoning we should also know how God can move bodies'. Despite many differences between God and man, we were, after all, created in His image. As we shall see, a more grandiose version of this theory would appear in his major 18th-century writings.

By revealing how creatures controlled their own muscles, squashing tadpoles might therefore shed some light on the mind–body relationship. The way the soul controlled the relative densities of the fluids involved in muscular motion was tricky, but Newton bravely offered a number of hypotheses. Central to his view was his theory that the juices of animals contained aetherial 'animal spirits', which did not escape through the pores of the outer coatings of the brain, nerves, and muscles. The reason for this, Newton argued, was that certain parts of the body were more or less disposed to house this spirit in virtue of the fact that there was a 'secret principle' of aetherial 'sociability' or 'unsociability' between different substances. This allowed the spirit to remain in some parts of the body and not others, and the same theory might explain why the solar and planetary vortices remained separate. In the case of aerial particles, he suggested, a third element could be introduced to make previously 'unsociable' substances sociable to each other. Could the soul not interact with the aether in the same way by introducing a different form of aether that might render the animal spirits of the muscles and their coating sociable or unsociable to each other?

On Hooke's shoulders

Directly confronting the theory described in Hooke's *Micrographia*, Newton remarked in the 'Hypothesis' that light was neither the aether itself nor its vibrating motion, but 'something' – he would not say exactly what – that was exuded from lucid bodies. Some 'principle of motion' initially accelerated light away from these bodies, but again Newton would not say whether the cause of this were 'mechanical' or whether it was accomplished by some other means, possibly similar to the principle of self-motion that God had implanted in animals.

Light and aether acted upon each other, he continued, aether refracting light, and light acting on aether to make heat. Light could also cause aether to vibrate, sending vibrations cascading through a larger body in the same way that the beating of a pair of drums could stimulate the air to vibrate. By analogy with the way that vibrating air gave rise to sound, the experience of various colours could be caused by vibrations set up in the *capillamenta* of the optic nerve. The strongest vibrations would cause the most intense colours, and Newton even proposed that light could be analysed according to the way that sound was 'graduated' into tones. Indeed, it was in this paper that Newton first publicly suggested (on the basis of lines drawn by a friend) that the spectrum be divided up into seven colours, again on analogy with the octave. Finally he attempted to explain how concentric bands appeared in thin plates, and also how diffraction occurred. The latter had caused a disagreement at the Royal Society meeting in spring 1675 where Hooke had raised the topic, Newton asserting that it was merely a form of refraction, and Hooke affirming that, if so, it was a novel sort. In the 'Hypothesis', however, Newton now pointed out that he had read that, long before Hooke, Grimaldi had performed some diffraction experiments.

In a letter sent a week after he transmitted the 'Hypothesis', Newton described some further electrical experiments that could be tried with glass and bits of paper. These triggered a spate of attempted replications, and it is a mark of Newton's impact and originality that these offhand observations on electrical phenomena were to be deeply influential over the next four decades. Of more immediate concern to Newton was a growing dispute with Hooke over optical phenomena. At the reading of the second part of the 'Hypothesis' on 16 December, Hooke had stood up and remarked that the bulk of Newton's doctrine was contained in his *Micrographia*, and that Newton had merely carried it further 'in some particulars'. When Newton heard this he returned with interest the twin compliments of unoriginality and plagiarism to the Gresham professor. Hooke's account in *Micrographia* of the aetherial cause of optical phenomena differed little from those found in Descartes 'and others', Newton said, and he had 'borrowed' many of their doctrines, extending them further only by applying his version of the theory to the phenomena of thin plates and coloured bodies.

He had little in common with Hooke, Newton went on, save for the general notion that the aether vibrated – and then Hooke supposed light was identical with the vibrating aether, while he did not. He explained refraction and reflection, as well as the way in which colours of natural bodies were produced, very differently from Hooke, and indeed Newton's experiments on thin plates 'destroy all he has said about them'. This letter was read at a meeting of the Society on 30 December, and Hooke, undoubtedly taking umbrage at both Newton and Oldenburg, created a 'philosophical club' (containing allies such as Christopher Wren) two days later. Here he repeated the charge that Newton had effectively taken material and theories wholesale from the *Micrographia*.

When another letter from Newton was read out at the Royal Society on 20 January 1676, Hooke immediately dashed off a conciliatory letter to him, accusing Oldenburg of fomenting trouble between them. He knew what Newton wanted to hear, pleading that he detested contention and feuding in print, and protesting that he valued Newton's 'excellent Disquisitions'. Like other comments in the letter, his claim that he was pleased to see Newton 'promote and improve' notions that he had begun much earlier but had lacked time to complete was a double-edged sword. However, despite further comments to this effect, Hooke did lavish praise on Newton's abilities, which he said were greatly superior to his own. He ended by saying that he would be pleased to engage in a private correspondence with Newton, expressing his objections in personal letters if that was acceptable.

It was in this context that Newton composed his famous letter in which he said that, if he had seen further, it was because he stood on the shoulders of giants. Private correspondence was more like consultation, he told Hooke, and most welcome, since 'what's done before many witnesses is seldome without some further concern than for truth'. Inverting the stress of his letters to Oldenburg, he now praised what Hooke had done beyond Descartes, noting that it was even possible Hooke had performed experiments that he himself had not done. The last phrase, like many expressions hurled from both sides of this exchange, could be read in two ways, and whatever reconciliation there was would last barely four years.

A few months after this contretemps with Hooke had ended, Newton wrote to Oldenburg about a letter that had recently been published anonymously by Boyle on the subject of the alchemical mercury. This had heated molten gold when they were mixed together; although Newton suspected that the mercury may have operated on the gold by means of 'grosser' metallic particles, and therefore might not be of any use in medicinal or alchemical operations, he remarked that Boyle had done well not to publish more on the subject. Indeed, it might be 'an inlet to something more noble, not to be communicated without immense damage to the world if there should be any verity in the Hermetick writers'. Boyle should get the advice of 'a true hermetic Philosopher' whose judgement would be more valuable than that of anyone else – 'there being other things beside the transmutation of metals (if those great pretenders bragg not) which none but they understand'. Later, he would criticize Boyle for being too open and 'desirous of fame', a remark that surely refers in part to this episode.

An alchemical cosmogony

In February 1679 Newton wrote to Boyle regarding a discussion that they had conducted earlier on the notion of 'physical qualities', probably during his visit of spring 1675. Undoubtedly, this letter drew from his alchemical researches although it was also related to (and in many places is a summary of) the more conventional philosophical views he had expressed in the 'Hypothesis' of 1675. Newton told Boyle that there was an elastic aether diffused throughout the atmosphere and repeated his comments in the 'Hypothesis' to the effect that it could account for many standard phenomena. Once more he invoked his theory of 'sociability' to explain why some metals needed to be treated with a 'convenient mediator' in order to mix with water or other metals. Other parts of the letter drew from his alchemical work and he told Boyle that, considering how aerial substances were created by the continual fermentation of the bowels of the Earth, it was not so absurd to think that the most permanent part of the atmosphere was metallic. This was the 'true air', kept just above the ground and beneath the lighter vapours by the weight of its metallic particles. It was not the life-giving part of the air, however, and 'afforded living things no nourishment if deprived of the more tender exhalations & spirits that flote in it'. Newton's final flourish was a paragraph on gravitation, explained by invoking his aether theory.

For most of his career, Newton would be deeply committed – if for the most part only in private – both to aetherial hypotheses and to his alchemical programme. He experimented furiously in the late 1670s and early 1680s, and he returned to the topic as soon as he had finished composing the *Principia* in the spring of 1687. The bulk of his work consisted in organizing and assessing the quality of different texts, but another burst of experimental activity occurred in the early 1690s, when his friend Fatio de Duillier acted as an intermediary between Newton and some alchemists based in London. Active experimentation seems to have petered out when he went to London in the late 1690s, but he remained committed to investigating central themes within the alchemical tradition and indeed to the basic alchemical insight that nature was full of a subtle but powerful activity.

Occasional glimpses of his alchemical programme were revealed to others. In late 1680, when Newton was engaged in a protracted series of alchemical experiments, Thomas Burnet of Christ's College Cambridge went to Cambridge's best natural philosopher for advice on how God might have created the Earth through natural means. Burnet's *Telluris Theoria Sacra* ('Sacred Theory of the Earth') of 1681 would ultimately be the first work in the genre of physico-theology that became popular in the 1690s, by then based on the philosophy of Newton's *Principia Mathematica*.

Newton told Burnet that the creation of mountains and oceans might initially have been caused either by the heat of the sun, or by the pressure of the terrestrial and lunar vortices on the primordial waters. The earth would shrivel towards the equator, making the equatorial regions 'hollower' and thus allowing the water of the oceans to conglomerate there. Additionally, the first days would have lasted a lot longer than those of the modern period, giving the process of creation enough time to become approximately what it is today. To understand how the primordial chaos had become differentiated into hills and cavities, he returned to the analysis of his 'vegetation of metals' paper, in which he had noted that solids were often created in solutions, such as when saltpetre dissolved in water and crystallized into long bars of salt. Apart from this, the drying out and shrinking of other parts of the chaos under the heat of the Sun would leave channels for water to descend underground, and for 'subterranean vapours' such as geysers and 'fumes' in mines to rise from the depths.

In an important exercise in scriptural exegesis, Newton also criticized Burnet's account of how the Mosaic description of Creation should be understood. The account of the creation of two great lights (i.e. the Sun and the Moon) and stars on the fourth day was not supposed to imply that they were actually created on that day, nor did Moses describe their physical reality, 'some of them greater than this earth & perhaps habitable worlds, but only as they were lights to this earth'. Newton adopted a similar approach to the Mosaic description of the light that was created on the first day. Although Moses had 'accommodated' his language to the perceptual capacities of ignorant people, it was not thereby false. His description of Creation was not 'Philosophical or feigned', Newton argued, but *true*— 'his business being not to correct the vulgar notions in matters philosophical', but 'to adapt a description of the creation as handsomly as he could to the sense and capacity of the vulgar'.

Apart from the hint in the letter to Burnet, Newton also stated that the existence of other worlds was not implausible in a letter to

Richard Bentley in early 1693. The 'Philosophical Questions' notebook also indicates that as a student he already held the radical view that after a conflagration there would be a 'succession of worlds', and in 1694 he told David Gregory that comets had a special divine function, and that the satellites of Jupiter were held in reserve by the Creator for a new creation.

In an extraordinary conversation with John Conduitt at the end of his life, Newton told him that light and other material emitted by the Sun had coalesced into a moon and then into a planet by attracting other matter. Finally it had become a comet, which in time would fall back into the Sun to replenish it. He added that this comet might well be the same as the Great Comet of 1680, which would crash into the sun in the not too distant future. When it did so it would dramatically increase the Sun's heat to such an extent that 'this earth would be burnt & no animals in this earth could live', an event that seemed to explain the supernovas seen in 1572 and 1604. All this might be superintended by superior 'intelligent beings' under God's direction. Newton went on to say that human existence on the planet was limited and he implied that divine power might 'repeople' the planet. After this Conduitt pointed to a passage in the *Principia* where Newton referred to stars being replenished by comets and asked Newton why he did not make clear the implications for the future of our own solar system. Since the topic of the end of the world was evidently amusing, Newton remarked in a rare moment of levity that it 'concerned us more, & laughing added he had said enough for people to know his meaning'.

Chapter 6
One of God's chosen few

When Newton went to Trinity, he was introduced to a regime that placed great store by the study of writings of the Church Fathers, and of course, the Bible. At some point, probably in the early 1670s, he became a radical anti-trinitarian, holding that the conventional doctrine of the Holy Trinity was an incomprehensible and diabolical corruption introduced by perverters of scripture in the 4th century after Christ. Newton came to believe that the architect of orthodox Christianity, Athanasius, along with various monks, churchmen, and emperors of the Eastern and Western Empires, had polluted doctrine by introducing new words into Christianity, inserted false texts into the Bible and the writings of the Church Fathers, and packed church councils with their depraved supporters. At the heart of their project was the hideous view, as Newton saw it, that Christ was physically identical to God. Newton believed that he had been chosen by God to discover the truth about the decline of Christianity, and he believed it to be by far the most important work he would ever undertake.

Newton's need for special dispensation to be relieved from taking holy orders suggests that his heretical views had taken hold by late 1674. It is highly unlikely that he was invited to embrace these beliefs by anyone else, though like other undergraduates, under the principle of 'know your enemy', he was able to read similar views in contemporary anti-trinitarian writings. Nevertheless, anti-trinitarianism was deemed a terrible heresy by orthodox Christians, and there were severe punishments on the statute books for those who downgraded the nature of Christ. With the exception of two or three known sympathizers, Newton's entire life would be spent hiding his religious views from others.

Many of Newton's early notes betray an easy anti-Catholicism that would have been de rigueur for Cambridge students. If this was acceptable, Newton's downplaying of Christ in respect of God was not. Early on, he came to believe that there was ample scriptural evidence that Christ was different from and inferior to the Father, while pro-trinitarian texts were corrupt insertions or 'strained' misreadings. In many places in scripture Christ, the created Word or *logos*, admitted that he was a lesser being than God. If Christ had divine powers, and Newton thought he did, it was because God had allowed this to happen. God had permitted his Son to humble himself on the Cross, and indeed this made him worthy of being worshipped – but not as God. Christ had become the Son when the Word became flesh in the womb of the Virgin; it was this being alone, and not a human soul coexisting with a divine *logos*, that had suffered on the Cross. Finally, it was through God's will that Christ had been resurrected.

There's only one Whore of Babylon

For Newton, trinitarian doctrine was incomprehensible and false, defended by obstruse metaphysical arguments and imposed on heathens either by force or by diluting it with pagan practices. He placed great store by the simplicity of the basic tenets of Christianity, and stressed that only a very few beliefs about Christ – what Paul called milk for babes – were necessary for a saving faith. These were that Jesus was the Messiah predicted in the Old Testament, that he was the Son of God who was resurrected after humbling himself before his Father on the Cross, and that he would one day return to judge 'the quick and the dead raised to life'. Nevertheless, there were deeper truths in scripture, or 'meat for men', to be acquired by those 'of a full age' after being baptized and admitted into communion. This knowledge, to be acquired through protracted study, was of things that were not necessary to the Christian faith, and Christians were not to engage in disputes about them lest they lead to schism.

The most important object of study was prophecy, especially in the Book of Revelation, the last book of the New Testament. Newton agreed with many of the most significant 17th-century Protestant exegetes about the core techniques that were required for understanding Revelation. Like them, he believed that the images therein referred to a battle between good and evil that had kicked off at the end of the 4th century. Key symbols and descriptions referred to specific periods when the true church was persecuted and the enemies of truth held sway or were conquered by the righteous. Indeed, certain approaches were so standard that – as in the case of the work of his Cambridge precursor, Joseph Mede – he held that he was building on their foundational 'discoveries'. True to his own method, Newton was apparently able to discuss technical prophetic issues with at least one contemporary (Henry More) without revealing what this implied about the history of Christianity.

In one gigantic exposition of Revelation that is almost certainly from the period 1675–85, Newton provided 'demonstrations' of his views much as he would do in the *Principia*. He began by claiming that he had 'by the grace of God' obtained knowledge in the prophetic writings, and now that the time was at hand when they were to be revealed, he was duty bound to teach their meaning for the edification of the church. This did not consist of all Christians, but

> a remnant, a few scattered persons which God hath chosen, such as without being blinded led by interest, education, or humane authorities, can set themselves sincerely & earnestly to search after truth.

Now, searching scripture was a 'duty of the greatest moment', and failure to correctly discern the signs of Christ's Second Coming would leave Christians open to as much criticism as the Jews had received for failing to realize that Jesus was their Messiah. This was a task that could only be carried out by the pure of heart, and few were ready. The true faithful would also be identified by appearing to be despicable, while the 'reproaches of the world', Newton commented, were the mark of the true church.

Central to the process of interpreting the Bible was 'methodising' prophecy according to a set of rules. Many of these were standard elements within Protestant scriptural exegesis, such as the need to insist on only one meaning of a given place in scripture unless there were reasons for doing otherwise. In the first instance this would likely be a 'literal' sense but occasionally a 'mystical' one could be allowed. As for the latter, this had to be done according to the tradition of a prophetic 'figurative language' that had been observed by ancient interpreters. Turning without such a basis to a mystical reading of a passage was a delusion, and it was such licentiousness in interpretation that had given rise to every heresy Newton could think of. Interpretations had to be 'natural', and they had to reduce scripture to the greatest 'simplicity'. Most importantly, prophetic visions and images had to be harmonized with each other according to these rules before they were applied to historical events. The Apocalypse was hard to understand, but properly decoded it was of immense importance to the true church. The true religion could not be proved like a demonstration in Euclid, and would not convince more than a handful of people – but this was as it should be. It was enough, Newton concluded, 'that it is able to move the assent of those which he hath chosen'.

In accordance with his plan Newton wrote out a long list of prophetic 'definitions', which drew upon a number of different sources. In the prophetic 'style', the Sun referred to a king, the Moon to his next of command, and Stars to the great men of the kingdom. The Earth referred to the nations of the Earth, or the common people of a nation, while the Sea also referred to a people or to nations; together, the Earth and the Sea referred to two different sorts of people. Sometimes words could mean more than one thing, so that a mountain could refer to a city or a temple, depending on the context.

Having listed the definitions, Newton next showed how particular visions related to each other. While some images in Revelation were 'successive', i.e. referred to later or earlier events, others were held to be 'synchronal', i.e. they referred to different aspects of the same period. However, as we have seen, their connections could be displayed before relating them to specific events. Virtually all interpreters, Newton included, understood that the vision of the seven seals of the book that was shown to John at the start of the prophecy referred to successive events. The first six seals referred to a period before the Great Apostasy took hold. In the fifth seal, for example, descriptions of a Woman in childbirth and a persecuting red Dragon (Satan) ready to devour the child depicted the prospective fate of the true Church (the Woman) and the great danger faced by her offspring (the 'Manchild').

Soon after the opening of the seventh seal there arose from the Earth a Beast, which according to Revelation had two horns while speaking as a Dragon, which caused all men to receive the name of the number of the Beast (666) on their foreheads. The godly were depicted in Revelation by the 144,000 Elect who received the mark of God, and who were sealed up by an angel. Another image depicted the Lamb (Christ) standing on Mount Sion with the Elect, who had the name of God on their foreheads. The Dragon spewed a torrent of water from his mouth (by which Newton presumed was meant multitudes of corrupt people usually depicted by the Sea) while the persecuted Woman (the true Church) now attempted to fly into the wilderness, a process in which she is helped by the 'Earth', that is, the godly. After a short period, most interpreters now turned to the image of the sounding of seven trumpets, which heralded the rise to prominence of the religion of a ten-horned Beast (a new and more terrible form of the Dragon), which had arisen out of the Sea. By false miracles the two-horned Beast would seduce people into worshipping the ten-horned Beast, thus instituting a new religion on earth; most Protestants understood this to refer unambiguously to the rise of Roman Catholicism.

Whereas most Protestant interpreters had understood a further image of the pouring of seven vials of wrath on the idolatrous followers of the Beast to refer to the history of the Protestant Reformation, Newton 'synchronised' each 'correspondent' vial and trumpet, and in turn harmonized these with the image of seven thunders. He argued that the last was added so that the 'intervals' between the seven vials, trumpets, and thunders might depict the same mystery (666) as the name of the number of the Beast. Thus each numerically linked vial and trumpet offered two different accounts of a particular period, each image enriching the picture offered by the other. By not reserving a special place for the vials as a specific account of the trials of Protestantism, Newton clearly implied that the Reformation had hardly made a dent in the growing power of the bestial empire.

At the sounding of the fifth trumpet the power of the Beast grew dramatically, and he made war upon the 'remnant' of the Woman's seed. For most Protestant exegetes – and Newton was no exception – this prophetic moment heralded a lengthy period that was depicted by an array of the most vivid images to be found in the Apocalypse. This was the period of the reign of the Man of Sin, or Antichrist, described in Revelation as the False Prophet or two-horned Beast, the last of which would morph into the Whore of Babylon. As Newton explained of the two-horned Beast: 'His being a heathenizing christian Ecclesiastical State makes him ipso facto a Whore in the strictest sense, & we have no reason to suppose more Apocalyptic Whores than one.' This period, up to the end of the sixth seal, lasted (in Revelation) for 1,260 days, during which the Woman, now fully in the wilderness, is kept in her place by the

9. ***The Whore of Babylon*, according to Albrecht Dürer, 1498**

Beast. The latter makes war on and slaughters saints and martyrs, while the kings of the world fornicate with and worship the Whore.

According to Newton, the sixth trumpet (and for him, the sixth vial) referred to a period, the Great Tribulation, when the apostasy reaches its peak. The gospel is preached to every nation and the surviving remnant of the godly give thanks to God. The last trumpet and vial describe the arrival of many people from different nations bearing palms; the Lamb of God feeds them and sends them to living waters, while God wipes tears from their eyes. The Lamb is reunited with his wife to be, an image conventionally understood to be the reunion of Christ with the saints and martyrs.

Prophecy as history

Newton and his radical Protestant contemporaries were steeped in these and other prophetic images and for such individuals they made sense in their own right. However, for their full explication, they still needed to be 'applied' to historical events. Newton followed his definitions with an analysis of the history of the church that was alternatively expressed in the form of 'propositions' or 'positions', in a form reminiscent of a mathematical treatise. The fifth seal, for example, referred to the period when the Emperor Diocletian persecuted and slaughtered Christians at the start of the 4th century CE. The advent of Emperor Constantine ushered in the following seal, a period when Christianity became the state religion by dint (Newton believed) of diluting it to appeal to pagans. On Constantine's death in 337 the empire was split into East and West, the appearance of the latter (according to Newton) being the rising of the ten-horned Beast from the Sea.

Constantine's sons, who became leaders of these domains, differed in their religious views; one, Constans, was pro-trinitarian or as Newton termed it 'Homoüsian', while his brother (Constantius II) supported the Arian position, named after the priest Arius who had defended the lesser status of Christ with respect to God. By 364 the religion of the Beast was openly worshipped in the form of idols such as 'dead men's bones & other reliques of martyrs' and along with the worship of ghosts this soon became universal, Newton noted, 'as it hath continued ever since'. Now the devil was let loose on Earth to play what Newton called 'his cunning game', seducing ignorant people by means of false or diabolical miracles. In Newton's understanding of events, this was represented by the triumph of trinitarian Roman Catholicism and the persecution of godly Arians.

The Great Apostasy, accomplished by making Athanasian trinitarianism the official religion across the Roman Empire in 380, was described by the opening of the seventh seal. For Newton, the apostates, who were to overrun the visible church and persecute the godly, were to be Christians, albeit of a 'heathenish' and perverted sort; some might quibble with the idea that they were outwardly of the Christian faith, he argued, but a Christian 'was capable of being wors then any other sort of men'. The sounding of the first trumpet in 395 was synchronous both with an image depicting a terrible wind from the east and with the image of the first vial. This told of 'a noisome and grievous sore', which fell upon 'the men which had the mark of the beast, and upon them which worshipped his image'. Unwittingly, the writers of the early Catholic Church provided Newton with first-hand evidence of the great depravity of the clergy in this period, which led God to deploy hordes of Goths against them from the eastern part of the Empire. While Catholics bloodily persecuted groups of Christians who wanted to separate from the main Catholic Church, a practice Newton found the most deplorable of all, the Goths turned their attention to Rome itself in savage events, culminating in the sack of the city in 410, that were depicted by the second trumpet and vial.

Newton went on to claim that the third trumpet and vial, coincident with an image of a southern wind, depicted incidents in which African Catholics were slaughtered at the hands of Vandals. These were much more vicious than the Goths, who despite the occasional act of barbarity, had run Rome in a godly manner. From Victor's *History of the Vandalic Persecutions*, Newton learnt of the terrible atrocities meted out by the Vandals on the persecuting African Catholics. The latter were unprecedentedly bloody, Newton argued, and they murdered those who refused to follow their own superstitious practices, setting on foot 'those bloody persecutions which have been exercised in Europe & continue in the Roman Catholick Church to this day'. Again and again, Newton recorded in a state of great emotion, the Vandals paid back Catholic persecutions with interest. The Vandalic leader Genseric tortured nuns with red-hot iron plates, causing many deformities, and Newton agreed that this was 'very severe'. Nevertheless, the Catholics were unchaste, and it was divine justice that so many thousands suffered. Crucially, he argued, the Vandals persecuted them for their immorality and not for their religion.

The worship of images and of the Virgin 'came in' at the end of the fourth trumpet and vial, and God now briefly permitted the African Catholic Church to be restored, so that its insolent and stubborn clergy could be persecuted again and again by the Vandals. At the start of the fifth trumpet and vial, there was 'a new scene of things'. Revelation described how smoke arose from a pit from which swarmed a plague of locusts – armies in prophetic language – who were to torment no living thing except those who did not have the seal of God on their foreheads.

In the sixth trumpet and vial, an angel lets loose four others bound up in the River Euphrates to prepare for the slaying of the 'third part of mankind' by horsemen with bright breastplates sitting on horses with heads like lions. Those who continued to worship ghosts and idols of gold, silver, brass, stone, and wood 'which neither can see nor hear nor walk' were condemned, along with those who did not repent of their sorceries, fornications, and thefts. The sixth vial told of how the Euphrates dried up while from the mouths of the Dragon, the Beast and the False Prophet came three unclean spirits in the form of frogs, the spirit of miracle-working devils who prepared kings and gentiles for the battle of Armageddon.

This astonishing and utterly original analysis was the overwhelmingly important concern of Newton in the 1670s and

1680s. Using similar techniques to his radical Protestant contemporaries he totally inverted what orthodox Christians of all persuasions took to be the heroes and villains of history. Indeed, at exactly the same time that he wrote his *Principia,* Newton was composing a detailed and extensive analysis of the way in which Catholics – whom he termed 'sorcerers' and 'magicians' – fulfilled the conditions of the sixth trumpet and vial. Many of the events that were to precede the final trumpet and vial were yet to come, and Newton repeated the caution of his philosophical work by stating that he would not hazard shaky conjectures about the exact nature or timing of future events. Rather, he saw his work as an observational and evidence-based analysis of how prophecies had been fulfilled throughout history. In the early 18th century he pushed back even further the great events of the future, believing that a long period of corruption had to take place before the Second Coming.

Chapter 7
The divine book

In early June 1679 Newton's mother died from a fever apparently caught while tending his half-brother Benjamin. Having dealt with his mother's illness and the business of the estate for about six months – not forgetting the many hours he spent daily on theological matters – he returned to Cambridge at the end of November. The day after he returned from Woolsthorpe, he replied to a letter from Robert Hooke. Innovative scientific entertainment had virtually ceased at the meetings of the Royal Society and, as secretary, Hooke implored Newton to communicate anything 'philosophicall' that might occur to him. Momentously for the development of Newton's orbital dynamics, he asked Newton what he thought of his theory of analysing planetary motions by means of an inertial path coupled with a force directing one body to the centre of an attracting body.

In reply Newton pleaded that he had given little thought to philosophy for many years, 'out of applying myself to other things', but offered a small 'fansy' concerning the Earth's daily motion. If an object fell to Earth, its diurnal rotation would not cause the object to fall behind the point directly beneath it ('contrary to the opinion of the vulgar'), but its west to east motion being greater at the height from which it was dropped than at positions closer to the Earth, it would fall *in front of* its original position (the east side). If an object were dropped from a tall tower,

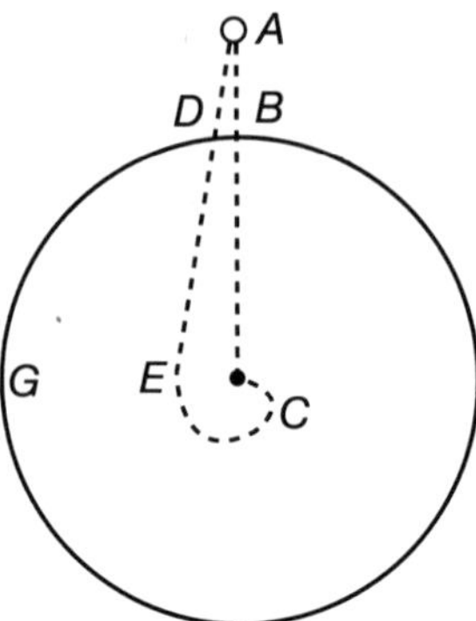

10. Newton's suggested path for an object dropped vertically from above the Earth's surface. The object's path is assumed to continue inside the Earth's surface as the Earth revolves around C anticlockwise (i.e. BDG).

diurnal rotation might thereby be proved and on the assumption that the Earth offered no resistance he drew a diagram detailing the spiral path of the object towards its centre.

Hooke responded that, instead of a spiral, on his supposition of inertial motion plus centrally directed attraction, a body such as Newton described would carve out an elliptical figure. This would forever move according to the curve AFG except where it encountered resistance and fell closer to the centre of the Earth. This perceptive comment, aired in one of Hooke's earlier publications, has justly caused historians to feel that Hooke deserved far more credit than Newton and subsequent commentators have granted him in forging the basic elements of orbital dynamics; however, it remains true that he could never demonstrate how the elliptical motion of orbiting bodies resulted from his physical principles.

Unable as ever to be corrected, Newton replied that, again assuming no resistance, the figure would not be an ellipse but that the object would 'circulate with an alternate ascent & descent made by its *vis centrifuga* & gravity alternately overballancing one another'. Newton's answer shows how far

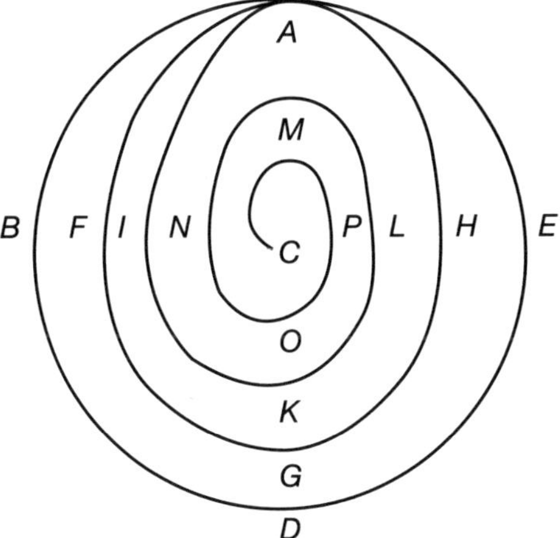

11. Hooke in turn argued that the body described by Newton would revolve in the ellipsoid AFGHA, unless it experienced some resistance, in which case it would descend close to the centre of the Earth

away he was from the analysis of celestial motions he would adopt seven years later in the *Principia*, but he also hinted at a much more sophisticated way of dealing with the problem according to continuous and infinitesimally small elements of gravitational force. Moreover, he implied that he could deal with a force of gravity that did not remain constant but varied from the centre outwards.

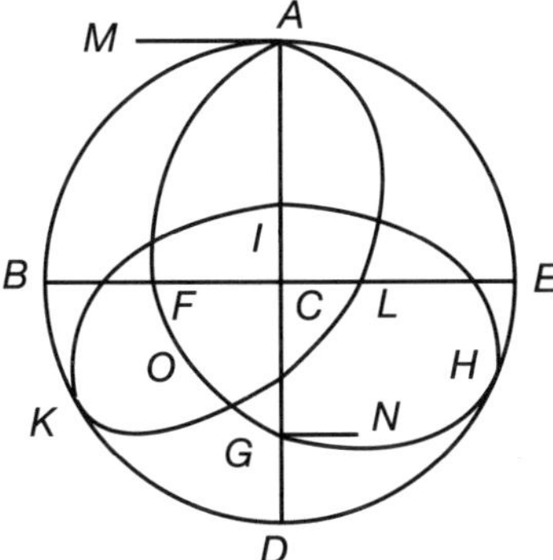

12. Newton's response, with gravity and 'centrifugal force' alternately overpowering each other

Hooke wrote back again, this time revealing that he had supposed that gravity was always inversely proportional to the square of the distance from the centre of attraction. What now remained, he said, was to show what path was carved out by an object centrally attracted by a given body according to a force inversely proportional to the square of the distances between them. Having offered Newton the crucial hint regarding a new dynamics of rectilinear inertia and central attraction, Hooke now posed a pertinent question (discussed in London by Wren and Hooke over a number of years) regarding how to relate the inverse square law to a planetary orbit – known from Kepler's First Law to be an ellipse. He told Newton that he had no doubt that 'you will easily find out what that Curve must be, and its proprietys [sic], and suggest a physicall Reason of this proportion'. Despite his later dismissal of Hooke's abilities, and his refusal to continue the correspondence any further, Newton later confessed to Edmond Halley that this exchange had incited him to think anew about celestial mechanics. Indeed, it was probably about this time that Newton momentously used Kepler's Second Law to demonstrate that on an elliptical orbit a body is subjected to an inverse-square law of attraction.

Another correspondence, this time with the first Astronomer Royal, John Flamsteed, was equally significant in the development of Newton's thinking about celestial motions. Early in November 1680 a brilliant and, to many, frightening comet (the so-called Great Comet) became visible to astronomers, while another appeared the following month. Partly because they appeared so infrequently, the status and orbits of comets was unclear to contemporaries. Descartes had argued that they were exhausted suns, while most astronomers believed that they travelled in straight lines. However, on 15 December Flamsteed told Newton that he had predicted that the November comet would reappear and that, having looked for it a few days earlier, he had seen it again. Soon afterwards Flamsteed told Edmond Halley that he thought the Sun had attracted the comet – a dead planet – within its vortex. He argued that the comet was turned *in front of the Sun* from its original southwards path by the attraction of the north pole of the Sun, but it was also moved sideways by the rotation of the solar vortex (from e to g in Figure 13). The Sun continued to attract the comet to its centre but at the same time the anticlockwise vortex constantly changed the path of the comet. When it came closest to the Sun (at C), the comet was sufficiently twisted by the vortex that it presented its opposite 'side' to the Sun, and the attractive force was turned into a repulsive force. The tail, he argued, was caused by the sun heating the humid parts of the atmosphere.

Fascinated by the comet, Newton observed it from 12 December 1680 until it disappeared in early March 1681, deploying more powerful telescopes as the object faded. Unable to accept that the two comets were the same, he offered some incisive criticisms of Flamsteed's views at the end of February. Newton remarked that, although he could conceive of the Sun continuing to attract the comet to make it deviate from its original path, it would never attract the comet in such a way that it would end up being directly attracted in the direction of the Sun. Moreover, the solar vortex would only push the comet further away from the Sun. But even if a

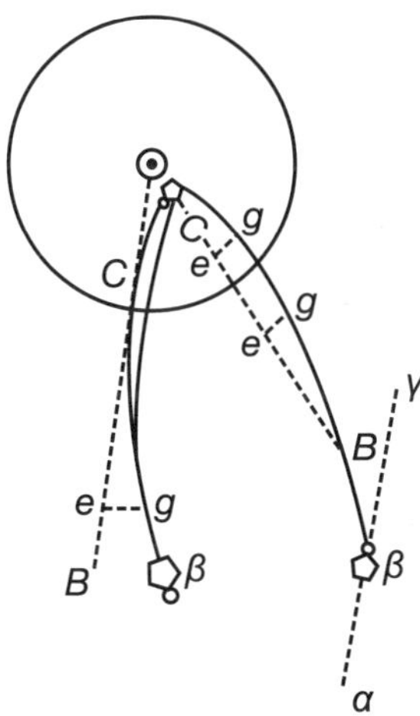

13. Flamsteed's suggested path for the comet of winter 1680–1. This begins at β on the lower right of the picture, and is repelled in front of the Sun at C

single comet had turned in front of the Sun, it would not have returned in the path that had been seen by astronomers. Moreover, on the assumption that the November and December comets were the same, another problem arose with the substantial length of time that had elapsed between the last sighting of its first appearance, and the first view of its second.

The only solution to these problems, Newton suggested, was to imagine that the comet had turned around *on the other side of the Sun* – but then the physical mechanism for this was unclear. He accepted that the Sun exerted some centrally attracting force that bent planets away from the straight line they would otherwise have taken, but this could not be magnetic since hot loadstones (natural magnets) lost their power. More importantly, even if the attractive power of the Sun were like a magnet, and the comet like a piece of iron, Flamsteed had still not explained how the Sun would suddenly switch from attracting to repelling.

The magnetic account had offered the best explanation of the Sun's power over planets for nearly a century. Newton's complete rejection of it, based on an understanding of magnets that went back to his 'Questions' notebook, was momentous. In a further letter he remarked that the 'directive' power of a magnet was stronger than its 'attractive' power, so that once an object was in a position to be attracted by a magnet it would always remain in that position and would thus always be attracted. Once it attracted the comet, the Sun would never repel it. Moreover, even if a repulsive magnetic force did operate, it would have repelled the comet some time *before* perihelion (at K, in Figure 14). The comet would have continued on its journey, accelerating away from the Sun on its other side.

Newton's dismissal of the repulsive magnetic force was, as usual, immensely original. If the comet were subject only to a continuous attractive force, this would decelerate the comet as it left the Sun and make the comet travel along an orbit close to that observed.

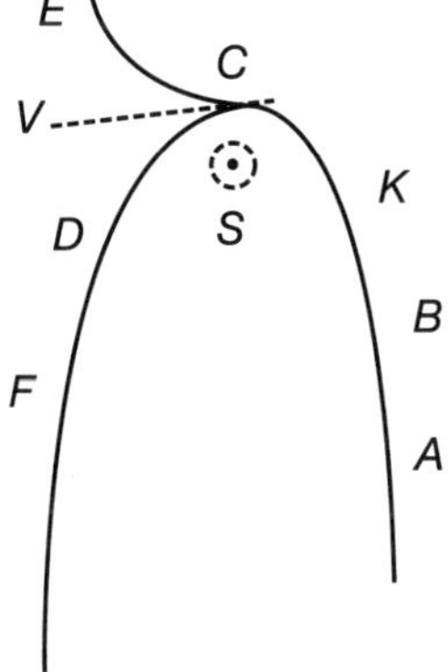

14. Although he still believed that the comets of November and December 1680 were different, Newton's crude but ingenious diagram displays a possible path for a single comet behind the Sun

Perhaps it was only at this point that Newton saw that a one-comet solution, using only an attractive force was viable. However, in the letter to Flamsteed, using the same term as he had mentioned in his letter to Hooke, Newton argued that *vis centrifuga* or 'centrifugal force' had 'overpower'd' the attraction at perihelion, allowing the comet to recede from the Sun despite the attraction. Although Newton would dispense with this notion of centrifugal force as the tendency (or measure) of an orbiting object to move away from the attracting body, the notion of continuous attraction would be a cornerstone of the more mature dynamics of the *Principia*. He was close to – but still three years away from – realizing how comets could be treated like any other heavenly body.

The motion of orbiting bodies

When Edmond Halley visited Cambridge to see Newton in August 1684, it was the result of discussions about celestial dynamics that had been taking place amongst the virtuosi in London for some time. According to Newton, when Halley asked him what curve would result from an inverse-square force law, Newton immediately replied that he had calculated it to be an ellipse. However, when Newton searched for the demonstration he could not find it, and

Halley had to wait until November, when he received a short mathematical tract entitled *De Motu Corporum in Gyrum* ('On the motion of bodies in orbit'). The cosmos outlined in *De Motu* was an abstract system of moving bodies that obeyed certain mathematical laws. Newton now invented the term 'centripetal' to describe the centrally attracting forces working in his system, and defined as an 'innate force' that power by which a body 'endeavours to persist in its motion along a right line'. Linked to a further claim that bodies continue to infinity along a straight line unless otherwise acted upon, this would be the basis of the first Law of Motion in the *Principia*. Under the heading 'Hypothesis 3' he also described an early version of the 'parallelogram of forces' rule that ultimately became the second Law of Motion in the *Principia*.

Central to his analysis was his demonstration in 'theorem 1' of *De Motu*, of Kepler's Second Law, by which objects swept out equal areas in equal times, applied to all bodies orbiting about a centre of force. This analysis divided up the area carved out by the orbiting motion into infinitesimally small elements, the orbiting body being subject at each moment to 'impulses' that changed the direction of the body an infinitesimally small amount and created a series of infinitesimally small triangles, each with the same area. However, theorems 2 and 3 dealt not with impulses but with continuous forces, which ultimately could be treated in terms of the formula for continuous (uniform) acceleration discovered by Galileo. The tension between these two different accounts of force, an 'impulsive' one measured by mass times velocity (mv = momentum) and the other, a 'continuous' version measured by mass times acceleration (ma), would remain in his *Principia*.

Theorem 3 showed that orbiting bodies were subject to an inverse-square force, and Newton went on to demonstrate that planets were such bodies, revolving around the Sun according to the laws outlined in his tract. Momentously, under 'Problem 3' he proved that an inverse-square law governed the path of bodies that moved in elliptical orbits. Furthermore, for the first time comets

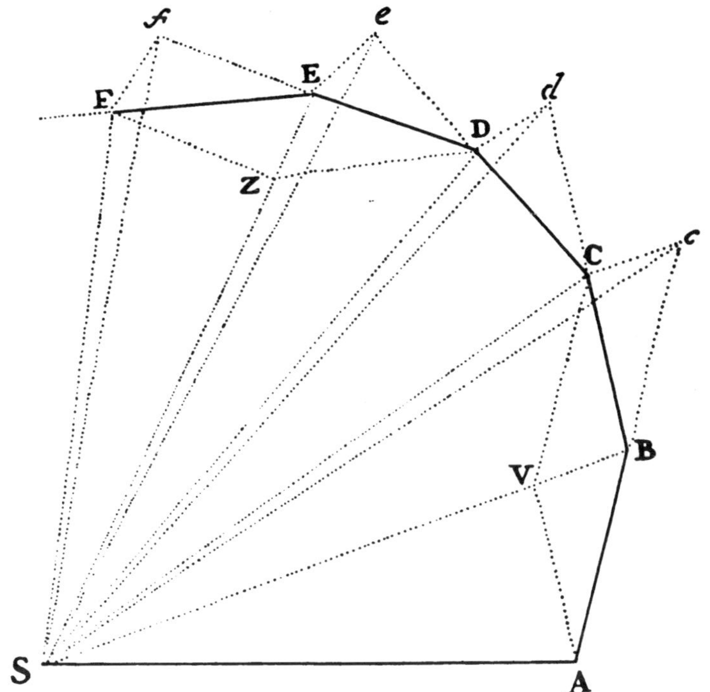

15. Newton's proof (*Principia*, book 1, proposition 1) of Kepler's Second Law. A body orbiting along the path ABCDEF, attracted by a centripetal force in the direction of S, can be thought of as being subjected at equal moments of time to a 'single but great impulse' successively at B, C, D, etc. The distances between these points can become indefinitely small so that the orbit becomes a curve. Since SAB, SBC, etc., are equal triangles, the body will sweep out equal areas in equal times.

were incorporated into a universal system of mathematical natural philosophy and he argued that it was even possible by close analysis to determine whether they were periodic (i.e. had elliptical orbits and thus returned at regular intervals). Under 'Hypothesis 1' he noted that the bodies in his system moved through non-resisting media, although he did add some material on motion in a resisting medium in the form of 'Problems' 6 and 7.

A fascinating correspondence with Flamsteed over the winter of 1684–5 shows that Newton was already trying to link his analysis to

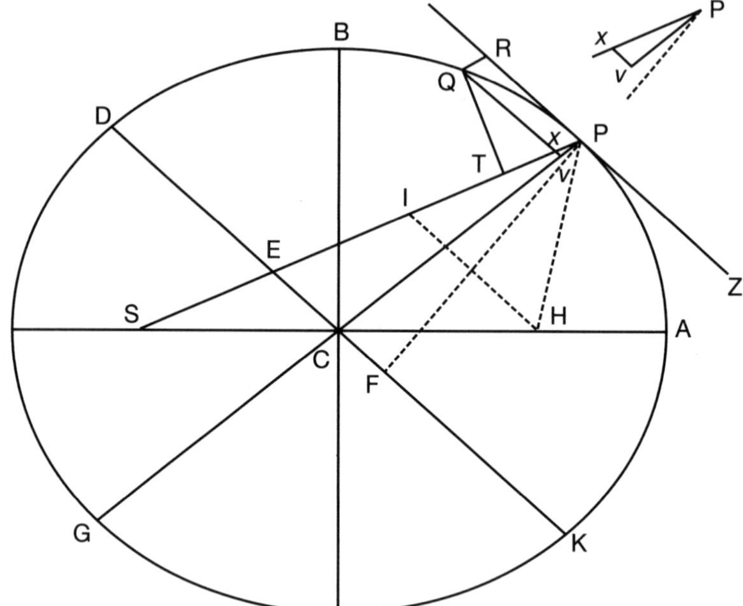

16. The diagram accompanying *Principia*, book 1, proposition 11, problem 6, in which Newton demonstrates that a body P, revolving in an ellipse around focus S, is subjected to a centripetal force inversely as the square of the distance SP

a more precise view of the actual motions of the planets and their satellites, as well as of comets, and that he was testing the accuracy of Kepler's Third Law. Flamsteed, who had read *De Motu*, was aware that Newton's November tract implied that planets could be treated, like the Sun, as centrally attracting objects. In the mean time Newton had gone further, assuming that if Jupiter governed the motions of its satellites then it also had an effect on other planets – and vice versa. He asked for data concerning Jupiter's 'action' on Saturn in a letter of December 1684 but Flamsteed – still thinking that any such force would have to be magnetic – baulked at the idea that planets could influence each other over such long distances.

When Newton composed a revision of *De Motu* in early 1685, the 'Hypotheses' had been elevated to the status of 'Laws'. Although he was still some way away from his theory of Universal Gravitation, he now made the revolutionary claim that because of the vagaries of numerous mutual planetary interactions, the centre of gravity of the solar system was not always in the same position as the Sun, and the orbits of planets were thus always irregular, or never exact Keplerian ellipses. Planetary orbits, which had for centuries stood as exemplars of unchanging perfection, were, in fact, constantly undergoing minute changes. The human intellect, Newton remarked, was incapable of dealing with the complexity of real motions but for the most part planetary orbits could be treated as elliptical. Later he would argue that the stability of such a system could only be due to the hand of a divine geometer. At this point he also introduced an argument that would be crucial for his approach in the *Principia*, namely, that since comets experienced no visible diminution in their tails, there was nothing actually existing in the free spaces of the cosmos to resist their paths. Newton now also began to consider whether a very fine aether that offered no resistance could in any sense be said to exist *at all*.

A dramatic change in his analysis of the way a force alters a moving body now allowed him to reintroduce a generalized nation of inertia, namely that a body remains in its current state of motion or rest, *both of which were relative to whichever system was chosen as a frame of reference*. Major and revolutionary insights followed. Armed with the relativized concept of inertia, Newton announced in a further set of 'definitions' (written after the revision to *De Motu*) that uniform circular motion around a centrally attracting source was not an example of simple inertial motion but was in fact the compound of the object's velocity and a continuously attracting force that caused it to deviate from the path it otherwise would have taken.

The relativistic implications of the notion of inertia raised the thorny question of whether absolute motion could be detected, a problem that harked back to the analysis in 'De Gravitatione'. Realizing both the theological and scientific implications of the problem, Newton argued forcefully in an addition to the definitions for the existence of an absolute space independent of the things within it, 'since all phenomena depend on absolute quantities'. As we have seen in his remarks to Burnet, he believed that ordinary people experienced the world in relative terms, and it was right that prophets should speak to them in that language. In the addition to the revision of *De Motu*, Newton remarked that 'ordinary people who fail to abstract thought from sensible appearances always speak of relative quantities so much so that it would be absurd for wise men or even Prophets to speak to them otherwise'. Without the reference to theology, this significant view made its way into the *Principia*, where the vulgar were said to consider quantities only as they related to 'perceptible objects'. However, Newton went on, 'in philosophical discussions, we ought to step back from our senses, and consider things themselves, distinct from what are only perceptible measures of them'. Nevertheless, Newton's efforts to show that one could detect an 'absolute' frame of reference that was privileged above any others would ultimately turn out to be illusory.

In the same draft Newton added six 'laws of motion', the third of which announced that 'as much as any body acts on another, so much does it experience in reaction'. This effectively set up an equality between the force by which a body 'resisted' being moved (later the 'vis insita' described in Definition 3 of the *Principia*) and the 'impressed' force that was imparted to any body, whether continuously or by impulses. It was an early version of the third Law of Motion in the *Principia*, and, along with his notion of mass, it now gave him the tools that would allow him to generalize the notion of centripetal attraction to all bodies in the universe.

Newton now defined much more precisely the quantity of 'bulk' of matter, which he at first asserted was 'usually identical' to its gravity. In a revision of the 'definitions' written in the spring or summer of 1685, he defined the 'quantity of matter' (or 'mass'), as basic and undifferentiated matter, so that a body 'twice as dense in double the space' would have four times the quantity of mass. Perhaps most significantly, the new analysis demanded that all basic matter was essentially identical, and where there was no matter there was nothing at all. In book 3 proposition 6 of the final version of the *Principia* (1687), he implicitly linked the mathematical concept of 'mass' to his alchemical analysis by introducing a 'Hypothesis 3' in which he asserted that, because the fundamental building-blocks of matter were all the same, all forms of matter could in principle be 'transmuted' into each other.

The ancient Newtonians

By November 1685 he had completed a draft of the *Principia*, also entitled *De Motu Corporum*. This consisted of two books, the so-called 'Lectiones de Motu' (or 'Lectures on Motion') and 'De Mundi Systemate' ('On the system of the world'). The 'Lectiones' expanded the demonstrations in the initial forms of *De Motu* (and their revisions), and Newton attempted to deal with the intractable problems involved in considering the mutual attractions existing between more than two bodies.

Over the winter of 1685–6 he expanded the 'Lectiones' by enhancing his analysis of the motions of a satellite (an abstract body but bearing properties virtually identical to the Moon) under the influence of two or more bodies (again abstract, but clearly meant to be the Sun and the Earth), and added a masterful Proposition (XXXIX) that referred unambiguously to his knowledge of the calculus. Undoubtedly this was in some degree to assert his independence in the development of the calculus from the work of Leibniz, who had published its basic axioms for the first time in 1684. In early 1686 Newton expanded his treatment of motions in resisting media, an analysis that became so large that he split it off to form a text that would become book 2 of the *Principia*. The first part, an analysis of motions in non-resisting media, would become book 1. In the final version of book 2, Newton added more complex material on pressure and viscosity, arguing that the existence of Cartesian-type vortices was physically impossible.

Newton began the second book of the 1685 work, 'De Mundi', with a reference to the philosophy and astronomy that underpinned the work of Plato, Pythagoras, and the Roman king Numa Pompilius. As a symbol of the figure of the world with the Sun in the centre, Numa had 'erected a round temple in honor of *Vesta*, and ordained a perpetual fire to be kept in the middle of it'. In arguing that there had been knowledge of the natural world that had become lost, Newton was following the majority of his contemporaries. In a large treatise from the mid-1680s ('The Philosophical Origins of the Gentile Theology'), he argued that the Ancients had believed in a heliocentric cosmos but that this had been perverted by misinterpretation. Whereas Pythagoras and others had correctly understood the true meaning of symbolic representations of a heliocentric cosmos, with a central Sun encircled by the concentric orbits of the planets, Greeks such as Aristotle assumed that the central object in such a scheme was the Earth.

Via Orpheus and Pythagoras, the Greeks had originally received their understanding of the natural world from the Ethiopians and Egyptians, who had concealed these truths from the vulgar. At this time there was a 'sacred' philosophy – communicated only to the cognoscenti – and a 'vulgar' version, promulgated openly to the common people. The Egyptians

> designated the planets in the [correct] order by means of musical tones; and to mock the vulgar, Pythagoras measured their distances from one another and the distance of the Earth from them in the same way by means of harmonic proportions in tones and semitones, and more playfully, by the music of the spheres.

In 'De Mundi' Newton repeated the view that, like the Chaldeans, the Egyptians had known that comets were heavenly phenomena and could be treated as if they were a sort of planet.

The Egyptians built temples in the form of the solar system and derived the names of their gods from the order of the planets. As such, the ancient religion was modelled on the understanding of the heavens and Newton occasionally referred to the Ancients' 'astronomical theology'. If one added the seven known planets (including the Moon) to the five elements – air, water, earth, fire, and the heavenly quintessence – then one arrived at the twelve basic gods that were common to all the ancient religions. Noah was Saturn and Janus, and had three sons. Newton followed other historians in adopting a 'euhemerist' approach by means of which pagan myths were held to refer to real people who had been deified by different nations under different names. Evidence for this included a similarity of names, and in particular the fact that the descriptions of their characters and deeds were ostensibly identical.

The first part of 'De Mundi' was thus an offshoot of a much larger project that was well under way by the time it was written, and Newton's vast effort to identify 'hints' of the true philosophy in ancient writings evolved in many different ways over the following decades. In a slightly later work entitled 'The Original of Religions', for example, he asserted that the ancient Chinese, Danes, Indians, Latins, Hebrews, Greeks, and Egyptians all worshipped according to the same practices, while Stonehenge in England was clearly another vestal temple. Nothing could be more 'rational', Newton added, than this aspect of religion: there was no way 'without revelation to come to the knowledge of a Deity but by the frame of nature'. Armed with knowledge of the true philosophy, he could recover the sacred philosophy that had been 'veiled', while this in turn would guarantee that his own account of the world was true. Just as his theological work aimed at the restoration of the true religion, so he always believed that his scientific work was essentially an effort to restore a lost knowledge.

Principia

While the 'Lectiones' dealt with an abstract mathematical system, the rest of 'De Mundi' dealt with data on tides (gleaned from Flamsteed in correspondence of autumn 1685), pendulum experiments, the real Moon, and other phenomena from the real world. It was by comparing these with the mathematical world described in the 'Lectiones' that Newton could assert that the laws that operated in the abstract world also governed phenomena in our own. However, at this point he lacked an adequate account of comets for the second book and he worked vigorously over the winter of 1685–6 to produce one.

The final part of the *Principia*, book 3, was completed early in 1687 and dealt with the actual system of the world. From basic principles, and from astronomical and physical data, Newton demonstrated that the earth was flattened at the poles (i.e. was an oblate spheroid). Finally, he showed how his physics could explain the action of comets, whose orbits could be treated as parabolas close to the Sun and ascertained by exact measurements, although the search for part appearances of comets with similar profiles might show that they were periodic and thus elliptical. Newton included some fascinating passages on the function of comets. As these approached the Sun their tails were replenished by solar material, which in turn rejuvenated the fluids that provided sustenance to living things whenever the planet passed through the tails. Newton added that the purest part of the air, which sustained all life on Earth, also came from comets. Evidently this was an extended version of the terrestrial circulatory system described in his alchemico-philosophical work of the 1670s.

When it appeared in 1687, the *Principia* boldly announced a credo that would influence the practice of science for the next three centuries. Hypotheses were to be banished, and well-designed experiments were to be made the basis of general mathematical laws. These laws were to be as few in number as possible and were to be assumed true everywhere, unless counter-evidence could be found. Its crowning conceptual glory was the law of Universal Gravitation, which held that massive bodies attracted each other according to a constant 'G', multiplied by the product of the masses and divided by the square of the distance between them (Gmm'/r^2). The epoch-making implications of this work now became clearer: massive planetary bodies could no longer be privileged as the sole bearers of centripetal attractions, since from the third law of motion all massive bodies exerted such a force. The stunning conclusion was that each and every massive body in the universe attracted every other body. This was to raise substantial problems for Newton and his contemporaries. What was attraction? How, for example, could it be exerted from one end of the universe to the other? Through what sort of medium did it operate?

Shortly before dispatching the final parts of the book to London, Newton composed a remarkable 'Conclusio' to the work that promised to extend his analysis of the *Principia* to all other terrestrial phenomena. Based on the way he had used Universal Gravitation to explain macro-phenomena, he argued that short-range forces should be adduced to account for the 'innumerable' other local motions that could not be detected on the grounds of their size but that underlay a wide range of earthly phenomena such as electricity, magnetism, heat, fermentation, chemical transmutations, and the growth of animals.

As he had done for celestial motions in book 2, so now for terrestrial phenomena Newton dispensed entirely with the aether that in various guises had served him so loyally over the previous two decades. In its place, he proposed simply to use what he called attractions and repulsions and he invoked popular speech to say that the term 'attraction' was conventionally used to describe any force by which particles 'rush towards one another'. At short range, these forces were attractive and accounted for the 'condensing' properties he had noted in his previous alchemical and philosophical work. Further apart, forces were repulsive, accounting for the phenomena of surface tension (such as flies walking on water) explained by means of an aether in the 'Hypothesis'. However, Newton's claim that there might be a number of such forces put a strain on his demand that philosophers should adopt a minimum of general principles.

Newton added that he had mentioned these forces only as an incitement to do further experiments, but then offered a speculation that was based on his view that the basic stuff of matter was the same. Because most of space was empty, the forces that allowed bodies to cohere would make them coalesce into regular structures 'almost like those made by art, as in the formation of snow and salts'. Internally, there would be net-like structures formed by very long and elastic geometrical rods, a fact that explained how some bodies could be more easily heated or allow more light to pass through them than others. Again invoking quasi-alchemical concepts, he argued that, with attractive forces, different net-like arrangements of the basic elements of matter allowed transmutations to take place. Using Helmontian concepts he asserted that, by fermentation, 'that rare substance' water could be made or 'condensed' into the 'more dense substances' of animals, vegetables, and minerals, and finally 'into mineral and metallic substances'. On the other hand, repulsive forces gave rise to vapours, exhalations, and air if they were dense bodies and, if rarer, to light itself. Newton drew back from publishing his stunning conception of the microworld, and condensed it into a draft preface; this too failed to make the final version.

Robert Hooke – the great pretender

In May 1686, just after book 1 had been presented to the Royal Society, Halley told Newton that Hooke had 'some pretensions' to the inverse-square law and had claimed that he had brought this to Newton's attention. Although Hooke did not claim any rights to the demonstration that conic sections were generated from such a law, Newton's patience had run out for the last time. He told Halley that Hooke had pestered him throughout their correspondence of 1679–80 and had given him nothing he did not already know. A few days later, having pored over old papers, he angrily noted that

Hooke had only 'guessed' that the inverse-square law extended down to the centre of the Earth but in doing so had been in error; now, Newton told Halley, he had decided to suppress the third book. Philosophy was 'such an impertinently litigious Lady that a man had as good be engaged in Law suits as have to do with her'.

Newton did not stop here, telling Halley that upon finishing the main bulk of the letter he had heard that Hooke was making a 'great stir pretending I had all from him & desiring they would see he had justice done him'. As before, he pointed out where Hooke had stolen other people's work and passed it off as his own, writing in such a way

> as if he knew & had sufficiently hinted all but what remained to be determined by the drudgery of calculations & observations, excusing himself from that labour by reason of his other business: whereas he should rather have excused himself by reason of his inability.

Newton sarcastically noted that, according to Hooke,

> Mathematicians that find out, settle & do all the business must content themselves with being nothing but dry calculators & drudges & another that does nothing but pretend & grasp at all things must carry away all the invention as well of those that were to follow him as of those that went before.

In tenor with previous exchanges between the two, Newton wove a complex and wildly implausible tale of how Hooke might have gleaned the inverse-square law from his previous correspondence. In response Halley put Newton's mind at rest and told him that having discussed the matter in a coffeehouse, few others believed that Hooke had either the demonstration relating the elliptical orbit to the inverse-square law or a gigantic system of nature.

Evidently, Newton did not suppress book 3 of the *Principia*, although he did make it more mathematical and less accessible.

It may well have been partly to teach Hooke a lesson, although the development of its contents in any case demanded a more forbidding treatment. As a whole, the *Principia* became a byword for impenetrability, with many accomplished mathematicians trying and failing to get very far beyond the first few propositions.

Chapter 8
In the city

Before he had finished the last book of the *Principia*, Newton found himself involved in a new crisis. Soon after he ascended the throne in early 1685, the Catholic King James II began to relax laws and practices aimed at restricting the ability of Catholics to hold office or attend university. In February 1687 the vice-chancellor of Cambridge University received an order requiring the university to admit Father Alban Francis to a degree of MA at Sidney Sussex College, and Newton acted quickly against the perceived threat to the Protestant integrity of his university. In April 1687 he was one of eight 'messengers' deputed by the university to appear before an Ecclesiastical Commission headed by Judge Jeffreys, a one-time undergraduate colleague of Newton but now infamous for having recently sentenced to death hundreds of supporters of the Protestant Duke of Monmouth. On 21 April Jeffreys harangued the Cambridge eight in his customary style but gave them an extension to prepare their defence further. On 12 May, Newton, Babington, and six others were told that their 'sly insinuations' had invoked the anger of the Commission and Jeffreys sent them packing with the injunction to sin no more lest a worse fate befall them.

At a meeting to prepare for the confrontation with Jeffreys in April, Newton had pushed strongly for an uncompromising stand on the admission of Father Francis, and in a short essay he argued that the situation was too important for the university to trust James's promise to safeguard the Protestant religion (as king of England James, despite being a Catholic, was also notionally the defender of the Anglican Church). Indeed James could not make any such promise, first, because it was forbidden by the terms of his own religion and, second, because he could not in any case legally use his dispensing power to remove laws guaranteeing the centrality of Protestantism in England. Englishmen would not give up laws governing liberty and property; with even less reason should they give up those guaranteeing religion.

In another essay Newton went on to examine the limits of the king's dispensing power, finding that he lacked the power to dispense with laws when there was no necessity for him to do so. In an analysis that marked him out as a 'Whig', in whose radical circles he moved when he became an MP in 1689, Newton downgraded the king's powers below those of the 'people' who alone had the power to decide whether dispensing with laws was necessary. In further documents, this time prepared for the final showdown with Jeffreys, he argued that the delegates' stand had been taken to defend their own religion; Catholics and Protestants could not live 'happily nor long together' in the same university, and if the fountains of Protestant education 'be once dryed up the streams hitherto diffused thence throughout the Nation must soon fall off'.

By 1687 Newton's active life as Lucasian Professor came to a halt. Having performed in front of what may occasionally have been a non-existent class for nigh on a decade, in 1684 he deposited a manuscript on algebra in the University Library to fulfil his professorial obligations. Published by William Whiston in 1707 under the title *Universal Arithmetick*, Newton's work praised the reliance of ancient mathematicians on geometry while lambasting the introduction of equations and arithmetical terms into geometry by modern analysts.

James II fled England at the end of 1688 and the arrival of William of Orange (in what was to be called the Glorious Revolution) gave

Newton an opportunity to show his allegiance to the new regime. Although he was described in the most glowing terms on the voting slips, it was still something of a surprise when in January 1689 he was elected as one of the two MPs for Cambridge University in the Convention Parliament. In early February he voted with the majority of MPs who determined that James had 'abdicated' from the throne in his retreat and in the following weeks he served on a committee that drew up the wording for a bill concerning the toleration of various kinds of dissenters. Newton naturally supported the toleration of various shades of Protestantism and believed that the state should allow worthy Protestants of any denomination (such as himself) to hold office. When the bill on this topic was passed into law on 17 May as the Toleration Act, dissenters could freely engage in public worship. However, the sacramental element of the Test Act had not been repealed and freedom of worship was refused to Catholics and anti-trinitarians.

Newton suffered a further setback in the summer of 1689 when his candidacy for the provostship at King's College was turned down, despite strong support from the new king William III. Nevertheless, he hardly lacked for admirers and disciples. A number of individuals vied to be the editor of the next edition of his great work, while others devoted themselves to mastering the work's incredibly abstruse contents. In turn Newton doled out patronage to his followers, such as the Savilian Chair of Geometry at Oxford that he helped obtain for David Gregory. On the Continent, the *Principia* was hailed by eminent natural philosophers such as Huygens and Leibniz, although both thought that Newton had neglected the entire purpose of natural philosophy by failing to offer a physical explanation for 'attraction'.

Having sounded the death knell for vortices in book 2 of the *Principia*, Newton struggled to explain gravity. In the first half of the 1690s he showed Fatio de Duillier and David Gregory many of the revisions and corrections he was making to the *Principia*. Some of these concerned the physical cause of gravity, and in a series of 'classical' scholia to propositions 4 to 9 of book 3 he showed that Universal Gravitation and other doctrines had been known to the Ancients and could be divined from a serious reading of the poems of Virgil, Ovid, and others. In these revisions Newton claimed that Universal Gravitation operated by means of 'some active principle' that allowed the transmission of force from one body to another:

> and therefore those Ancients who rightly understood the mystical philosophy taught that a certain infinite spirit pervades all space & contains & vivifies the universal world; and this spirit was their numen, according to the Poet cited by the Apostle: In him we live and move and have our being.

By the symbol of Pan and his pipes the Ancients referred to the way this spirit acted upon matter, 'not in an irregular way, but harmonically or according to the harmonic ratios'. Much later, Catherine Conduitt noted that Newton thought that gravitation depended on mass, in the same way that sounds and notes depended on the size of strings.

This was not the only aspect of Newton's general effort to restore the lost knowledge of the earliest times; at about the same time, he threw himself into a gigantic mathematical enterprise that purported to 'restore' the lost geometry of the Ancients. In late 1691 he also began to compose a text entitled 'De Quadratura curvarum', an extraordinary work in which he ranged back over his discovery of the calculus and his development of infinite series. Given that he drew heavily on his letters to Leibniz from the mid-1670s, it is clear that his principal aim was to assert his priority and superiority over him. When Gregory saw it in 1694 he remarked that Newton developed the theory of quadratures (integration) 'astonishingly [and] beyond what can be readily believed'.

The years after the completion of the *Principia* witnessed some of the most intense intellectual activity of Newton's life. In the late

1680s he planned to produce a work on optics in four books, intending in the concluding book to show how optical effects acted according to small-scale attractive and repulsive forces. In a draft, he repeated his remarks in the suppressed preface and conclusion of the *Principia* to the effect that philosophers should assume that similar kinds of force operated in the micro- as well as in the macro-world. However, he went on, this 'principle of nature being very remote from the conceptions of Philosophers I forbore to describe it in [the *Principia* lest it] should be accounted an extravagant freak'. Whatever Newton's original plans, he had reduced the proposed text to three books by 1694 and *Opticks* ultimately appeared in this form a decade later.

In the summer and autumn of 1690 he researched furiously into the vexed question of how Catholics and trinitarians had corrupted the true text of the New Testament. Due to a relaxation of the licensing laws governing publication in 1687, a number of anti-trinitarian works had appeared in print. When in 1689 the Catholic Richard Simon published a work that analysed the part of the central trinitarian text 1 John 5: 7–8 known as the Johannine comma, John Locke, a recent acquaintance of Newton, asked him for his views on the passage. In November 1689 Locke (who was about to publish his great works A *Letter on Toleration*, *An Essay Concerning Human Understanding*, and *Two Treatises on Government*) received Newton's lengthy exposition on both this and another trinitarian passage 1 Tim. 3: 16. There can be no doubt that he understood Locke to be sympathetic to his views, despite the thick veil of objective research with which Newton tried to conceal his work.

Simon had remarked that the passage's authenticity was guaranteed by Catholic tradition, even though it was not found in the oldest Greek manuscripts. Newton told Locke that it was yet another Catholic corruption, but that although they knew this, many humanists and Protestants had preferred to keep the text as it was a key piece of evidence against heretics. What he was about to do, he remarked disingenuously, was 'no article of faith, no point of discipline, nothing but a criticism concerning a text of scripture'. In short, the Church Father Jerome had inserted the false passage into his Vulgate and afterwards

> the Latines noted his variations in the margins of their books, & thence it began at length to creep into the text in transcribing, & that chiefly in the twelfth & following Centuries when disputing was revived by the Schoolmen.

After the advent of printing, it 'crept up out of the Latine into the printed Greek against the authority of all the greek MSS & ancient Versions'.

Newton's approach to these corruptions was threefold. First, he could show how and why the text was inserted into various manuscripts and printed texts. This involved a convoluted, scholarly analysis of texts in which he argued that trustworthy authors before Jerome would have referred to the text if it existed, but had not done so. There was no evidence that it was present in the oldest Greek texts and indeed some contemporaries had accused Jerome of inserting it according to his own whim. Newton himself put Jerome on trial and unsurprisingly found him guilty. Second, he actually had access to ancient manuscripts, and to printed editions that referred to manuscripts where the offending text was missing or flagged as problematic. If there were texts where the comma appeared, then Newton tried to show that they were written much later. Third, the restored, authentic passage apparently made more sense, and he recast the disputed text for Locke's benefit.

Soon afterwards, Newton sent Locke an account of many more problematic texts, 'for the attempts to corrupt the scriptures have been very many & amongst many attempts tis no wonder if some have succeeded'. According to Newton, all these corruptions had been initially made by Catholics '& then to justify & propagate them

[they] exclaimed against the Hereticks & old Interpreters, as if the ancient genuine readings & translations had been corrupted'. Scholars in this period lurched from one disgraceful act to another: 'such was the liberty of that age that learned men blushed not in translating Authors to correct them at their pleasure & confess openly that they did so as if it were a crime to translate them faithfully'. Protestants now collaborated in the crime, and Newton sanctimoniously told Locke that all these deceptions 'I mention out of the great hatred I have to pious frauds, & to shame Christians out of these practises'.

Breakdown

In 1692 and early 1693 Newton became extremely close to Fatio de Duillier, who pestered the older man with tales of the marvellous cures that could be effected by an alchemical potion developed by one of his friends. In one letter he asked Newton to invest a substantial amount of money in developing and marketing the product. In the early summer of 1693 Newton went from Trinity to London on a number of occasions, presumably to discuss this and other matters with him. By July Newton was in the throes of a breakdown, an experience that only became known when he sent a letter to Samuel Pepys in the middle of September. In this strange offering, composed while he was still in a great deal of turmoil, Newton was deeply concerned to deny that he had ever tried to use either Pepys or James II as a patron, and he told Pepys that he would have to withdraw from his acquaintance and indeed never contact any of his friends again. Locke received an even more troubling letter, written three days later from a pub in Shoreditch. Like Pepys, this was the first Locke had heard of Newton's concerns. Newton apologized for accusing Locke of trying to 'embroil' him with women, and begged forgiveness for wishing that Locke would die from a sickness from which he had been suffering. He was sorry for accusing Locke for being a Hobbist (i.e. a materialist) and for saying that Locke undermined the basis of morality in his *Essay*.

Despite these egregious insults, Pepys and Locke reacted with admirable understanding, and indeed Newton soon claimed that he had forgotten what he had written. Overwork, mercury poisoning, repressed attraction for Fatio, and a failure to get a job in London have all been offered as explanations for Newton's bizarre behaviour but no single explanation seems to be convincing.

As he recovered his equanimity and normal life resumed, Newton had one last try to rectify some of the problems that had dogged his treatment of lunar theory in the *Principia*. Arguably, it would be his last major sustained scientific undertaking. From the summer of 1694 he attacked the issue again, and he visited John Flamsteed at Greenwich to acquire the latest data. Flamsteed agreed to let Newton see his upgraded lunar observations, but added the rider that Newton had to promise not to show them to anyone else. In turn, Flamsteed wanted the corrections to his observations that Newton claimed he could make in virtue of his improved theory. Nevertheless, Newton was not about to treat Flamsteed as an equal, virtually demanding that the Astronomer Royal send him his raw observations according to his bidding. As it turned out, the three-body problem Newton had to solve in order to make headway with the problem proved too difficult for him, while Flamsteed struggled to provide observations of the type and precision that Newton demanded.

In an atmosphere of increasing mutual suspicion, Flamsteed heard that Newton was showing his own 'corrections' of the data to Halley and Gregory, while Newton took umbrage at Flamsteed's alleged sloth in providing raw data and also at his wish to know the theoretical basis of Newton's emendations. Over the following years the relationship deteriorated still further. When Flamsteed threatened in 1698 to reveal in print that he was providing the data with which Newton could improve his theory, the latter exploded with rage and prevented publication. Immersed in his role as Warden of the Mint and unwilling to have a wider audience reminded of his failure to solve the Moon's motions, he told

Flamsteed that he did not care to be 'publickly brought upon the stage about what perhaps will never be fitted for the publick & thereby the world put into an expectation of what perhaps they are never like to have'. He did 'not love to be printed on every occasion' and much less 'to be dunned & teezed by forreigners about Mathematical things or to be thought by our own people to be trifling away my time about them when I should be about the Kings business'. Their relationship, always shaky, could never recover.

Chapter 9
Lord and master of all

Newton's efforts to find a suitable post in the metropolis finally bore fruit in 1696, completing his bizarre transition from hermit to senior civil servant. His erstwhile Trinity colleague Charles Montagu (Baron Halifax after 1700) signed a letter confirming Newton's appointment as Warden of the Mint on 19 March 1696. Soon to be the lover of Newton's half-niece (Catherine Barton before her marriage to Conduitt), Montagu was now senior member of the Treasury and President of the Royal Society. As warden (the representative of the Crown in the Minting process), Newton faced a number of challenges. Britain required deep financial reserves to support its military campaign against France, while the practice of 'clipping' coins of the realm had seriously degraded the value of money and the quality of coinage. Furthermore, since they contained a higher proportion of silver than the older 'hammered' coins, the new and heavier milled coins could be melted down at profit and counterfeit money made out of a mixture of clippings and copper. Early on Newton was asked for his advice on the silver question, and he argued that the melting down of coin (on account of the raw metal being worth more than the face value of the coin) was a temporary disaster that could be alleviated in the short term by allowing the circulation of paper money issued by the recently founded Bank of England. He also shared the older view that spending good money on foreign luxuries was an affront both to personal morality and to national strength.

The only long-term remedy to this was to call in all the 'old' money and dramatically increase the amount of 'new' money produced by the Mint. The 'Great Recoinage' would produce highly standardized coins with a visible edging, all manufactured by state of the art rolling mills. Although the post had previously been a sort of sinecure, Newton dedicated himself to the recoinage and – to deal with the vast amount of bullion required – the creation of temporary mints in Norwich, York, Chester, Bristol, and Exeter. Despite the extensive work of these mints, there were few silver coins left in circulation by the time Newton died in 1727.

As warden Newton was also responsible for prosecuting clippers and coiners, and recommending them for execution if the crimes warranted it. He pursued miscreants with the same intensity and indeed the same techniques he had used to prosecute corrupters of scripture. He performed a wide-ranging analysis of the art and history of clipping and coining, paid informers for information, and forwarded money to friendly witnesses so that they could dress well in court. Some jailed coiners threatened to shoot him, and in turn he showed little sympathy to criminals like William Chaloner, whose pleas for mercy in the days before he mounted the scaffold fell on deaf ears. Under Newton, the extent of clipping and coining diminished, and the numbers of individuals executed for this crime fell to zero.

By 1698, he had virtually taken over the roles ordinarily played by the Master of the Mint, at this time Thomas Neale, and he succeeded to Neale's position when he died at the end of 1699. The master was responsible for the quality of the metals in the ingots that were used to make coin, and he was responsible for laying out the income of money from the coinage.

His knowledge of chemical processes was occasionally useful in later years, especially at the so-called 'trial of the pyx', at which the quality of randomly chosen coins was tested against 'trial-piece' coins that were held by a group of goldsmiths. Occasionally too, the master was involved in procuring (and in Newton's case, designing) coins minted in different metals to celebrate royal accessions or military triumphs.

Newton lived well in London, but showed little interest in literature or the theatre. Indeed, he once told Stukeley that he ran out and away halfway through the only opera he ever attended, though one might wonder how he lasted that long. Performing as anonymously as he had over a decade earlier, he was elected as an MP in 1701 and served in the parliament that lasted until May of the following year. In May 1705 he stood again, once more with the backing of Halifax, though he suffered an ignominious defeat. The knighthood he received the previous month from Queen Anne, when she stopped at Cambridge on a visit to the races at Newmarket, was some consolation.

Opticks

Perhaps hastened by the death of Robert Hooke in March 1703, Newton was elected – by no means unanimously – as President of the Royal Society in the following November. This reignited his interest in natural philosophy for the first time in years and he used the opportunity to make his optical views available to a much wider audience than could understand the *Principia*. His *Opticks* appeared in February 1704, with 'De Quadratura' and an analysis of 'lines of the third order' tacked on at the end.

Opticks consisted mainly of old material but the fact that it was published in English, consisted largely of experiments, and avoided the abstruse mathematics of the *Principia*, made it accessible to a wide audience. It did contain a new if short book on diffraction, and in the same (third) book Newton inserted a set of 16 short 'Queries' that addressed fundamental features of his natural philosophy. Expressed as questions, these were largely couched in the *Principia*-language of 'attractions', and like the *Principia*, they did not make use of the concept of an aether. In a draft introduction to the work he argued that one should derive three or four 'general presuppositions' from a wide range of phenomena and then account for all the phenomena of the world in terms of these phenomena. Unless one began with phenomena and derived general principles from them, 'you may make a plausible system of Philosophy for getting your self a name, but your systeme will be little better then a Romance'. The account of the relationship between light and bodies in the published 'Queries' was explicitly couched in terms of micro-forces that acted at a distance, and he attacked any efforts to explain light as variations in 'motion pression or force' as 'a systeme of Hypotheses'.

As Newton wrote this, however, he was already working on a dramatic new set of seven queries, which appeared two years later in the Latin translation (*Optice*). Along with eight more that were added in the second English edition of 1717, these were arguably the most influential texts for 18th-century chemistry and natural philosophy. Here too, recalling the extraordinary analysis in 'De Gravitatione', he spoke for the first time in public about his understanding of the way God was connected with His Creation. In query 20 (query 28 in the 1717 edition) he suggested that empty space was like the 'sensorium' of God, and that God was aware of everything that took place in the universe in the same way that humans were aware of images that came into their brains. In a draft for the wide-ranging query 23 (query 31 in 1717) he noted that the Ideas of the Supreme Being 'work more powerfully upon matter than the Imagination of a mother upon an embrio'. Recalling the classical scholia, Newton also told David Gregory at this time that by His intimate presence God was the immediate cause of gravity. The claim in the drafts that space *was* God's sensorium, or was the body of God, was effectively an old Christian heresy and although this sentiment found its way into early examples of *Optice*, in later printings Newton corrected the passage to say that space was *like* the sensorium of God.

Developing the analysis of the suppressed 'Conclusio' of the *Principia* – and by extension earlier work in philosophy and alchemy – the new queries described a range of chemical phenomena that he grouped under the heading of 'active principles'. These wonderful texts brought together many of the disparate research programmes on which he had been engaged for the last four decades. In drafts for the extensive query 23, he remarked that 'the variety of motion (which we see) in the world is always decreasing', and this could only be recovered by active principles that gave rise to gravity and the numerous phenomena associated with fermentation and cohesion. These were susceptible to general rules or laws that were the 'genuine Principles of the Mechanical Philosophy': 'We meet with very little motion in the world', Newton claimed, 'besides what is (visibly) owing to these active principles, & the power of the will'. In these drafts Newton contrasted the nature of bodies that only had the passive power of inertia with the way that 'fermentation', life, and will introduced new motion into the world, fermentation being described as a 'very potent active Principle which acts upon [bodies] only when they approach one another'. 'We find in ourselves a power of moving our bodies by our thoughts', he went on, 'but the laws of this power we do not know'. Remarkably, he added that 'we cannot say that all nature is not alive'.

As soon as Newton became president, the Royal Society began to give regular payments to the instrument-maker Francis Hauksbee to perform experiments with an air-pump at their weekly meetings. From 1706 until his death in 1713 he produced extraordinary effects related to the phenomena of capillarity and electro-luminescence. Newton, who presumably advised Hauksbee on the content of many of these experiments, came to believe that the existence of this force had been demonstrated by Hauksbee's experiments and argued that electricity was a basic force operating in many other phenomena. In the General Scholium, added to the 2nd edition of the *Principia* of 1713, he announced that there was 'an exceedingly subtle but material' 'electric spirit', which was hidden in 'all gross bodies', was highly active, and emitted light.

Recalling his account of electricity in the 'Hypothesis' four decades earlier, in drafts for the eight new queries in the 1717 edition of *Opticks*, Newton attributed a multitude of short-range forces, as well as the phenomena associated with light, to this spirit. Harking back to his interest in the mind–body question and also to his work on alchemy, he even argued that the electrical spirit united 'the thinking soul and unthinking body', and could be of great use in vegetation, 'wherein three things are to be considered, generation, nutrition & preparation of nourishment'. However, in the same 'Queries' Newton reintroduced an aether that explained the relationship between light and heat. Another aether also accounted for gravitation by being composed of repelling particles, which made it highly 'elastic' – a description almost identical to that expressed in his 'Hypothesis' of 1675.

A cunning and perverse man

Although he could be sweetness personified to those who genuflected before him, Newton had what even his friends believed to be an innately suspicious temper that could erupt when his status, honour, or competence was threatened. Newton's relations with John Flamsteed, never recovered from their earlier cooling. Things came to a head in 1704 when Newton presented Flamsteed with a copy of *Opticks*, whereupon Flamsteed had his one-time assistant James Hodgson give lectures in London indicating the 'mistakes' contained within it. Anxious for Flamsteed's data to complete his lunar theory, Newton told him that he was prepared to recommend to Queen Anne's husband, Prince George, that he support the publication of a catalogue of Flamsteed's observations. As Flamsteed put it later, 'I was surprised at this proposition [having] always found him insidious, ambitious & excessively covetous of praise & impatient of contradiction'. From now on Flamsteed steeled himself against Newton's wiles, being unwilling to put himself 'wholly into his power & be at his mercy who might spoyle all that came into his hands'.

As we have seen, in the late 1690s Flamsteed already believed that Newton was overly influenced by a whole set of 'flatterers' and 'cryers up'. These he condemned as 'some few busy arrogant & self-designing people', who constantly pestered Flamsteed about the completion of the catalogue while doing everything they could to prevent it. As he suspected, Newton was showing them materials that Flamsteed had asked him to keep private, and they in turn were using this data to belittle the Astronomer Royal. Despite all this, and Newton's violent outburst against him in the winter of 1698–9, he told a correspondent in 1700 that Newton was a 'good man at the bottom but through his Naturall temper suspitious'. However, after 1704, he always saw Newton as a power-crazed despot who was actively working to 'spoil' his work.

In a move mirrored by his later treatment of Leibniz, Newton set up a committee of experts or 'referees' to oversee the production of the star catalogue towards the end of 1704. Dismissing them as weak or mere lackeys of Newton, Flamsteed believed that Newton was trying to gain all the honour for his own work, while withholding payment from the prince's fund that would have allowed Flamsteed to complete the parts of the work he wanted. After Newton was knighted in 1705 Flamsteed frequently referred to him merely as SIN, and as the years wore on he repeatedly contrasted his own 'sincere & honest' demeanour with what he called Newton's 'cunning', 'vexatious pretences', and 'disingenuous & malitious practices'.

In April 1706 Flamsteed was forced to hand over the part of the catalogue that had so far been completed, despite his protestations that it was incomplete and that it would be foolish for him to give such important work to someone else. As a precaution it was sealed by Hodgson, although Newton was upset that this seemed to reflect on his honesty. According to Flamsteed, Newton now began to accuse him of stupidity and the sabotage of his own work, while Flamsteed complained privately of Newton's increasing perversity in not paying him for his work. In March 1708 Flamsteed handed over to the referees a copy of all the observations made between 1689 and 1705. He also signed an agreement that he would hand over lunar observations and also a revised catalogue of the fixed stars, with their 'magnitudes' added. In the following years Flamsteed continued to add new observations to his star catalogue, and was left relatively free from interference from Newton. In private he frequently denounced Newton's perverse 'cunning', interspersing his comments with condemnations of Newton's work on optics and gravitation.

The brief lull in their battle ended abruptly in December 1710, when Flamsteed received an official edict from Queen Anne telling him that, in order to improve navigation, the observatory was to be overseen by a Board of Visitors – headed by the President of the Royal Society – empowered to demand at yearly intervals all of the Astronomer Royal's observations for the previous year. To make things much worse, in spring of the following year, Flamsteed heard that he was now being asked to supply some magnitudes for the constellations that had not been included in the catalogue to Newton, indicating that the latter had broken his promise and unsealed it. Alarmed by Newton's despicable actions, he was further dismayed to find that the work (the *Historia Britannica Cœlestia*) was now being printed without his input, a move that he thought 'was one of the boldest things that ever was attempted'. His fears were confirmed at the end of March 1711, when he was told that Halley was 'taking care' of his catalogue. Over the following months Flamsteed was further humiliated by being asked to correct sheets from Halley's edition, and he decided to produce his own.

Affairs came to a head at a meeting at the Royal Society's headquarters in October 1711 when Newton offered to repair the observatory's instruments, the implication being that they were the state's property and not, as Flamsteed insisted, his own. Flamsteed's delightful account indicates that Newton completely lost control,

> broke out in a passion & used me as I was never used before in my life: I gave no answers; but onely desired him to be calmer, moderate his passions, thankd him for the many honorable names he gave me & told him God had blest my endeavours hitherto.

According to Flamsteed the least offensive of the things Newton called him was 'puppy'; he asked Flamsteed what he had done in the nearly four decades that he had received state funding, whereupon the plucky Astronomer Royal asked Newton what he had done to earn his £500 per annum as Master of the Mint. Worse, Flamsteed mentioned that others had claimed that a passage in the *Opticks* (presumably the uncorrected remarks on God's sensorium) left Newton open to the charge of being an atheist. Along with his claim that Newton and his henchmen were robbers, this caused Newton to call him proud and insolent. Halley's edition appeared the following year, with a thinly veiled attack on Flamsteed's dilatoriness in releasing his observations. Bitter to the end, Flamsteed survived another decade, to be succeeded as Astronomer Royal by the editor of the bastard *Historia*.

Breaking Leibniz's heart

A much more substantial intellectual foe was the German Gottfried Leibniz, arguably Newton's only intellectual equal in the period. Leibniz had visited England in 1673 and 1676 and by the second visit had devised a very different version of the calculus, by now a decade old. At this stage Leibniz and Newton had a good relationship, expressed in the two letters written by Newton to Leibniz in 1676. Probably in ignorance of Newton's priority in discovering the calculus (although Collins had shown him a version of 'De Analysi' during the second visit to London) Leibniz published the rules of differentiation and integration in 1684. At the end of the seventeenth century Fatio suggested that Leibniz's calculus was both inferior to and later than Newton's, adding that it was possible that Leibniz had 'borrowed' it from Newton. In turn Leibniz wrote anonymous reviews both of the 1704 'De Quadratura' and also of 'De Analysi' (which first appeared in a collection edited by William Jones in 1711), in which he insinuated that the fluxional calculus was merely his own differential calculus in a different notation. In the following years the issue would explode into a series of bitter exchanges concerning theology, metaphysics, natural philosophy, and mathematics.

While troubled brewed with Leibniz, Newton worked with the gifted Plumian Professor of Astronomy, Roger Cotes, to recast the *Principia*. From the early 1690s Newton had worked periodically to correct his masterwork, but after they teamed up in 1709, Cotes prompted him to make more radical changes, especially to book 2. In early 1713 Newton completed the General Scholium to the *Principia*. In it he lambasted the 'hypothesis' of vortices and went on to assert that the restorative role of comets and indeed the entire ordered structure of the cosmos was proof that the world had been created by a wise and omnipotent deity. This spiritual being, he wrote, ruled over servants in a dominion as 'Lord over all'. God was present everywhere and at all times, and had a 'substantial' presence without being subject to the usual phenomena that affect bodies. There were things that could be known about God by analogy, and Newton harked back to the analysis in 'De Gravitatione' by claiming that God was 'all eye, all ear, all brain, all arm, all power to perceive, to understand, and to act'. However, this was 'in a manner not at all human . . . not all corporeal, in a manner utterly unknown to us'.

At the last moment Newton noted that discoursing about God 'does certainly belong to experimental philosophy', the expression being broadened to cover all of natural philosophy in the third and final edition of 1726. In magnifying the role of God to such an extent, Newton was as ever, cautiously expressing an aspect of his core theological beliefs. In 1713 it would still have been disastrous to be outed as an anti-trinitarian, as Whiston had been only a few years previously, though a number of divines had suspicions about the orthodoxy of the General Scholium when it was published.

In two final paragraphs he returned to the twin planks of his overall scientific project. First, he asserted that there was no need to concoct a hypothetical cause for gravity when observations and experience proved its existence. He also drew attention to 'a certain and most subtle spirit which pervades and lies hidden in all gross bodies', giving rise to the phenomena of cohesion, light, electricity, and the power we have to move our own bodies. However, he remarked, these things could not be explained in a few words, and there were insufficient experiments to determine the laws that governed them. At the other end of the work, Cotes helpfully wrote a preface in the spring in which he termed a 'miserable reptile' anyone who thought one could derive the system of the world by thought alone, or who believed God had created a cosmos whose perfect working effectively denied a role for freewill or supernatural intervention. As trouble brewed with Leibniz and his supporters, the unnamed target was clear.

Issues of priority

The so-called priority dispute had got properly under way when Leibniz responded in March 1711 to a paper by John Keill, which asserted that Newton had been the first to invent the calculus. Newton, by now having seen the 'anonymous' review of 'De Quadratura' at which Keill had taken umbrage, helped Keill draft a robust response to Leibniz's own priority claims and the latter duly replied early in 1712. Soon afterwards Newton received Leibniz's negative review of 'De Analysi', and immediately set about creating a committee of the Society to decide (as Leibniz had requested) the truth of the matter regarding the priority dispute. As in the case of Flamsteed, Newton compiled a subservient but allegedly impartial committee that was hardly likely to find in Leibniz's favour. He used his extensive forensic skills to scour his own papers and letters (including those in the collection of John Collins, which Jones had used for his edition) for evidence, presenting the committee with all they needed to reach a decision. The relevant data were collected and published under the title of the *Commercium Epistolicum D.*

Johannis Collins, et aliorum de analysi promota which appeared early in 1713.

Leibniz, excoriated throughout the text, replied anonymously through what he termed a charta volans or 'flying sheet'. He also invoked the testimony of a 'learned mathematician' (Johann Bernoulli) to the effect that Newton lacked sufficient expertise in calculus to be considered its inventor. Attack and counter-attack was launched on the pages of major European journals, and when he felt that his position was not being made sufficiently clear, Newton published his own utterly self-indulgent 'Account' of the *Commercium Epistolicum* in early 1715.

An equally important context for the dispute was the position of Leibniz as royal historiographer for the regime of Prince George in Hanover. When Queen Anne died without issue in the summer of 1714, the Hanoverian ruler became the British monarch under the Act of Settlement of 1701. Newton and his allies soon set out to convince the Hanoverians of the truth of the Newtonian philosophy. Newton arranged for optical experiments to be shown to the king's mistress, while Samuel Clarke, a chaplain to the king, began to work on the talented Princess Caroline, the wife of the Prince of Wales. However, in November 1715 Leibniz remarked to the princess that the Newtonians followed Locke in holding souls to be material and believed space was the organ of God's body by which He perceived what was going on in the cosmos. Such an accusation needed a response, and Clarke, Newton's most trusted friend in the last two decades of his life, offered himself as the man to defend Newton's cause.

Newton did not want to be drawn publicly on all these issues but the stakes could not have been higher. When a number of foreign scientists and astronomers visited London in 1715, Halley and Newton showed select visitors Newton's old and browned mathematical manuscripts to demonstrate Newton's priority in the calculus dispute. Hauksbee's able successor, Jean-Théophile

Desaguliers, also showed them Newton's crucial experiment and word got back to French philosophers that Newton's incredible doctrines on light and colour were true. In the next few years Newtonian tenets swept across the Channel: a 2nd edition of *Optice* appeared in 1719, and successive French editions appeared in the following two years.

The momentous correspondence between Clarke and Leibniz was conducted through the medium of letters to Caroline. Embracing many topics, it encapsulated all the major differences between the two camps, each caricaturing the other side in order to make their opponent's views look ridiculous or irreligious. Newton kept a close eye on Clarke's side of the dispute and, even if Newton did not draft them for him, Clarke's letters are fully consistent with his views. In an exchange of ten letters with Clarke in the year up to Leibniz's death in November 1716, Leibniz launched a number of charges, including the claim that the Newtonians made space into God's body; that God created such an imperfect world that He has to periodically intervene to fix his flawed machine; and that in holding that God acted in a way that was unconstrained by logic, the Newtonians made him into an arbitrary ruler (and by implication that the Newtonians were hostile to George I and yearned for the arbitrary rule of the son of James II). The doctrine of 'attraction' was incomprehensible, took philosophy back to the dark ages, and undid all the good work that the mechanical philosophy had established.

Clarke repeated the crude accusation that Leibniz's notion of pre-established harmony denied freewill and repeated Cotes's point that Leibniz's 'absentee landlord' God had made such a perfect machine-like Creation at the outset that He had no need to be concerned with it thereafter. Leibniz had apparently restrained God's power by suggesting that He had to obey the laws of logic, while in a similar vein, Leibniz apparently believed that from logical principles one could derive truths about the world without having to do the hard work of experimentation. For Newton and Clarke, God was omnipotent and could do things freely by the mere act of His will to achieve ends that might well be incomprehensible to mere humans (even Newton). Attraction was to be understood as a 'name' that designated an observationally based truth, much to be preferred to the obscure and overly metaphysical 'monadological' philosophy that Leibniz offered. The dispute was terminated by Leibniz's death in November 1716, by which time opinions had hardened. To Leibniz's chagrin, however, his 'pupil' Princess Caroline does seem to have moved towards the Newtonian position by the time of his death.

Chapter 10
Centaurs and other animals

In the final decade of his life, Newton continued to perform many of his administrative duties in the Royal Society and the Mint, although his health increasingly failed him. In 1725 he was advised by Catherine and John Conduitt to move to the healthier climes of Kensington – then far away from the baneful smoke of London. His intellectual energies also waned, although he devoted hours of each day to the study of prophecy, the history of the church, and chronology. A 3rd edition of the *Principia* appeared in 1726, edited by Henry Pemberton, although this added little to the 2nd.

Long finished as a creative force, Newton nevertheless remained the pre-eminent natural philosopher in Europe. For decades he had placed his disciples in top positions in major Dutch and British universities, and when no such positions were available, admirers preached the Newtonian philosophy in numerous books and lecture series. By the 1720s the Newtonian system reigned supreme, although it took until a decade after his death for his doctrines to become fully accepted in France. This was accomplished by means of the promotional skills of Voltaire, Franceso Algarotti, and Madame du Châtelet, as well as the scientific explorations to Peru and Lapland which proved the Earth to be flattened at the poles, as Newton had claimed it was.

He continued his relentless pursuit of religious truth, though he became even more cautious about reading contemporary events as fulfilments of prophecies. In a draft from the 1720s he dated the Day of Judgement to 2060 at the earliest, not least to put off those who hoped for a speedy onset of the millennium. Speculative futurology played no part in the exegetical techniques of a man who believed in accounting for prophecy in terms of historical facts. Massive drafts on early church history survive, many contemporaneous with and related to his disputes with Leibniz. These explored the earliest history of Christianity, and Newton became interested in the way that various heretical groups such as Cabbalists and Gnostics had corrupted true doctrine by means of metaphysics, 'straining the scriptures from a moral to a metaphysical sense'.

As Conduitt saw it, the most important work of his old age was a paper he entitled 'Irenicum or Ecclesiastical Polyty tending to peace'. The principles of the Christian religion were to be found in the 'express words' of Christ and the Apostles – 'not Metaphysics & Philosophy' – and these were not necessarily to be found in scripture as it now stood. All nations initially had one religion, whose basic precepts were

> to have one God, & not to alienate his worship, nor prophane his name; to abstein from murder, theft, fornication, & all injuries; not to feed on the flesh or drink the blood of a living animal, but to be mercifull even to bruit beasts; & to set up Courts of justice in all cities & societies for putting these laws in execution.

Men like Pythaogras, Socrates, and Confucius learnt this knowledge and gradually it became the moral philosophy of the heathens – 'the moral law of all nations' – even though most of them resorted to idolatry.

Idolatry was a breach of the first of what Newton took to be the great commandments – to worship and honour God. We were to give the worship due to Him to no other creature 'nor to ascribe any thing absurd or contradictious to his nature or actions lest we be found to blaspheme him or to deny him or to make a step towards atheism or irreligion'. Lust and pride – 'the inordinate desire of weomen riches & honour, or effeminacy covetousness & ambition' – were the two most egregious transgressions against the second great commandment. This was 'Humanity' – the exercise of righteousness in practice and the love of one's neighbours as one's self by treating them as one would be done by. Christianity imposed the new duty of mercy to others though – as Flamsteed observed – not everyone would have agreed that Newton ever displayed this in his own practice.

As for Christian communities, Newton claimed that all those who were baptized were members of Christ's body, or the 'church', even if they were not members of any specific church or denomination. After baptism, men were supposed to grow in grace by studying the prophecies and by comparing the Old and New Testaments, and by 'teaching one another in meekness & charity without imposing their private opinions or falling out about them'. In the Church of England, people could be received into communion by imposition of hands and they could be excommunicated if they disobeyed one of the Articles on which they were admitted to baptism, but this did not negate the membership of the larger church conferred on them by baptism. Throughout his life Newton felt able to engage in a public profession of Anglican faith while despising many of its tenets; what mattered for the chosen few like himself were their private religious beliefs.

Newton also devoted many of his last years to the study of chronology. The dating of ancient events and the euhemerist harmonizing of the histories and genealogies of different nations had attracted the attention of many of the greatest scholars in both Protestant and Catholic countries in previous centuries. Although the Old Testament was the most ancient and authentic source for ancient history, historians used various techniques to reconcile this with pagan histories that sometimes related the same events. From the late 16th century, astronomical techniques promised to aid them in pinpointing specific historical dates more precisely.

Newton's extensive researches into chronology displayed a vast knowledge of classical and Old Testament literature. In attempting to radically redate – and contract the length – of recorded history, he used dramatic new astronomical evidence based on eclipses, and adopted the extreme notion that the average length of reign of kings in history was between 18 and 20 years. Excepting Herodotus, whom he admired, he condemned the over-inflated genealogies of all the other pagan histories.

Newton was engaged in the precise dating of pre-Christian records as early as the 1680s but the vast bulk of his chronological writings date from the early 18th century, when he was Master of the Mint. An 'Abstract' of his chronology appeared first in a French translation made many years after Newton had entrusted an English version to the Venetian count Antonio Conti to pass on to Princess Caroline. The appearance of this text angered Newton immensely and gave rise to numerous refutations of its core doctrines, in particular by the great French scholars Nicolas Fréret and Etienne Souciet. Newton spent the last years of his life composing a much longer version of his writings, although this only appeared posthumously in 1728 as the *Chronology of Ancient Kingdoms Amended.*

Central to Newton's system was the dating of the Voyage of the Argonauts, at which time the astronomer Chiron the Centaur and Musaeus (master of Orpheus and himself an Argonaut) had created a 'sphere' on which the then visible constellations were drawn. By using hideously obscure evidence to locate where Chiron had placed the position of the equinoxes on the sphere, and comparing it with the value for the annual precession of the equinoxes found in the *Principia*, Newton derived a date for the expedition in the region of 936–937 BCE. Vital to his enterprise was his agreement with the Jewish historian Josephus (following Herodotus) over the identification of the Egyptian pharaoh Sesostris with Sesac, the Egyptian king who destroyed the temple *after* the death of Solomon and whose invasion of Judaea was described in 1 Kings. Sesostris (also Osiris or Bacchus) flourished in the generation before the Voyage of the Argonauts, a fact that allowed Newton to connect the dates of Egyptian history with the factual record of the Old Testament.

The birth of civilization

In the earliest times, according to Newton, there were numerous nations divided up according to the way the descendants of Noah (or Saturn) had been dispersed. Each tradition specific to a given empire called their ancestors by different names, but recounted essentially the same history. Noah's sons and their progeny lived in the Silver Age under the original seven-point Noachid law and went on to populate different parts of the world. Although the events were too early to be dated precisely, Newton waxed lyrical about life across Europe in the earliest times before the trappings of civilization appeared in the form of agriculture, beer, money, or war. In one version of a text entitled 'The Original of Monarchies' he developed his analysis of the 1680s and reasserted that the original form of worship enjoined the Ancients to practise the vestal form of worship. However, in all cases this had descended into idolatry: the Egyptians, for example, misunderstood the meaning of their hieroglyphs and their religion descended into the ludicrous beliefs of animal worship and the transmigration of souls.

Anxious to respond to the attacks that had been mounted on his system from across the Channel, Newton was working on his *Chronology* in the last 2 years of his life. Indeed, he wrote out a number of copies of various chapters of the work which only appeared after his death. The more interesting and radical elements of his great projects had disappeared, and all that remained was a filecard list of successive events. In these last weeks and months Newton apparently tried to live the ideal life he had spelt out for the good Christian, although his anger and need to crush rivals occasionally surfaced. He dispensed substantial amounts of money both to relatives and strangers and he organized the donation of Bibles. As we saw at the start of this book, both of the Conduitts recalled his great hatred of persecution and of cruelty to animals.

By the time of his death in the spring of 1727, his reputation and achievements dwarfed those of any other natural philosopher who had lived. His standing has scarcely faded in the mean time, and in terms of the extent to which anyone's scientific accomplishments surpass those of their contemporaries, Newton must be ranked above other heroes such as Darwin and Einstein. Nearly three centuries on, his private life and his 'other' academic

17. Enoch Seeman's 1726 depiction of Newton

interests continue to fascinate, while polls suggest that, worldwide, he is still regarded by most as the greatest intellect the world has seen.

Newton adopted varied approaches to problems in different areas of his work, although that is not to deny that there were connections and continuities between different strands of his intellectual research. Although it was necessarily a personal enterprise, he himself viewed his theological research as the defining aspect of his life, and the language and meaning of Scripture – along with what it said about his role in history – governed his conduct more than anything else. Respect should be paid to his intense if rather book-oriented faith, yet the astonishing courage, imagination, and originality that colour his achievements in optics, physics, and mathematics are more worthy of our admiration. As Conduitt struggled to finish his 'Life' of Newton, he came perilously close to asserting that Newton's qualities made him more than human. While he was not a divinity, there was justification in Halley's view that no human could ever get closer to the gods.

Further reading

The study of Newton's life and works has been transformed in recent years by materials made freely available online by the Newton Project (*http://www.newtonproject.ic.ac.uk*). All Newton's theological papers, and the vast bulk of his optical papers will be available by 2010, while it is envisaged that the scientific, mathematical, and administrative papers will follow in due course. The site also includes introductory assessments and articles about Newton and his work as well as a substantial number of other primary resources such as all the major published and unpublished biographical materials on Newton composed in the 18th and 19th centuries. The Chymistry of Isaac Newton project (*http://webapp1.dlib.indiana.edu/newton/index.jsp*) has already placed online many of Newton's alchemical writings and aims to make all of his work in this area available in the next few years.

As mentioned in Chapter 1, the major scholarly biographies written in the last few decades are those of Richard S. Westfall and Frank Manuel; Manuel's *Isaac Newton Historian* (Cambridge, CUP, 1963) remains the best account of Newton's chronological writings.

John Herivel's, *The Background to Newton's Principia* (Oxford, Clarendon Press, 1965) and *Unpublished Papers of Isaac Newton*, ed. A. R. and M. B. Hall (Cambridge, CUP, 1978) reproduce significant *Principia*-related drafts and revisions. Newton's optical Lucasian lectures are reproduced in vol. 1 of Alan Shapiro's projected 3-volume edition of Newton's optical papers (Cambridge, CUP, 1984–), while those without a thorough background in mathematics will be sorely tested by the magnificent edition of Newton's *Mathematical Papers* edited in 8 volumes by D. T. Whiteside (Cambridge, CUP, 1967–81). Eighteenth and nineteenth century biographical materials on Newton are now available in print, in Rebekah Higgitt, Rob Iliffe and Milo Keynes (eds), *Early Biographies of Isaac Newton, 1660–1885* (2 vols), (Pickering & Chatto, 2006).

“牛津通识读本”已出书目

古典哲学的趣味
人生的意义
文学理论入门
大众经济学
历史之源
设计，无处不在
生活中的心理学
政治的历史与边界
哲学的思与惑
资本主义
美国总统制
海德格尔
我们时代的伦理学
卡夫卡是谁
考古学的过去与未来
天文学简史
社会学的意识
康德
尼采
亚里士多德的世界
西方艺术新论
全球化面面观
简明逻辑学
法哲学：价值与事实
政治哲学与幸福根基
选择理论
后殖民主义与世界格局
福柯
缤纷的语言学
达达和超现实主义
佛学概论
维特根斯坦与哲学
科学哲学
印度哲学祛魅
克尔凯郭尔
科学革命
广告
数学
叔本华
笛卡尔
基督教神学
犹太人与犹太教
现代日本
罗兰·巴特
马基雅维里
全球经济史
进化
性存在
量子理论
牛顿新传
国际移民
哈贝马斯
医学伦理
黑格尔
地球
记忆
法律
中国文学
托克维尔
休谟
分子
法国大革命
丝绸之路
民族主义
科幻作品
罗素
美国政党与选举
美国最高法院
纪录片
大萧条与罗斯福新政
领导力
无神论
罗马共和国
美国国会
民主
英格兰文学
现代主义
网络
自闭症
德里达
浪漫主义

批判理论
电影
俄罗斯文学
古典文学
德国文学
戏剧
腐败
儿童心理学
时装
现代拉丁美洲文学